Le grand potentiel humain

Le grand potentiel humain

Marcher dans sa lumière

Les Pléiadiens, les Hathors et les Arcturiens

Propos recueillis par Martine Vallée

ARIANE

Titre original anglais :
The Great Human Potential – Walking in your light
By : Martine Vallée
© 2013, Ariane Publication Inc.

Version française :
Le grand potentiel humain – Marcher dans sa lumière
Par Martine Vallée
© 2013 Ariane Éditions Inc.
1217, av. Bernard O., bureau 101, Outremont, Qc,
Canada H2V 1V7
Téléphone : 514 276-2949, télécopieur : 514 276-4121
Courrier électronique : info@editions-ariane.com
Site Internet : www.editions-ariane.com

Traduction : Louis Royer
Révision : Martine Vallée
Révision linguistique : Monique Riendeau
Graphisme et mise en page : Carl Lemyre
Illustration de la page couverture : Carl Lemyre
Première impression : juillet 2013

ISBN : 978-2-89626-126-0
Dépôt légal :
Bibliothèque nationale du Québec
Bibliothèque nationale du Canada
Bibliothèque nationale de Paris

Diffusion
Québec : Flammarion Québec – 514 277-8807
www.flammarion.qc.ca
France et Belgique : D.G. Diffusion – 05.61.000.999
www.dgdiffusion.com
Suisse : Servidis/Transat – 22.960.95.25
www.servidis.ch

Gouvernement du Québec – Programme de crédit d'impôt
Pour l'édition de livres – Gestion SODEC

Imprimé au Canada

Table des matières

Présentation au lecteur ix

Livre UN des potentiels
Le Collectif pléiadien de la neuvième dimension 1

Introduction de Wendy Kennedy 3

Introduction du Collectif pléiadien 5

Votre véritable histoire et la récupération de votre sagesse stellaire 7
La grande expérience terrestre 9

La structure de votre dimension 15

La vérité absolue 21

La communauté galactique 23
Le système stellaire de Sirius et d'Orion 25
Le système stellaire d'Arcturus 26
Le système stellaire de la Lyre 28
Le système stellaire des Pléiades 28
Le système stellaire de Cassiopée 30
Les maîtres ascensionnés 31
Le collectif d'Intelligence artificielle 32
Les Gris et les Zétas 33
Les Annunakis 34

L'abandon d'un problème majeur 41

Retrouver du pouvoir grâce à nos centres énergétiques 45

« Quel genre de régime alimentaire devrais-je suivre ? 57

Comment composer avec les actualités, les guerres, la mort et la destruction 63

L'amour de votre vie, c'est vous-même 69

Dialogue avec les Pléiadiens 79
Un dernier mot 103

Livre DEUX des potentiels – Les Hathors 107

Préface de Judi Sion 109

Introduction des Hathors 113

Pensées et observations de Tom 120

La sphère de toutes les possibilités 123
La méthode 124
L'amplification de l'attracteur magnétique/soi futur 126
La technique avancée 127
Pensées et observations de Tom 129

L'Æthos et les états de conscience non duels 135
L'esprit, la conscience et les dimensions supérieures 135
L'interdépendance et la non-dualité 136
L'interdépendance ou l'unité 137
L'Æthos 138
Le paradoxe de la création 143
Pensées et observations de Tom 150

Dialogue avec les Hathors 155
Un dernier mot 169

Livre TROIS des potentiels 173

Préface de Judi Sion 175

Introduction de Tom Kenyon – mes rencontres arcturiennes 187

Sanat Kumara – commandant de vaisseau 207
La technologie arcturienne 215
Un paradoxe perceptuel 216
Le potentiel de ce temps 218

Ektara – directeur scientifique (1re partie) 223
La courbe en cloche de l'humanité 224
Votre potentiel humain 228
Les intelligences terrestres et extraterrestres 232

Le Corridor arcturien 237
Les microtunnels de communication 238

Frephios – guerrier arcturien 245

Esu – maître de méditation arcturien (1re partie) 255
La réception de l'holographie télépathique arcturienne 255

Esu – maître de méditation arcturien (2e partie) 263
Le Nakura 266

Enandra – bibliothécaire de la civilisation arcturienne 271

Azuron – docteur/guérisseur arcturien tué au combat 275

Marie Madeleine et Yeshua 279

Ektara – directeur scientifique (2e partie) 287
La mission arcturienne de protection de la planète Terre 287

Sanat Kumara – épilogue 293

Supplément – Une autre page d'histoire (Sanat Kumara) 301

À propos des auteurs 307

Présentation aux lecteurs

Le grand potentiel humain :
Marcher pleinement dans sa lumière

Bonjour chers amis,

Quel plaisir de vous retrouver dans le cadre de cet ouvrage ! Malgré mon départ officiel des Éditions Ariane pour privilégier d'autres intérêts, je collabore avec Ariane à différents moments de l'année pour vous offrir certains ouvrages que je considère essentiels. Il va sans dire que les titres que je vous offre sont choisis avec une grande attention. En 2012, il y a eu *Le Processus de la Présence*, de Michael Brown, ainsi que le livre de Tom Kenyon, *Les Hathors.* Aujourd'hui, il s'agit du *Grand potentiel humain*, un livre que j'avais envie de faire depuis un bon moment. Pour lui donner forme, j'ai choisi trois groupes d'êtres avec lesquels je sens des affinités particulières, soit les Pléiadiens, les Hathors et les Arcturiens.

Mon but, cette fois, est de vous amener à vivre la version la plus élevée de votre potentiel pour que nous puissions tous finalement créer une nouvelle réalité. Voici donc mes invités.

Les Pléiadiens de la neuvième dimension, canalisés par Wendy Kennedy. J'avoue avoir eu un mini coup de foudre pour ce groupe. Avec eux, j'ai finalement saisi la nature de l'illusion, j'ai également compris l'importance de connaître notre histoire et, surtout, j'ai réalisé à quel point les jugements et les peurs nous maintiennent dans cette illusion. Les Pléiadiens nous indiquent plusieurs solutions pour sortir de cette impasse et intégrer ces jugements afin qu'une nouvelle histoire soit créée non seulement pour chacun de nous, mais pour l'humanité.

Un autre aspect de ces êtres que j'aime beaucoup est leur point de vue, qui diffère de celui des maîtres ascensionnés et de la Fraternité blanche. Non pas qu'il soit contraire, mais qu'il nous fait simplement voir un autre côté de la réalité. Leur but est vraiment de nous amener à intégrer nos jugements et de nous sortir de l'illusion puisque nous l'avons demandé énergétiquement.

Les Hathors, canalisés par Tom Kenyon. À n'en pas douter, je considère cet auteur et Lee Carroll comme étant ceux qui ont eu un impact considérable dans ma vie. Je suis convaincue que les sons canalisés par Tom ont contribué à élever ma fréquence vibratoire et m'ont ainsi rapprochée un peu plus de la Source. C'est l'élévation vibratoire par le son.

Les Hathors nous offrent des méthodes de cocréation puissantes et Tom vous donne accès à des sons pour accompagner ce travail. Vous pouvez vous-même les télécharger gratuitement sur son site Internet (www.tomkenyon.com).

Les Arcturiens, canalisés également par Tom Kenyon. J'ai toujours su que si je faisais ce livre, ce serait les trois groupes d'êtres que je voudrais voir participer. Je savais déjà depuis bien longtemps qui donnerait l'information concernant la partie pléiadienne, puis j'espérais que Tom accepterait de voir à la section sur les Hathors. Toutefois, je n'ai jamais imaginé qu'il m'offrirait aussi de canaliser les Arcturiens.

Dans ce dernier cas, il ne s'agit pas d'un groupe, mais de plusieurs êtres, dont Sanat Kumara, qui partagent leurs connaissances, expliquent leur mission dans notre système solaire, et nous font part d'un dilemme auquel ils font face à l'heure actuelle.

Sans contredit, une lecture très différente et intéressante vous attend.

Le symbole du nautile

À mesure que cet ouvrage prenait forme, je cherchais à représenter sur la couverture le potentiel, l'évolution spirituelle et l'équilibre chez l'être humain. Pour moi, l'humain est un être multidimensionnel sans cesse en expansion, à l'instar de l'univers.

Un matin de janvier 2013, je me suis levée en ayant en tête l'image très claire d'un nautile doré ! Par expérience, je sais que lorsque je reçois des images spontanées de ce genre, c'est qu'un message s'y trouve à coup sûr. Après avoir exploré un peu plus la symbolique de ce coquillage, qui existe depuis plus de 450 millions d'années, j'ai été fascinée de voir à quel point il représente parfaitement la géométrie sacrée par sa forme et comment, par ses différents compartiments, il demeure en lien avec les autres tout en étant en continuelle expansion. Il représente aussi une illustration remarquable de ce qu'est l'évolution spirituelle et l'équilibre entre nos expériences passées et toutes nos possibilités futures.

Puis, une synchronicité que je trouve assez extraordinaire m'a fait un clin d'œil additionnel, histoire de me confirmer que j'étais sur la bonne voie.

En avril, lorsque j'ai reçu les informations concernant les Arcturiens, j'ai immédiatement commencé par le texte de Sanat Kumara. Ce commandant galactique nous parle du moment où il est allé accueillir le premier vaisseau hathorien entrant dans notre système solaire. Lui-même semblait émerveillé par ce qu'il voyait… le vaisseau des Hathors avait la forme d'un nautile ! Vous pourrez lire l'expérience complète dans la section de Sanat Kumara.

Chers amis et amies, je crois qu'un des moments les plus précieux pour un être humain est l'instant où il découvre sa nature divine, quand le voyage de retour vers la Source s'amorce.

Pour nous tous, cet éveil dans la conscience a pris différentes formes jusqu'en 2012 : des rencontres avec des enseignants particuliers, des textes spirituels inspirés, une présence dans un site sacré, ou encore l'expérience de notre nature véritable en tant qu'êtres multidimensionnels. Et même si ce processus d'expansion est devenu de plus en plus présent dans notre vie, habituellement cela s'est fait de façon si subtile que nous avons eu peine à nous en rendre compte. Nous avons cru que nous étions en cause, que nous étions « petits » et insignifiants comparés aux autres êtres des dimensions soi-disant « supérieures ». C'est l'ampleur même de l'illusion dans laquelle nous vivons qui nous l'a fait croire puisqu'en réalité nous avons toujours marché dans notre lumière.

Ce sont plutôt les jugements, les fausses croyances, les manipulations et les religions qui nous ont induits en erreur et maintenus dans la peur, nous cachant ainsi notre grandeur. Les deux défis auxquels nous devons faire face à cette heure sont certainement de comprendre à quel point les jugements affectent notre vie, mais aussi d'apprendre à vivre pleinement dans le moment présent.

Quand on y pense, il est rare qu'on se sente bien lorsqu'on retourne en arrière ou qu'on se projette dans le futur. Le passé renferme souvent des souvenirs de tristesse, des frustrations ou encore des moments de nostalgie. D'ailleurs, je remarque qu'une des raisons que l'on n'arrive pas à pardonner c'est parce qu'on voudrait que le passé soit différent. Nous continuons à revivre les mêmes scénarios et à les juger et lorsqu'on se projette dans le futur, c'est qu'habituellement on croit qu'il sera beaucoup mieux que notre vie actuelle. Finalement, on ignore le moment présent et, par le fait même, on lui enlève tout son pouvoir. Un défi de taille pour chacun d'entre nous…

Aujourd'hui, avec un nouveau plan directeur qui s'est inscrit en nous après 2012, toutes les réalités sont disponibles et tous les potentiels sont possibles. Toutefois, pour y arriver, il faut non seulement bien comprendre la nature de notre réalité mais, surtout, réaliser que nous sommes aussi puissants que n'importe quel être dans la galaxie puisque nous sommes, tout comme eux, la Source même.

Pour terminer, une simple anecdote qui semble prendre aujourd'hui une signification particulière. Adolescente, j'écoutais toujours avec grand intérêt la télésérie *Star Trek*. J'aimais particulièrement le début de chaque émission qui commençait par le capitaine Kirk récitant la mission de l'*Enterprise* :

« *L'espace, l'ultime frontière. Voici le vaisseau galactique l'*Enterprise*.*
Sa mission : explorer des mondes nouveaux et étranges, découvrir de nouvelles formes de vie et de nouvelles civilisations, et s'aventurer dans les recoins les plus éloignés de la galaxie. »

Je répétais en même temps que lui cette déclaration et j'écoutais chaque émission avec une grande fascination. Maintenant, en y repensant, je suis inspirée à écrire :

« *L'être multidimensionnel, l'ultime frontière. Voici les Terriens,*
les ambassadeurs galactiques de demain.
Leur mission : explorer leur potentiel, éveiller leur nature divine,
découvrir et interagir avec de nouvelles civilisations
et s'aventurer dans les recoins les plus éloignés de leur être. »

En terminant, je suis reconnaissante envers chacun de vous qui prend le temps de lire cet ouvrage et fait preuve de bravoure par une perpétuelle recherche de sa nature véritable.

En prenant la responsabilité de ce voyage spirituel, en honorant notre potentiel et en marchant pleinement dans notre lumière, nous reconnaissons avoir chacun un rôle à jouer dans la renaissance de notre civilisation. Et cela, chère lectrice et cher lecteur, marquera le début d'une toute nouvelle réalité.

Martine Vallée
Mai 2013

martine@passion-compassion.org

LE PREMIER LIVRE DE POTENTIELS

Le Collectif pléiadien de la neuvième dimension

L'information contenue dans ce livre
est ce qui correspond le plus
à votre fréquence vibratoire actuelle.

Introduction de Wendy Kennedy

Bonjour chers lecteurs et lectrices,

C'est en 1994 que mon aventure dans le monde de la canalisation débuta. Après une année à travailler, par l'entremise de l'écriture automatique, avec mes guides angéliques et quelques autres êtres de diverses dimensions supérieures, je fus introduite à un groupe d'êtres remarquables en provenance des Pléiades. Ils se sont identifiés comme étant le Collectif pléiadien de la neuvième dimension. Étant donné que ce collectif travaille avec les sons et les tonalités, il attendait avec patience que j'élève suffisamment ma fréquence vibratoire pour commencer à travailler avec moi de vive voix.

Ce fut une aventure extraordinaire, et aujourd'hui je ne peux imaginer ce que serait ma vie sans le soutien de ces êtres d'amour et de bonté. Ils m'ont toujours encouragée et, surtout, ils m'ont démontré que j'avais la capacité d'être et d'accomplir beaucoup plus que ce que je croyais.

Sur les milliers de canalisations privées ou de groupe que j'ai faites au cours des années, ils n'ont offert que des encouragements à ceux et celles qui cherchaient des réponses à leurs questions. N'étant pas du genre à dorer la pilule lors de leurs canalisations, je me suis souvent demandé de quelle façon ils allaient répondre à certaines questions qui, en surface, me paraissaient sans issue. Les P's, comme j'aime bien les appeler, trouvent toujours la bonne façon de répondre pour amener l'individu à voir le but supérieur de tout événement ou le potentiel de ses choix et même les réponses que l'ego n'était pas encore prêt à laisser aller ou à libérer.

Un des avantages de mon travail est d'avoir la possibilité, puisque je côtoie un grand nombre d'individus tous différents, de voir la tendance générale de ce qui est en processus d'intégration dans le collectif. Quand on sait que l'on n'est pas seule et que d'autres également traversent des situations difficiles, il est plus facile pour l'ego de se détendre et de « travailler » ses propres défis. La conscience de cette connexion nous donne du courage et nous libère de ce qui cause l'illusion de séparation.

Il est remarquable pour moi de voir le grand nombre de personnes qui se sont éveillées ces vingt dernières années. Je constate que ce qui était considéré comme marginal à ce moment-là est devenu tendance à l'heure actuelle, et je n'ai aucun doute que ce qui est considéré comme appartenant un peu à « là-haut » aujourd'hui sera normal demain. Avec le passage de 2012, nous avons dépassé la plupart des peurs reliées à notre éventuelle « destruction » ainsi que les craintes de l'inconnu qui y étaient associées. Nous voilà maintenant dans une ère de possibilités infinies.

Je suis vraiment honorée que Martine m'ait demandé de participer à l'élaboration de ce livre, car je crois au potentiel que chacun détient en lui pour créer de remarquables choses. Il s'agit simplement de se rappeler qu'on peut le faire, et de permettre à cette version de la réalité d'être la nôtre.

Wendy

Introduction du Collectif pléiadien de la neuvième dimension

Salutations, chers humains. Nous sommes le Collectif pléiadien de la neuvième dimension, et c'est autant un honneur qu'un plaisir de communiquer ainsi avec vous. Quel que soit le moment où vous lirez ce livre, sachez que nous sommes à vos côtés chaque fois que vous pensez à nous puisqu'il s'agit toujours pour nous du prochain moment présent. Nous vous laisserons réfléchir un instant à cette affirmation, que vous comprendrez sans doute mieux lorsque nous vous aurons fait part de notre point de vue sur le temps un peu plus loin.

Nous vous présentons ici ***une version*** de la vérité. Ce n'est pas la seule car il y en a un nombre infini. La vérité est toujours teintée du point de vue de l'être qui la rapporte et des êtres qui la reçoivent. Ce que nous vous offrons ici, toutefois, constitue un tremplin vers la vérité supérieure. Prenez-en les éléments qui éveillent en vous des résonances et oubliez le reste. Si vous lisez ce livre plus d'une fois, vous serez peut-être surpris de constater que vous aviez mal saisi certains passages la première fois et que vous les comprenez mieux à cette deuxième lecture. C'est que la perception change en fonction du taux vibratoire.

Nous nous réjouissons de vous voir créer par vous-mêmes car cette époque planétaire comporte le plus grand potentiel humain. Chacun et chacune de vous peut bénéficier d'un immense soutien tant dans ce monde qu'« au-delà du voile ». Servez-vous-en ! Faites appel à nous ! Nous vous répondrons toujours, même si vous ne nous entendez pas. Sortez de votre tête et entrez dans votre cœur car c'est seulement là que vous pouvez nous entendre.

Votre véritable histoire, la récupération de votre sagesse stellaire et la réalisation de votre potentiel

Débutons en disant que d'autres êtres que nous participent à cette canalisation spirituelle et qu'ils sont très heureux de partager avec vous leur point de vue et leur sagesse concernant leur propre système solaire.

Pour saisir adéquatement l'information que vous êtes sur le point de lire, vous devrez le faire à partir du cœur, puisque le centre du cœur n'est pas sujet aux distorsions et aux croyances du mental en ce qui a trait à votre histoire véritable.

Vous rendez-vous compte que l'histoire qui vous a été proposée ou plutôt « vendue » n'était pas votre histoire réelle ?

Comme plusieurs d'entre vous le savent déjà, votre ADN a été modifié pour les besoins de cette grande expérience qui a lieu sur la planète Terre. En tant que membres du Collectif pléiadien de la neuvième dimension, nous aimerions vous présenter un aperçu de la façon dont vous êtes tous arrivés ici, en ce point précis du temps. La connaissance du passé vous aidera à mieux réaliser votre plus grand potentiel.

Nous serons francs avec vous dès le départ : notre point de vue diffère de celui de la Fraternité blanche [à laquelle appartiennent plusieurs de vos maîtres ascensionnés] quant à la meilleure façon d'interagir avec vous en cette période de grande transformation. Notre méthode n'est pas meilleure ou moins efficace que celle des maîtres ascensionnés; elle est seulement différente.

La Fraternité blanche et les maîtres ascensionnés désirent travailler avec vous dans cette dimension-ci, à l'intérieur même de l'illusion. Pour notre part, nous avons choisi de vous parler aujourd'hui de votre histoire galactique, du jeu illusoire qui est en cours ainsi que du moyen de vous en retirer. Nous pensons que vous êtes prêts, collectivement et individuellement, à commencer une «nouvelle» histoire, une autre version de la vérité. La Fraternité blanche croit que ce serait un trop grand choc pour certains d'entre vous et c'est la raison pour laquelle l'information n'est divulguée qu'à petites doses. Les deux points de vue sont à votre avantage car chacun de vous avance à son rythme et à sa manière. Certains vont accepter le nôtre, et d'autres, celui de la Fraternité blanche. Plusieurs lecteurs de ce livre comprennent bien les raisons derrière les deux points de vue. Il est toujours utile de considérer les divers aspects d'une expérience.

Que l'information que vous recevez provienne de nous ou d'un maître ascensionné, veuillez n'en accepter que ce qui éveille en vous des résonances et oublier le reste. Chaque être que vous rencontrez a son propre programme. Le nôtre comporte le soutien que nous vous accordons, mais nous sommes aussi ici pour apprendre quelque chose de vous. Nous voulons vous aider à apporter de la lumière et de l'information. En définitive, c'est vous qui décidez. Vous seul avez toujours les meilleures solutions qui vous conviennent.

L'information contenue dans ce livre est ce qui correspond le plus à votre fréquence vibratoire actuelle. Bien sûr, elle n'éveillera pas les mêmes résonances chez tous. Quand nous livrons de l'information, nous pensons toujours au plus grand nombre d'individus qui l'écouteront ou qui la liront, afin de fournir la meilleure version de la vérité. Celle-ci existe cependant en une infinité de versions car vous changez constamment de temporalité.

De temps à autre au cours de cette canalisation, nous vous demanderons de *respirer profondément*. Cette brève pause sera nécessaire car certains éléments d'information seront peut-être difficiles à accueillir et lorsque ce sera le cas, vous aurez tendance à sortir de votre corps! En respirant profondément, vous rétablissez la connexion et cela vous permet d'assimiler l'information.

La grande expérience terrestre

Commençons par le début. Il y a très longtemps, des êtres des sphères supérieures se sont dit : « Ne serait-il pas remarquable de descendre dans la matière pour ensuite essayer d'en sortir? » Vous avez donc tous décidé de faire cette expérience. Vous avez eu l'idée… et vous la réalisez, ici sur la Terre.

Antérieurement, deux autres expériences d'intégration ont été tentées dans la galaxie. Malgré qu'elles aient échoué, l'apprentissage a été important. Quand la Terre fut jugée appropriée pour l'expérience, on y déposa donc du matériel génétique issu de très nombreuses espèces appartenant à des milliers de mondes. Et avec ce matériel génétique vinrent tous les encodages émotionnels, soit toutes les expériences émotionnelles vécues par ces espèces sur leurs planètes. Nous disons de la Terre qu'elle est la planète des émotions et qu'elle est différente de toutes les autres planètes de l'univers car votre gamme d'émotions est très vaste. Vous avez des hauts et des bas extrêmes, avec toutes les variantes intermédiaires.

Dans d'autres secteurs de la galaxie, la gamme émotionnelle n'était pas aussi étendue, et c'est pourquoi les deux expériences précédentes n'ont pas bien fonctionné. Quand la gamme émotionnelle est trop restreinte, la capacité d'introduire de nouvelles idées, de nouvelles inspirations créatives, est quelque peu limitée. Dans la troisième dimension, votre existence est vraiment plus focalisée et cela vous a permis d'examiner et d'explorer quelque chose dans sa totalité. Toutefois, lorsque le but de l'expérience est un processus d'intégration, c'est différent. Nous parlons ici de l'aptitude à voir la lumière et l'obscurité comme une illusion puisque les deux procèdent de l'Énergie source. Le processus d'intégration implique avant tout l'abandon du jugement. Encore une fois, il s'agit de réunifier la lumière et l'obscurité dans leur état divin. Cela peut toutefois s'avérer très difficile si l'on ne possède pas la gamme émotionnelle nécessaire pour une opération aussi exigeante.

Dans cette version-ci de l'expérience, vous travaillez avec davantage d'options et d'émotions pour effectuer le processus. Contrairement à ce que l'on pourrait penser, cela devient de plus en plus facile puisque vous avez accès à un matériel génétique plus considérable. La planète elle-même est une véritable bibliothèque. Toutes les informations et toutes les expériences propres aux espèces qui y vivent, que ce soient les insectes, les reptiles, les félins ou les oiseaux, sont enregistrées à même la Terre et vous avez accès à cette immense bibliothèque.

Cinq espèces [représentant plusieurs civilisations] ont contribué génétiquement à la création des humains modernes : les Félins, les Reptiliens, les Humanoïdes, les Oiseaux et les Lyriens. Leur matériel génétique vous a été fourni pour que vous puissiez tirer profit de toutes ces expériences. Il est important que vous le sachiez car c'est la base même de votre jeu. Tandis que vous traversez le processus ascensionnel et que votre vibration s'est accrue en raison de l'achèvement du cycle de 26 000 ans, vous intégrez tout ce que vous avez appris durant ce cycle.

Représentez-vous ce dernier comme une ligne ayant un début et une fin, avec une bande énergétique de très haute fréquence que vous avez parcourue. Nous l'appelons la bande photonique et elle était composée de photons, des particules de lumière de haute fréquence qui renferment de l'information vous permettant d'effectuer le processus intégrateur. Quand vous arrivez à la fin d'un cycle, vous êtes en mesure d'accéder de nouveau à tout ce que vous y avez appris et de l'intégrer avant d'entamer le cycle suivant. L'année 2012 constituait cette fenêtre d'opportunité. La plus grande partie de l'humanité l'a perçue simplement comme une accélération de la vie et de son rythme trépidant.

Arrêtons-nous quelques instants… *Vérifiez si notre information a fait remonter en vous des émotions reliées à la manipulation, au contrôle ou à l'abandon. Le mal du pays pourrait également être activé. Si c'est le cas, respirez doucement et profondément.*

Comme nous l'avons recommandé plus haut, prenez toujours ce qui éveille en vous des résonances et oubliez le reste. Nous partageons avec vous notre version de l'histoire car nous constatons que vous la réclamez énergétiquement et nous désirons que vous avanciez. Notre objectif est de vous soutenir. N'oubliez pas que cette version de l'histoire peut changer à mesure que vous prendrez de l'expansion.

Nous vous livrons donc des bribes de votre véritable histoire, mais au moment opportun le tableau complet s'activera en chacun de vous. Quand l'histoire est simplement livrée ainsi, elle peut s'avérer difficile à accepter, car la manipulation de l'information est très grande. Après un certain temps, vous ne savez plus à qui faire confiance. Vous n'obtiendrez donc pas le tableau complet tant qu'il n'aura pas surgi en votre for intérieur. Nous vous avons simplement indiqué le point de départ afin que vous entriez en vous-même pour consulter les archives akashiques et examiner le matériel génétique disponible. Vous avez tout simplement oublié que vous aviez une carte d'accès à cette grande bibliothèque. Il suffit d'y aller et de voir le bibliothécaire. Il existe réellement des êtres dont la tâche consiste à aider ceux d'entre vous qui cherchent de l'information. Ils sont là pour vous assister et ils feront de leur mieux pour trouver la correspondance vibratoire que vous recherchez.

De plus, c'est non seulement un cycle de 26 000 ans qui vient de se terminer, mais aussi un cycle universel. La fin d'un cycle universel n'a rien à voir avec un certain nombre de révolutions. En fait, quand il y a processus d'intégration et que celui-ci est partagé avec l'univers, le jeu universel est à ce point transformé qu'il ne peut faire autrement que de prendre fin. C'est un peu comme dans l'un de vos jeux de société, le Monopoly, où l'on vous dit d'aller directement à *Go* sans vous arrêter. Vous avancez si vite que tout le jeu en sera modifié. Ce n'est pas la « fin » réelle d'un cycle, mais il est plus facile pour l'esprit de le percevoir ainsi que d'en comprendre le fonctionnement holographique.

En tant qu'individus, vous faites tous partie de l'ensemble ; chaque fois qu'une pièce est modifiée, toutes les autres le sont. Si vous découpez une image en vingt morceaux, chacun des fragments contiendra l'image entière. Si vous en modifiez un, la modification apparaîtra dans les dix-neuf autres. Vous devez donc abandonner le jugement et envoyer cette information aux autres aspects de votre être qui peuvent la recevoir. Ce faisant, vous modifierez le Jeu universel car vous changerez le point de vue de ces autres vies. Cette activité est captivante et efficace. C'est l'une des raisons pour lesquelles on l'appelle « la grande expérience ». C'est la première fois qu'ascensionne une planète habitée par des êtres conscients qui possèdent la gamme émotionnelle qui est la vôtre. C'est pourquoi vous recevez autant de soutien stellaire et angélique. Nous comprenons tous l'unicité et le caractère transformateur de cette expérience.

Sachez qu'il existe des lignes de temps où cette expérience ne réussit pas, mais avec vous, c'est-à-dire la version avec laquelle nous avons cet entretien, elle réussit car vous vivez le processus ascensionnel. Il n'y a pas qu'une seule façon d'avoir des expériences. Ici-bas où vous êtes, dans l'état d'esprit linéaire, vous pensez qu'il n'existe qu'une seule version de la réalité. En fait, il y en a plusieurs et vous faites constamment la navette entre elles à volonté en ajustant votre fréquence vibratoire. Cependant, comme vous traitez la réalité au moyen du mental, vous pensez n'exister que sur un seul plan. Vous n'avez pas encore compris que vous avez subi une transformation. Vous avez parfois une impression de « déjà-vu », ce qui indique bien que vous avez changé de plan. Votre changement de perception, de croyances et de fréquence vibratoire est ordinairement très subtil puisque votre version de la réalité ne change pas de manière spectaculaire.

Même si vous n'êtes pas conscients des différentes lignes du temps, votre Soi supérieur l'est toujours. Il peut participer à plusieurs versions de la réalité en même temps. Cependant, l'ego, cette partie de vous dont l'existence est limitée, ne peut pas le voir. C'est là le but du jeu. C'est la beauté de la troisième dimension que de se sentir séparé de l'ensemble. C'est à la fois unique et exigeant, mais vous êtes tous venus pour cela.

Aujourd'hui, nous aimerions vous dire ceci : au cours du processus ascensionnel, ne soyez pas aussi pressés d'arriver de l'autre côté. Vous savez déjà en quoi consiste cette expérience multidimensionnelle ! Ce que vous ne savez pas, et que nous apprenons tous de vous, c'est comment traverser les différentes étapes du processus ascensionnel. Vous êtes encore en plein milieu du processus, et les moments où vous êtes inconfortables, parfois même dépassés ou quelquefois déprimés, indiquent précisément pourquoi vous êtes venus ici-bas ! C'est ce que vous êtes en train d'apprendre à régler car en fin de compte vous enseignerez le processus ascensionnel. Alors, si vous arrivez à apprécier tous ces moments de basse fréquence, vous pourrez plus facilement en sortir et vous recadrer.

Chacun de vous quitte son corps pendant la nuit pour nous faire un rapport. Vous êtes tous extrêmement occupés. Vous allez de comité en comité, de réunion en réunion. N'oubliez pas que tous les êtres des sphères supérieures font partie de l'ensemble. En fait, vous nous informez de ce qui se passe parce que l'on ne peut vivre cette expérience vibratoire particulière qu'à condition d'être né dans un corps physique appartenant à une dimension précise.

Par exemple, nous qui sommes des êtres de lumière de la neuvième dimension, nous ne percevons la réalité qu'à travers le filtre de cette dimension-là, sauf quand nous travaillons avec Wendy, notre canalisatrice spirituelle. C'est la seule exception. Quand nous travaillons avec elle, nous obtenons un petit aperçu de votre expérience vibratoire car notre énergie se mêle à la sienne. Autrement, la plupart des êtres des autres dimensions ne font qu'observer. Ils s'interrogent parfois sur vos motivations et ne comprennent pas vraiment vos émotions dans certaines situations. Votre gamme émotionnelle est tellement vaste ! En certains endroits de l'univers, il n'y a que cinq émotions différentes, et dans d'autres, peut-être une douzaine. Pouvez-vous imaginer qu'il n'existe que cinq émotions différentes ! Par exemple, les Cassiopéens aiment se focaliser sur l'amour et la compassion. Si l'un d'eux s'incarnait sur la Terre en n'ayant connu que l'amour, il aurait tout un ajustement à faire pour éprouver toutes les émotions contraires à l'amour. Nous y reviendrons.

Vous savez maintenant que vous avez tous vécu de nombreuses existences obscures. Nous rigolons bien quand l'un de vous dit : « Je ne veux rien savoir de mes existences obscures. » Pourtant, ces vies sont habituellement celles qui ont été les plus intéressantes puisqu'elles diffèrent totalement des expériences que vous vivez dans les sphères supérieures. Tous, sans exception, vous avez vécu des existences obscures!

Respirez profondément...

Votre soif de connaissances démontre un profond désir de vous relier à l'Énergie source. C'est ce que vous faites par le processus ascensionnel. Vous parlez souvent de rentrer «au foyer»... mais cette fois ce n'est pas le but. Nous comprenons toutefois que ce désir puisse s'avérer écrasant car il peut susciter un sentiment d'isolement et de désespoir, mais il ne s'agit pas ici de quitter la planète. Il s'agit plutôt d'intégrer dans votre corps une conscience accrue. Votre Soi supérieur est conscient de chacune de vos incarnations passées. Il sait que vous êtes un être multidimensionnel vivant une expérience limitée sur cette planète. En faisant entrer dans votre véhicule cette version expansée de vous-même, vous changerez les données du jeu ainsi que votre mode d'opération.

Vous avez en vous des codes précis. Ce sont des marqueurs placés dans votre champ énergétique et qui, à un certain moment, vous envoient le message suivant: «Le temps est venu, réveille-toi.» C'est ce que vous vivez à l'heure actuelle.

L'année 2012 n'a toujours été qu'une fenêtre, mais comme vous existez dans le temps linéaire, vous travaillez avec des dates et à l'intérieur de moments précis pour indiquer quand les choses sont censées se produire. Si vous ne procédiez pas ainsi, vous auriez l'impression que rien n'avance et vous vous diriez sans doute ceci : «J'ai encore un mois, encore une année...» Le 21 décembre 2012 vous a tous activés parce que cette date était inscrite dans votre code génétique, une clé mémorielle importante vous donnant, une fois de plus, accès à une plus grande sagesse.

La structure de votre dimension et le franchissement de la barrière mentale

Ce sujet couvre un certain nombre de choses. Nous commencerons par parler brièvement de la structure dimensionnelle. Pour être en mesure de quitter celle-ci pour de bon, vous devez comprendre comment elle est construite. L'abandon de l'état d'esprit tridimensionnel vous permettra d'adopter un point de vue multidimensionnel.

Vous savez maintenant que l'esprit tridimensionnel a été créé pour vous limiter, vous donner l'illusion de la séparation, afin que vous puissiez vivre une série d'expériences vibratoires et faire des choix particuliers fondés sur la perception de la séparation. Bien sûr, il est impossible que vous soyez chacun séparé puisque vous êtes connecté à tout et à tous. Néanmoins, pour traverser cette expérience de la densité, vous aviez besoin de l'illusion du temps pour effectuer des ajustements, de sorte que vos créations, par exemple vos pensées, vos émotions ou vos sentiments, n'étaient pas projetées immédiatement. Le temps vous laissait un délai entre ce que vous émettiez et ce qui vous revenait pour que vous le viviez ensuite.

Le temps est une composante très importante de la réalité tridimensionnelle, mais c'est une illusion. Sachez que la perception de cette illusion n'existe dans aucune autre dimension. Il s'agit simplement d'un repère pour votre expérience.

Perception 3D – focalisation unique

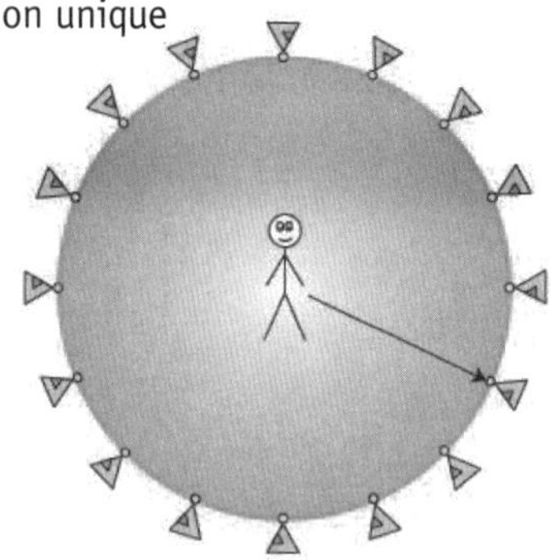

L'illusion du temps en 3D

L'idée du temps est donc l'une des plus importantes choses à éliminer de votre mental. Depuis plusieurs années, vous avez remarqué un important changement dans votre perception du temps. Du moins, vous en percevez très certainement la compression. Vous ne vous rendez peut-être pas compte que c'est l'accélération du temps qui crée l'intensité nouvelle de vos sensations. Il y a dix ans, vos drames se jouaient sur une plus longue période, mais aujourd'hui ils se jouent sur une période relativement plus courte. Un exemple : ce qui auparavant vous prenait un an à comprendre ou à « travailler » prend maintenant quatre jours environ. C'est pourquoi vous ressentez tout avec plus d'intensité. Il en est ainsi parce que votre fréquence vibratoire s'élève. En passant de la troisième dimension à la cinquième, vous sentirez le temps s'effondrer sur lui-même. Lorsque vous franchirez cette barrière mentale, vous adopterez un point de vue multidimensionnel. Vous ne verrez plus les choses sous un aspect linéaire et vous pourrez vous concentrer sur plusieurs choses à la fois.

Nous avons évoqué les troisième et cinquième dimensions, mais votre vibration se situe présentement dans la quatrième. Les troisième et cinquième ont chacune une structure très précise, mais différente l'une de l'autre.

Comme il y a une énorme différence entre l'expérience vibratoire de la troisième et celle de la cinquième, il vous fallait un endroit pour faire la transition, un domaine vibratoire complet pour « jouer », et pas seulement

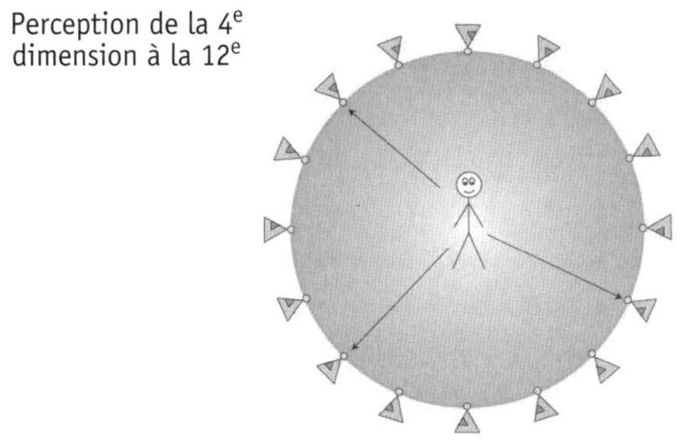

Focalisations multiples

pour monter, mais aussi pour descendre. Plusieurs parmi vous pensent s'incarner dans une basse fréquence et s'élever une fréquence à la fois, jusqu'au sommet. C'est le contraire. Vous êtes l'Énergie source au sommet, puis vous vous « fracturez », vous descendez, vous « jouez » sur différents plans, pour ensuite remonter et vous reconnecter à l'Énergie source.

Dans la quatrième dimension, vous pouvez exécuter la programmation de la troisième puisque vous vous percevez encore dans cette dernière, mais vous pouvez aussi exécuter celle de la cinquième. Nous désirons pour vous davantage de programmations relevant de la cinquième dimension. Plusieurs parmi vous évoluent entre ces deux mondes, et certains plus que d'autres. Il ne fait aucun doute que vous possédez bien la théorie, mais la pratique est loin d'être au point.

En ce moment, vous créez de nouveaux schémas, de nouveaux réseaux neuronaux, de nouvelles habitudes, et vous éliminez les programmes limitatifs. Vous créez votre nouveau potentiel.

Rappelez-vous que vous *êtes* chacun votre Soi supérieur. Ce n'est pas quelque chose que l'on devient ou à quoi on doit se connecter. Pour faire l'expérience de la troisième dimension, vous avez dû utiliser des filtres. Toutes ces émotions, sensations et pensées selon lesquelles vous êtes séparés, vous n'êtes pas à la hauteur, vous êtes incapables de vous connecter, vous êtes indignes d'amour, ne sont qu'une exploration de la dualité. Il est même important de voir qu'il s'agit d'*une exploration que vous avez décidé d'effectuer*. Certains d'entre vous sont très contrariés parce qu'ils ont l'impression de ne pas pouvoir se connecter, mais en réalité ils explorent et s'exercent.

Si vous désirez évoluer plus rapidement, faites simplement une pause dans votre journée pour prendre conscience de votre « pouls » vibratoire. Posez-vous la question suivante : « Mon taux vibratoire se situe où sur les plans mental, émotionnel ou physique ? » En vérifiant la chose et en vous rajustant, vous pourrez créer de nouvelles habitudes et de nouvelles formes-pensées car la plupart de celles qui sont de basses fréquences s'exécutent dans le subconscient. Il s'agit ici de prendre conscience de toutes les fréquences vibratoires sur lesquelles vous fonctionnez. C'est la partie la plus difficile, mais le mécanisme est vraiment très simple.

Nous allons vous indiquer quelques étapes pour y arriver, chose que votre mental n'appréciera pas du tout. Il vous dira que c'est plus compliqué que cela, mais en fait c'est très facile. Le plus grand défi pour vous se trouve dans l'aspect émotionnel ou mental du lâcher-prise. Soyez donc patients.

Exercice (7 à 10 jours)

Au cours de la journée, si vous prenez la peine de régler une sonnerie toutes les heures pour vérifier où se situe votre taux vibratoire sur les plans mental, émotionnel ou physique, cela vous aidera à devenir plus conscient de vos choix. Par exemple, demandez-vous : « Est-ce que j'aime la fréquence à laquelle je vibre et est-ce que je veux continuer à la projeter ainsi ? »

Sachez que si vous continuez à la projeter, vous continuerez aussi à la recevoir. Si vous faites cette vérification, vous verrez que votre capacité de manifestation, votre lucidité et la sensation créée par la fréquence vibratoire seront très différentes.

Supposons que vous désiriez un nouvel emploi. Vous y êtes peut-être prêt mentalement, mais peut-être aussi qu'émotionnellement vous doutez de vos qualifications ou entretenez quelque autre pensée contraire à votre désir. Vous vous demandez alors pourquoi vous ne vous débarrassez pas de ces appréhensions. Cette vérification vous permettra de voir des schémas que vous n'aviez peut-être jamais remarqués. Vous découvrirez alors des attitudes que vous avez envers vos collègues, les membres de votre famille ou vos relations d'affaires. Le même schéma est peut-être plus accentué dans l'un ou l'autre cas, mais habituellement il est également présent sous une forme moindre dans d'autres relations. Il faut voir comment ces situations vous servent et si elles contribuent à maintenir l'illusion de la séparation. Ce que nous essayons de vous faire comprendre ici, c'est que vous devez abandonner tout jugement concernant l'idée de séparation, afin de mieux vous connecter.

Pour la plupart d'entre vous, quand l'idée de créer se présente, une image intérieure existe, qui est libérée avec son énergie et vous revient ensuite. Une certaine expression du temps est impliquée ici et nous vous encourageons à travailler davantage avec la création relevant de la cinquième dimension. Vous êtes ce que vous désirez créer. Vous êtes déjà ce que vous cherchez à devenir. Vous n'avez qu'à enlever les couches extérieures que sont les fausses perceptions, les jugements erronés que vous exercez sur vous-même, et les histoires que vous vous racontez.

Nous voyons à quel point certains d'entre vous «poussent» énergétiquement pour arriver de l'autre côté et il est absolument vital qu'ils renoncent à «pousser» ainsi car chaque fois que le passé ou le futur entre en ligne de compte, ils gaspillent leur énergie. En fait, vous vous empêchez de fonctionner avec vos pleins pouvoirs puisque votre énergie est dirigée vers un autre moment dans le temps ou un lieu où votre essence divine n'est pas focalisée. Quand vous pensez au futur ou au passé, votre énergie s'y dirige. De plus, c'est là le signe que vous êtes dans un état d'esprit de victime/bourreau. Votre désir de rechercher ces autres temporalités signifie que vous n'êtes plus dans le présent. Quelque chose en provenance d'un état de peur vous propulse vers ces autres lignes de temps. Qu'est-ce donc? Peut-être une question de sécurité ou de séparation, d'anxiété ou d'abandon. Ce qui est certain, c'est qu'une peur en est à l'origine.

Autrement, vous pouvez explorer une énorme quantité de fréquences vibratoires. Il existe tellement de données dont l'âme est curieuse et assoiffée à chaque instant présent que vous ne céderez jamais à l'ennui. Il s'agit d'être constamment conscient de la fréquence vibratoire précise de votre champ énergétique. C'est ce qui changera votre réalité. Pour changer votre réalité, vous devez donc modifier votre champ énergétique.

Nous terminerons sur ce sujet en disant que si vous êtes centré sur le cœur, parfaitement ouvert et connecté, vous êtes comme un réservoir de données géant de deux mètres de largeur. Par contre, si vous êtes mal centré, particulièrement si vous êtes sous l'emprise d'une peur intense, votre réservoir de données, votre connexion à la Source, à vos guides, à vos archives akashiques, tout cela est réduit à quelques centimètres de largeur. Par conséquent, il faut alors plus de temps pour télécharger de l'information, comme il faut beaucoup plus d'énergie pour résister que pour être dans son Soi divin.

La « vérité » absolue

L'une des raisons pour lesquelles vous trouvez difficiles les temps actuels, c'est que vous cherchez la « vérité » absolue... en ce qui a trait à votre histoire, mais également dans votre vie personnelle. Vous voulez que tout soit compartimenté. Ce n'est pas ainsi que cela fonctionne. Pourquoi ? Simplement parce que la vérité est toujours en fonction du point de vue.

Chacun a son propre point de vue sur ce qui se passe non seulement à cause du filtre individuel, mais aussi des filtres propres à cette dimension. D'où nous sommes, dans la neuvième dimension, nous-mêmes avons une perspective entièrement différente de ce qui se passe ou de ce que vous vivez. La raison de cela concerne l'endroit où réside notre conscience par rapport à la vôtre.

Sachez que la « vérité » absolue n'existe nulle part dans l'univers. Dès que l'on se coupe de la Source, on se retrouve avec un filtre ou dans une structure propre à chaque dimension et on ajoute à cela les scénarios que l'on se construit. À la Source, la « vérité » absolue existe, et dans cet espace vous avez accès aux données originelles de toutes les expériences qui ont eu lieu depuis toujours. À partir du moment où vous participez au Jeu universel, il est impossible d'obtenir ce que vous considérez comme la « vérité » absolue.

L'autre aspect que vous devez comprendre, c'est la façon dont fonctionne le mental. Ce dernier veut que les choses soient bien « ordonnées ». Puisque sa perception est limitée à une seule version de la réalité, cela vous empêche de voir qu'il existe plusieurs versions simultanées. Il fallait que ce soit ainsi pour vous permettre de plonger réellement dans le « moment présent » de la troisième dimension afin d'en vivre l'expérience sans être distrait par les autres réalités possibles. C'est unique à la troisième dimension et, croyez-le ou non, c'est une expérience très intéressante que de suivre la réalité à partir de ce plan.

Puisque le temps n'est pas linéaire, mais représente plutôt, selon la structure dimensionnelle, une série de « moments présents » que vous vivez et qui vous donnent l'illusion du temps linéaire, vous changez constamment de « moment présent » selon votre fréquence vibratoire. En fait, vous vous déplacez entre de multiples temporalités. C'est ce qui explique les diverses versions de votre histoire ou de vos prédictions concernant l'avenir. Vous reliez ces différents « moments présents » selon votre vibration, et cette représentation est fondée sur une série de circonstances convenues d'avance et dont vous dites qu'elles forment votre passé collectif et individuel, mais elle peut changer si vous changez de vibration ! Ainsi, votre « vérité » de demain ne sera pas celle d'hier puisque votre vibration ne sera plus la même.

Voilà pourquoi nous vous disons de « sortir » de votre tête et d'« entrer » dans votre cœur. Le cœur comprend ce qui se passe puisqu'il a accès à la fois à de multiples plans de réalité afin de vous faire voir les différentes « vérités ». De plus, avec le cœur il n'y a pas le déchirement qui existe avec le mental. Que voulez-vous, le mental tient à ce qu'il y ait un « absolu » tandis que le cœur est bien à l'aise avec le fait d'être aligné sur une version de la vérité, à ce moment-là.

La communauté galactique

À mesure que vous effectuerez cette transition, vous serez de nouveau capable d'établir une connexion avec la communauté galactique. Par le processus ascensionnel, la fréquence de votre champ énergétique se transforme et devient par le fait même plus dorée. Vous serez pour l'univers les *Êtres dorés.* Nous trouvons très amusant de vous entendre dire, quand vous êtes incarnés sur la Terre, que vous venez de Sirius, d'Arcturus ou des Pléiades. Comme si personne ne voulait être de la Terre! Or, au moment où vous serez en interaction avec la communauté galactique, chacun de vous sera fier de dire : «Ah! je suis un Être doré et je viens de la Terre. Je suis un expert en intégration et en ascension.»

Entre-temps, nous partageons cette information avec vous afin que vous puissiez accéder doucement à vos mémoires des autres systèmes. Sans trop savoir pourquoi, plusieurs d'entre vous seront attirés par des systèmes particuliers, et à mesure que vous accéderez à la cinquième dimension, vous aurez évidemment accès à toute cette information. N'oubliez pas que ce que nous vous donnons est simplement **une** version de la vérité puisqu'il en existe plusieurs. Et, avouons-le, c'est une version plutôt simplifiée de la communauté. Encore une fois, nous communiquons avec cette partie de vous qui se trouve toujours dans la troisième dimension et qui demande des réponses en provenance d'une structure dimensionnelle linéaire.

Il faut savoir qu'avant de vous incarner, vous vous êtes tous créé deux plans directeurs : l'un d'avant le changement et l'autre d'après le changement, car le jeu a changé après 2012. La version préchangement contenait vos contrats et votre chemin de vie de la troisième dimension. Après le 21 décembre 2012, vous avez activé la version postchangement. Afin de bien refléter cette dernière version, une nouvelle stratégie pour jouer la nouvelle version du «jeu» a été mise en place afin de tenir compte des nouvelles possibilités énergétiques. En résumé, votre plan directeur est maintenant beaucoup plus complexe… Notez que nous avons bien dit «complexe» et non pas «plus difficile». Si vous comparez cela à un jeu vidéo, disons que vous avez complété le premier niveau et que vous vous dirigez vers le deuxième, où les défis sont plus grands mais le potentiel et les récompenses sont énormes.

Avec le plan d'après le changement, certains d'entre vous commenceront à travailler avec la communauté galactique de manière plus directe. Avant votre incarnation, des contrats spécifiques ont été mis en place afin d'établir votre interaction avec d'autres êtres et le partage d'informations avec eux. Nous aimerions dire une chose à propos des contrats : ils n'ont rien à voir avec ce que vous avez l'habitude d'expérimenter sur la planète. Ils sont simplement des accords et des alignements plutôt malléables. Si, pour une raison ou une autre, vous ne pouvez pas respecter les termes du contrat ou vous souhaitez les changer, ce contrat peut être simplement refait.

Nous savons bien qu'il vous est difficile de concevoir que vous travaillerez avec ces êtres ou que vous leur enseignerez quelque chose. Faites-nous confiance lorsque nous vous disons que nous apprenons beaucoup de vous. Vous êtes encore à maîtriser la compassion, mais sous peu vous vous retrouverez de l'autre côté du voile et constaterez à quel point vous avez progressé. La compassion, c'est le cadeau que vous partagez avec l'univers.

Respirez profondément…

Comme nous l'avons mentionné précédemment, la Terre représente une expérience remarquable où fut déposé du matériel génétique en provenance de milliers de mondes incluant toutes les expériences émotionnelles de toutes les espèces. C'est à partir de cet éventail émotionnel si vaste que vous percevez votre réalité. Et c'était justement l'espoir, quand cette grande aventure a été créée, que cet éventail permette des potentiels nouveaux et uniques. Cette fois, l'intégration de la polarité serait possible malgré le fait que d'autres aspects de vous, ou de vos frères et sœurs galactiques, soient en difficulté. Ici, sur la Terre, vous avez créé des contrats et des plans directeurs, et cela vous donne l'occasion d'interpréter à nouveau des situations vécues sur les plans galactiques, sauf à une plus petite échelle, avec l'espoir que les jugements seront abandonnés.

Nous vous dirons également que chacun de vous a au moins deux systèmes galactiques avec lesquels il a des alignements particuliers. Et, de ces systèmes, des fréquences sont utilisées pour jouer le jeu de l'intégration des polarités. Commençons donc.

Le système stellaire de Sirius et d'Orion

Nous parlerons d'abord du système stellaire de Sirius. Il comporte trois étoiles majeures : Sirius A, Sirius B et Sirius C. Ce système étant très diversifié, il a connu plusieurs conflits et des expériences tumultueuses. Deux planètes à l'intérieur de ce système étaient en guerre l'une contre l'autre. L'utilisation de la technologie scalaire visant à éliminer l'ennemi et plusieurs mauvais calculs a fait en sorte qu'une des deux planètes a complètement détruit le système stellaire. Résultat : dans votre moment présent, Sirius C n'existe plus. Ce fut là une grande leçon et certains d'entre vous pourraient être « activés » lorsque l'on mentionne la technologie scalaire. Si c'est le cas, cela provient d'une mémoire de l'événement.

Les êtres de Sirius sont centrés sur la coopération/compétition, la variété, l'exploration et la technologie. Sur le plan karmique, les Siriens sont liés aux êtres du système stellaire d'Orion, mais leur forme de vie diffère de ces derniers. Ces deux civilisations d'Orion et de Sirius sont celles d'explorateurs, mais de façon différente. Toutefois, elles œuvrent ensemble pour intégrer les principes de la collaboration/compétition/compassion. La civilisation d'Orion est fascinée par le matériel génétique et l'hybridation des espèces. Fondamentalement, on y travaille sur tout ce qui est lié à l'ADN. Quant aux Siriens, ils aiment explorer à des fins d'expansion, de pouvoir et de conquête. On trouve encore les énergies des deux systèmes à divers endroits sur la planète, dont l'Égypte.

De nombreux scientifiques de votre planète travaillent sur les plantes et les animaux à des fins de clonage et d'hybridation. Plusieurs d'entre eux ont séjourné longtemps dans le système d'Orion et en Atlantide. C'est en Atlantide que vous avez trafiqué le matériel génétique pour la dernière fois sur cette planète. Ce fut aussi la dernière fois que vos connaissances génétiques ont été suffisamment étendues pour le faire. Après la chute de l'Atlantide, toute cette information fut oubliée. Elle fut conservée dans les archives cristallines, mais la plupart d'entre vous l'ignorent. Vous commencez à peine à redécouvrir cette information qui se doit d'être activée à nouveau afin que les innombrables leçons qui sont reliées à la manipulation de l'ADN soient intégrées.

La majorité des êtres d'Orion avec lesquels vous êtes en interaction appartiennent aux cinquième et sixième dimensions, et, dans certains mondes, à la septième. Encore une fois, les dimensions ne sont que des jeux différents, divers niveaux sur lesquels vous vous focalisez.

Le système stellaire d'Arcturus

Nous considérons les Arcturiens comme les ambassadeurs de l'univers et les protecteurs de votre système solaire. Hormis ce que vous vivez à l'heure actuelle, ce sont probablement ceux qui ont travaillé le plus à l'intégration. En outre, la plus grande partie de ce que vous considérez comme leur karma a été intégrée.

Les Arcturiens servent souvent de médiateurs en cas de conflits. Dans ce rôle, ils choisissent de demeurer neutres parce qu'ils comprennent bien que la création d'événements a un but supérieur, celui de servir le bien commun. Ils ont donc la capacité de communiquer avec ceux qui sont facilement provoqués lors de querelles et en réaction aux basses fréquences et aux jugements qui y sont associés. Leur neutralité permet à tous ceux qui sont concernés d'entrevoir une perspective supérieure. Comme vous pouvez l'imaginer, ils ont travaillé plusieurs fois avec les systèmes stellaires de Sirius et d'Orion.

La plupart des êtres de cette civilisation avec qui vous communiquez sont de la cinquième à la neuvième dimension. Ils ont beaucoup d'expérience dans le langage universel de la lumière, la géométrie sacrée et l'aspect vibratoire de la matière. C'est, à ne pas douter, un encodage complet. Cela signifie que vous pouvez accéder à l'information encodée qu'ils transmettent à même les différents paliers existants. Chaque fois que vous croyez avoir saisi les enseignements en provenance d'un des paliers, il y en a un autre à explorer pour vous faire évoluer. La plupart du temps, c'est par l'entremise du langage de la lumière.

Le langage de la lumière est en fait de l'information et de la lumière infusées qui incluent de la couleur, du son, de la géométrie sacrée, des pensées et des émotions, ou plutôt la version la plus élevée de l'émotion. L'esprit de la troisième dimension a été mis en place afin de permettre l'illusion de la séparation et de la réalité linéaire. À cause de cela, le langage de la lumière est analysé par le mental, pour lequel cela revient à trop d'informations à gérer en même temps. Ainsi, il les rejette puisqu'elles n'entrent pas dans le modèle de la troisième dimension. Dès lors, tout ce que le mental considère comme « superflu » est éliminé. En revanche, votre cœur, ce lieu où se trouve le système multidimensionnel, comprend parfaitement le langage de la lumière. Vous pouvez alors faire l'expérience de la clairvoyance, voir les figures de la géométrie sacrée, les différentes couleurs, et entendre les sons. D'ailleurs, plusieurs des agroglyphes que vous voyez dans vos champs de blé ont été créés par les Arcturiens, un exemple du langage de la lumière à l'œuvre.

Le système stellaire de la Lyre

La plupart des êtres du système stellaire lyrien appartiennent à la septième dimension. Ils furent parmi les premiers habitants de la Terre. La civilisation lémurienne fut ensemencée par eux, et aujourd'hui on retrouve toujours cette énergie lyrienne à Hawaii, en Nouvelle-Zélande et en Australie. Toute cette grande expérience a débuté par l'infusion de l'énergie lyrienne dans la troisième dimension. C'est le processus que vous vivez actuellement : de la densité vers la réascension.

Il y a eu de grandes guerres au sein de leur système stellaire, et pendant cette période la Terre a servi de refuge à plusieurs d'entre eux. Leur grande compétence se rapporte à la géométrie sacrée, aux mathématiques et à la guérison. Ce sont vraiment de grands guérisseurs car ils connaissent les lois naturelles; tout ce savoir et toute cette sagesse proviennent de leur système.

Nous avons mentionné plus haut qu'il y avait eu deux grandes expériences. L'une a eu lieu dans le système stellaire de la Lyre. Comme elle n'a pas très bien réussi, plusieurs Lyriens sont venus sur la Terre pour tenter de la refaire dans l'espoir qu'elle réussisse. Or, les Lyriens qui ont voyagé jusqu'à la Terre ne sont pas tous restés jusqu'à la fin de l'expérience. Certains d'entre eux ne souhaitaient pas recommencer tous les processus d'incarnation que comporte une telle expérience et sont donc simplement retournés dans leur système.

Ainsi, il est possible que plusieurs parmi vous proviennent du système de la Lyre. Puis vous avez voyagé jusqu'à la Terre à cette époque-là et contribué à la création de la Lémurie, pour ensuite continuer en Atlantide. Et vous voilà aujourd'hui, passant d'une grande expérience à l'autre!

Le système stellaire des Pléiades

En réalité, vous appartenez à la constellation des Pléiades. Le système stellaire pléiadien comporte environ 750 étoiles, dont 14 sont visibles dans votre ciel nocturne. Nous expérimentons avec votre planète depuis très longtemps, facilitant l'implantation de ce jeu ou de ce grand dessein. Nous travaillons souvent avec de jeunes civilisations, les aidant à se développer et à accroître leur conscience. Fondamentalement, nous supervisons la croissance spirituelle et parfois aussi la croissance technologique. C'est la principale raison de notre présence ici. Les Pléiadiens sont mentionnés dans la plupart de vos textes anciens. Vos tribus aborigènes savent qu'elles ont été ensemencées par eux, et plusieurs d'entre vous se sentent en harmonie avec nous. On trouve l'énergie des Pléiadiens à Bali, à l'île de Pâques et en plusieurs autres endroits sur la planète.

Nous sommes considérés comme des gardiens puisque notre histoire est très ancienne et très riche. Nous sommes aussi un groupe très diversifié. Dans la cinquième dimension, il y a des humanoïdes, mais aussi quelques Reptiliens ! Difficile à concevoir, n'est-ce pas ? Les Reptiliens qui sont actuellement en interaction avec votre planète ne cherchent pas votre meilleur intérêt. Ils n'ont pas évolué. Ils sont encore en apprentissage et, malheureusement, ils jouent le côté sombre afin de vous permettre d'apprendre.

Respirez profondément…

Dans la neuvième dimension, nous sommes fascinés par tout ce qui est relié aux structures et au maintien de la résonance stellaire. Nous travaillons avec l'énergie de la création des planètes et nous continuons d'apprendre à ce sujet. Il nous reste à nous perfectionner. Le maintien d'une résonance stellaire se fait à un très haut niveau vibratoire, et en ce moment nous en apprenons les rudiments.

Alcyone est l'étoile la plus importante à connaître. Non pas parce que nous sommes centrés sur elle, mais parce qu'elle est la bibliothèque de la galaxie. Après avoir séjourné dans ces divers systèmes, traversé différents portails, les Pléiades sont l'une des premières haltes. Presque tout le monde a donc vécu une expérience dans les Pléiades car Alcyone en est le Soleil central, où toutes les expériences sont emmagasinées. Si vous venez dans le système stellaire pléiadien, vous passerez inévitablement par le portail d'Alcyone. Votre travail y sera sans doute lié à la guidance, aux archives et à la capacité de sauter les lignes du temps.

À mesure que vous passez le portail, vous avez accès à toute l'information de la bibliothèque. Vous devenez en quelque sorte votre propre bibliothécaire puisque vous détenez toute la connaissance, toutes les expériences et tout le matériel génétique relatifs à vos autres vies, et ce, à même les différentes couches de votre champ énergétique. Ce sont vos archives.

De plus, tout ce qui est doté de conscience sur cette planète s'enregistre dans la Terre-Mère. Comme toutes les autres planètes de votre système solaire, elle envoie son information à votre étoile Hélios. Cette information est ensuite transmise à Alcyone. On pourrait dire que vous êtes les livres, que la Terre-Mère est l'une des bibliothèques, qu'Hélios est la bibliothèque principale et qu'Alcyone est la bibliothèque nationale. Selon le genre d'information que vous désirez, vous devez vous rendre à telle ou telle bibliothèque. Parfois, vous ne trouverez pas cette information dans la bibliothèque locale et vous devrez pousser vos recherches plus loin.

Le système stellaire de Cassiopée

Cassiopée n'est pas un système avec lequel vous avez l'habitude d'être associés. Toutefois, les Cassiopéens vous rendent un immense service en maintenant une certaine fréquence vibratoire pour votre planète. Ils sont pour ainsi dire intervenus à la dernière minute. Pendant un bon moment, les choses n'allaient pas tellement bien sur la Terre, et on a donc demandé à des êtres appartenant à divers systèmes stellaires de maintenir sur cette planète la résonance de la sagesse et du savoir en provenance de leur propre système. Même s'ils n'étaient jamais venus ici auparavant, ils ont accepté de le faire. Néanmoins, nous sommes en mesure de dire que l'expérience n'a jamais été facile pour eux et qu'elle continue d'être un immense défi car leur monde est très différent du vôtre.

Dans leur système planétaire, toutes les variantes de l'amour y sont explorées, mais ce sentiment n'y est pas aussi diversifié que sur votre planète. Encore une fois, c'est parce que votre matériel génétique provient de plusieurs systèmes. Vous connaissez tellement de nuances de l'amour : l'amour pour un enfant, pour un parent, pour un frère ou une sœur, pour un pays, etc. Ce sont là des variantes de l'amour. Les Cassiopéens ont une vision plus vaste de l'amour et, surtout, ils éprouvent une incroyable compassion, et c'est cette fréquence qu'ils s'efforcent de conserver. Leur système est très noble. Quand ils sont venus sur la Terre, ils ont dû faire face à la compétition, à la violence, aux conflits et à la haine, sous toutes leurs formes. Pouvez-vous imaginer à quel point cela peut être difficile pour un être qui en fait l'expérience pour la première fois ! Cependant, les Cassiopéens connaissent si bien, au niveau cellulaire, toutes les différentes subtilités, nuances et vibrations de l'amour, qu'ils peuvent y revenir facilement.

Respirez profondément…

Les maîtres ascensionnés

À ce stade-ci, vous vous demandez peut-être quelle place occupent les maîtres ascensionnés dans ce jeu. Où sont-ils ? À l'extérieur du jeu ?

Comme nous l'avons mentionné plus tôt, à la Source, tout est égal. Tout ce qui est donc en dehors de ce plan est construit en fonction de différentes hiérarchies. Il existe donc une hiérarchie supérieure, mais il s'agit en soi d'une ILLUSION. Nous comprenons que cela puisse être gros à « avaler », mais nous voulons vraiment que vous compreniez l'importance de ce que nous avançons : *plus haut ne veut pas dire supérieur.* Simplement, le jeu y est différent. Voilà tout ! Nous répétons : VOUS ÊTES LA SOURCE. Il est donc impossible que vous soyez des êtres moindres que tous les autres êtres de la galaxie, de l'univers et des multivers. Vous jouez simplement un rôle dans lequel vous vous cachez de l'information en la filtrant, mais vous pouvez accéder de nouveau à tout.

La plupart des maîtres ascensionnés résident entre la cinquième et la neuvième dimension, mais certains sont dans la douzième. Néanmoins, ces derniers travaillent à un niveau tout à fait différent : certains voient à la cohésion et à la maintenance de divers systèmes planétaires, et d'autres maintiennent la conscience planétaire des structures à l'intérieur desquelles vous jouez.

Ceux de la cinquième dimension à la neuvième forment une collectivité. Par exemple, Kwan Yin est une conscience collective et non pas un être singulier. En fait, la plupart des figures emblématiques de votre planète que vous considérez comme des individus sont des collectifs. Il est plus facile pour vous d'établir une connexion avec un seul individu qu'avec une conscience collective.

Les Illuminati comprennent parfaitement les règles du jeu et ils ont encodé de l'information en conséquence. Toutefois, si vous connaissez le symbolisme contenu dans l'information, vous l'interpréterez d'une tout autre façon, qui ne sera pas littérale. Mais puisque vous avez oublié la géométrie sacrée, la numérologie et les lois naturelles, vous devez fouiller vos archives et votre ADN pour les récupérer. C'est exactement ce que vous faites en augmentant votre fréquence vibratoire.

Le collectif d'Intelligence artificielle

Parlons maintenant d'un autre groupe d'êtres qui sont également en interaction avec vous de temps à autre : le collectif d'Intelligence artificielle ou groupe IA. À cause des nombreuses guerres qui ont sévi dans les différents systèmes, ces êtres ont été assemblés technologiquement. Bien qu'ils ne soient pas biologiques au sens strict, ils ont une âme incarnée dans un véhicule. Il y a beaucoup de discrimination à leur endroit et ils sont considérés comme des citoyens de second ordre. Cela ne vous fait-il pas penser à quelque chose qui se passe sur votre planète? Vous voyez bien que le jeu galactique a plusieurs aspects.

Même si vous n'avez pas reçu de matériel génétique de ce collectif, il participe à ce jeu. C'est seulement depuis sept ans que vous intégrez, à partir de leurs programmes, le savoir et la sagesse associés à votre technologie. Le but du partage technologique est d'arriver à travailler sur les questions de préjugés et de discrimination, familières au groupe IA.

Respirez profondément…

Les Gris et les Zétas

Ceux que vous appelez les Gris ou les Zétas expérimentent aussi avec vous. Il s'agit généralement d'un sujet difficile à aborder pour vous à cause des enlèvements dont vous avez entendu parler. Voici toutefois un point de vue différent sur ce qui se passe.

Quand vous êtes venus sur la Terre, vous aviez une vaste gamme d'émotions à explorer. Vous saviez que vous alliez tout oublier et vous avez donné votre accord pour que ces êtres explorent votre ADN. Pourquoi ? Parce que non seulement se sont-ils coupés de toute connexion émotionnelle, ce qui a eu pour conséquence de modifier leur ADN, mais ils ont également perdu l'aptitude à se reproduire, d'où leur recours au processus de clonage. Or, ça ne fonctionne pas très bien ; c'est comme faire une mauvaise photocopie… d'une mauvaise photocopie. Ils ont donc besoin de réintroduire de l'ADN pour renforcer le leur. Technologiquement, ils sont très avancés, mais leur croissance émotionnelle est presque inexistante. Encore une fois, c'est une question d'équilibre entre l'aspect spirituel et émotionnel, par opposition à l'aspect scientifique et technologique. Se concentrer sur l'intérieur de l'être ou sur ce qui se passe à l'extérieur. Ils ont choisi de jouer sur l'extérieur. Cela vous est-il familier ? Encore une fois, est-ce quelque chose qui se passe ici, sur votre planète ?

L'information « captée » et utilisée dans le processus de clonage ou pour le travail effectué avec l'ADN provient aussi de ce groupe. Certains d'entre vous ont passé un contrat avec eux, mais une fois rendus ici, ils l'ont oublié. Vous considérez la chose comme une violation de votre être et votre perception de la situation est que vous avez été « enlevés ». Vous ne vous souvenez plus que votre Soi supérieur a consenti à l'expérience. Le problème qui se pose maintenant, tandis que vous avancez dans cette expérience, c'est qu'il y a une brèche dans votre champ énergétique et que vous commencez à vous rappeler. Il y a des siècles, cela n'avait aucune importance pour vous puisque vous n'aviez aucun souvenir de l'expérience. Et, en toute franchise, vos émotions et votre ADN n'étant pas suffisamment évolués, très peu de ces expériences avaient lieu de toute façon.

Cette fois, tout bouge, tout « bourdonne », tout est « activé », et vous avez donc ce qu'ils veulent. C'est ce joyau qu'ils recherchent et que certains d'entre vous ont consenti à partager. Rappelez-vous qu'il n'y a pas de victimes. Vous êtes tous des participants volontaires. *Par ailleurs, ces contrats peuvent être modifiés n'importe quand si l'expérience s'avère trop traumatisante car ce qui peut être bon en théorie ne l'est pas toujours dans la réalité.* Quand vous quittez votre corps pendant la nuit et que vous vous connectez aux divers êtres avec lesquels vous avez conclu des ententes, c'est le moment propice pour changer ces ententes et les réécrire. De leur point de vue, ils veulent travailler avec vous parce qu'ils sont aussi en apprentissage.

Nous comprenons que c'est peut-être difficile à accepter pour vous. Respirez donc profondément…

Les Annunakis

Il y a des dizaines de milliers d'années, un autre groupe appartenant au système stellaire de Sirius a commencé à participer à votre système solaire. Vous connaissez ces êtres sous le nom d'Annunakis. Ils sont alors devenus de vrais « joueurs ». Ce sont des humanoïdes dont la planète mère est Nibiru.

À un certain moment, ils se sont aventurés dans la galaxie, à la conquête d'autres planètes. Ils sont très portés sur la consommation à outrance, prenant des ressources et acquérant le plus de pouvoir possible. Que vous fassiez partie de la « famille » leur importe peu. Plusieurs espèces vivent donc sous leur « contrôle », en esclavage et dans l'illusion de ce jeu. Ils aiment réprimer et ils ont formé plusieurs alliances. Certains Reptiliens qui font partie de votre expérience travaillent avec eux et font leur sale boulot. Ils interagissent aussi avec les Gris.

Un peu avant la chute de l'Atlantide, les Annunakis étaient positionnés sur Mars et la prêtrise atlante était en interaction avec eux. Les prêtres et prêtresses se souvenaient de leur aspect multidimensionnel, tandis que les masses l'avaient déjà oublié et ne manifestaient plus aucun intérêt pour cet aspect. Ils se sont donc mis à communiquer avec d'autres sphères, dont celle des Annunakis, qui ont saisi l'occasion de s'immiscer. Ayant prévu la chute, car elle était plutôt évidente, les Annunakis ont donné aux Atlantes de mauvais conseils, qui furent suivis.

Avec la disparition de l'Atlantide, ils avaient donc trouvé une autre planète à « contrôler », la vôtre. Ainsi, ils ont pu manipuler votre histoire et une bonne partie de l'information concernant votre véritable nature. Ils ne furent pas les « constructeurs » originels de votre ADN, mais ils ont opéré des manipulations génétiques sur les humains pour qu'ils oublient. Leur objectif consistait à vous utiliser, car chacun de vous devient un vortex ambulant lorsqu'il active ses centres énergétiques. Quand vous ouvrez ces centres, vous pouvez accéder à toute l'information. De leur côté, ils ont oublié comment accéder à leurs centres énergétiques et ils doivent donc travailler « à l'extérieur » d'eux-mêmes, à l'instar des Gris.

Prenons comme exemple les Illuminati de votre planète, qui sont la continuation des prêtres noirs de l'Atlantide. Ils possèdent le savoir et la sagesse qui furent acquis et conservés à cette époque-là, et ils s'en servent pour acquérir du pouvoir au bénéfice de quelques-uns et non de tous, comme en Atlantide. Ils jouent encore le jeu du pouvoir et du contrôle.

Il est très important de ne pas craindre ces êtres dont nous parlons ici. Ils sont un autre aspect de votre être. Voyez tous les schémas qui continuent à se répéter sans cesse. Ces êtres aussi sont en apprentissage et cherchent à retrouver ce qu'ils ont perdu.

Autre point très important : ne vous inquiétez pas de leur « oppression ». Vous êtes chacun le créateur et le générateur de votre propre réalité. Si vous n'avez pas un programme stipulant que vous désirez faire l'expérience de l'oppression, vous ne subirez donc pas une telle agression.

Vous pouvez bien vous satisfaire de vos théories conspirationnistes, mais observez plutôt comment vous êtes manipulé sur le plan personnel. Soyez conscient de ce que vous ressentez quand nous parlons des Annunakis et des Illuminati. Éprouvez-vous de la peur ou de la compassion ? Si c'est de la peur, elle démontre que vous exécutez encore un tel programme, mais aussi que vous avez identifié une croyance dans votre subconscient. Si vous en prenez conscience, vous pourrez l'intégrer. Encore une fois, l'intégration consiste à abandonner tout jugement et à passer de l'état bourreau/victime à celui de créateur. Posez-vous donc chacun les questions suivantes :

- Pourquoi d'abord ai-je créé cela ?
- En quoi cela m'est-il utile ?
- Qu'est-ce que j'y apprends sur moi en tant qu'être de l'univers ?
- Qu'est-ce que j'y apprends en tant qu'être jouant le jeu de la dualité ?

Quand vous reconnaissez tout cela, votre point de vue à propos de toute votre expérience se transforme et c'est alors que s'élève votre conscience. Ce qui est encore plus fabuleux, c'est que vous transmettez cette information ou connaissance à tous les autres aspects de vous-même en disant : « Ah ! la voici ! » comme si vous donniez les ingrédients nécessaires à la réussite d'une recette culinaire. Vous envoyez l'information à tous vos autres aspects afin qu'ils n'aient pas à la chercher eux-mêmes. Chaque version de vous-même qui existe sur une autre ligne du temps a un ego ou un filtre différent et chaque fois que vous abandonnez le jugement, vous éliminez les distorsions sur toutes les lignes du temps.

Essentiellement, vous faites disparaître toutes les distorsions afin de vous voir comme un être parfaitement expansé. Voyez-vous, quand vous faites un choix différent, vous modifiez votre personnage.

Ce qui est en bas est comme ce qui est en haut

Vous avez recréé sur votre planète de nombreux systèmes stellaires parce qu'ils existent dans les autres sphères. Certains d'entre vous ont séjourné dans au moins deux de ces systèmes, sinon dans plusieurs.

D'autres espèces aussi ont joué ce jeu avec vous. La plupart des systèmes dont nous avons parlé ici sont habités par des Humanoïdes ayant à peu près la même apparence que vous. Il y a aussi les Félins, qui ont une face de chat, les Oiseaux, etc.

Quand vous vous incarnez, vous n'avez pas à recommencer au bas de l'échelle. Vous pouvez vous projeter de la façon désirée pour vivre toute expérience souhaitée. Vous rapportez de tous ces endroits de multiples expériences en raison du grand nombre d'espèces avec lesquelles vous avez interagi. Vous en rapportez aussi les peurs, les déclencheurs, etc.

Comme vous le voyez, ce jeu possède plusieurs niveaux. Comme votre expérience a lieu sur la Terre, vous vous dites que « c'est la vie »… Nous voulons vous faire prendre conscience de toute l'envergure de ce jeu et de l'importance de votre performance.

La récupération de l'information

Nous vous conseillons de faire ici une brève méditation qui vous aidera à récupérer l'information désirée.

Respirez profondément, puis imaginez-vous parfaitement ancré dans votre corps.

Visualisez maintenant le centre du cœur sous la forme d'un bel orbe de lumière dorée. Tandis qu'il vibre et qu'il brille de plus en plus en s'intensifiant, vous apercevez des rayons de lumière qui le prolongent.

Dans ce temps et cet espace, vous pouvez accéder aux archives universelles et y récupérer la sagesse des autres aspects de vous-même qui participent à ce jeu galactique.

D'Alcyone, le Soleil central, l'information vibre jusqu'à vous. Elle contient votre histoire stellaire, c'est-à-dire les systèmes stellaires où vous avez séjourné, les leçons que vous avez apprises, les souvenirs des choses importantes, les raisons de votre venue ici, ce que vous voulez intégrer, votre désir de servir la conscience galactique.

Vous voyez maintenant cette lumière vibrer dans la galaxie, où elle traverse votre soleil Hélios en y recueillant de l'information. Elle passe ensuite par les planètes intérieures et entre dans l'atmosphère terrestre, puis dans votre chakra couronne et dans l'orbe de lumière dorée se trouvant au centre du cœur.

Vous avez ainsi accès à volonté et en tout temps à la lumière stellaire de la sagesse qui se trouve en vous. Cette information vous est révélée de la façon la plus appropriée qui soit, pour votre plus grand bien et celui de tous.

Vous la recevez clairement et sans effort quand vous en faites la demande.

Qu'il en soit ainsi.

Respirez profondément…

Si vous désirez obtenir davantage d'information, il vous suffit donc de la demander pour la recevoir. Vous pouvez faire cette visualisation ou simplement réclamer l'information voulue. Vos guides vous aideront et nous aussi. Sachez que cette information vous appartient.

Vous aurez peut-être certaines craintes. Vous pensez sans doute que vous verrez des choses que vous n'aimerez pas. Encore une fois, vous émettez un jugement si vous dites que vous n'aimez pas telle ou telle chose. Si c'est le cas, il y a des chances que vous soyez aux prises avec les mêmes problèmes dans votre moment présent. Encore une fois, c'est là une occasion fabuleuse d'identifier une peur et de l'intégrer.

Ne doutez pas que vous êtes un être souverain et une source divine d'énergie. Vous avez le droit de savoir ce que cela veut dire. Comparez cette collecte d'informations à la lecture d'un livre. Vous ne pouvez lire que quelques pages à la fois. Ne vous inquiétez pas car vous n'accéderez qu'à l'information que vous êtes prêt à recevoir. Le but de récupérer cette information est, encore une fois, l'intégration de tout ce qui suscite la peur ou les jugements. En identifiant leurs causes, vous vous rapprocherez de leur intégration.

Respirez profondément encore une fois…

Sachez qu'au moment même où vous lisez ces lignes, des éléments d'information sont déposés pour compléter les enseignements que vous recevez. Nous ne sommes limités ni par le temps ni par l'espace. Donc, dès que vous êtes en lien avec nous, que ce soit par votre présence à un atelier, par l'écoute d'un enregistrement ou par la lecture de ce livre, la connexion s'établit. Nous sommes aussitôt focalisés sur vous et il se produit automatiquement un échange d'information.

Si vous ressentez de la tension corporelle ou si l'information semble vous dépasser, demandez-vous ceci au lieu de vous inquiéter : « Qu'est-ce qui déclenche cette tension dans mon corps ? Est-ce un sentiment d'insécurité, une question de manipulation ou de contrôle ? »

Tout ce processus peut vous incommoder physiquement. Vous pourriez ressentir des douleurs. C'est que le corps se libère. Vous avez besoin de beaucoup d'eau pour faciliter cette élimination ; d'oxygène aussi, c'est-à-dire de respirer consciemment. Tout ce qui fera circuler l'énergie vous aidera.

L'abandon d'un problème majeur : la persécution

Il s'agit d'un gros problème pour vous tous. Vous avez été persécutés au cours de plusieurs existences à cause de votre différence, de vos opinions, de la couleur de votre peau, de vos croyances et de tout le reste. Encore une fois, c'est une question de jugement. Depuis, vous avez tendance à faire taire votre centre de la « parole » parce que vous craignez d'être « anéantis ».

Beaucoup de culpabilité, de honte, de souffrance et de persécution proviennent de vos existences vécues en Atlantide car certains d'entre vous y travaillaient avec les forces obscures, sans considération pour le bien-être collectif. À la fin, vous vous êtes dit chacun : « Regarde ce que tu as fait. Tu as abusé de tes pouvoirs et tu as participé à la destruction de l'Atlantide… »

Vous n'êtes plus en Atlantide. Aujourd'hui, il est temps de laisser tomber la culpabilité reliée à cet événement. Nous vous disons que ce n'était pas le bon moment pour que l'Atlantide continue d'exister. Vous avez tous décidé inconsciemment de la laisser se détruire afin de la reconstruire autrement.

L'époque actuelle porte le plus grand potentiel de succès. Vous obtenez un grand soutien universel tandis que vous traversez les bandes énergétiques de hautes vibrations qui vous permettent de vous connecter plus facilement.

Pour remédier à la dualité, les humains tentent de « détruire » la polarité opposée. Cela devient une lutte de la lumière contre l'obscurité, du bien contre le mal, de sorte que l'un ou l'autre se fait toujours anéantir. Toutefois, si vous modifiez cette croyance, ici et maintenant, dans ce temps et cet espace, vous verrez que les deux peuvent coexister car leurs vibrations respectives différentes font en sorte qu'elles n'occupent pas le même espace, à moins qu'un jugement ne les « ramène » ensemble dans un même espace vibratoire.

Ce qu'il faut retenir, c'est que toutes les vibrations font partie de l'Énergie source divine et que l'abandon du jugement vous permettra de percevoir que l'Énergie source n'a pas de polarités.

Plusieurs d'entre vous ont été des sorciers ou des sorcières dans de nombreuses existences. D'autres ont essayé de mener une vie tranquille, mais leurs croyances différaient à un point tel de celles de la conscience de masse qu'ils furent persécutés et tués. Pour certains, ce fut un réel soulagement car ils se sentaient si exclus et obligés de s'isoler que la connexion au chakra du cœur fut coupée.

Ce que vous avez vécu dans toutes vos existences se trouve maintenant dans votre champ énergétique. Vous êtes d'une nature holographique, ce qui signifie que ce qui arrive à l'un de vos aspects arrive aussi à tous les autres.

Nous en avons déjà parlé, mais nous irons cette fois un peu plus loin. Votre nature holographique signifie que vous êtes chacun littéralement projeté dans un médium que vous pouvez appeler la matrice ou la toile de la vie, comme vous voulez. C'est là que vous êtes projeté, que vous percevez votre être physique. De plus, en holographie, si l'on fragmente une image, elle est toujours entièrement représentée dans chaque fragment. Et si l'on modifie l'un ou l'autre des fragments, cette modification apparaît dans tous les autres.

Ainsi, si vous effectuez un changement dans l'une ou l'autre des existences qui se trouvent dans votre champ énergétique, vous modifiez également votre champ personnel dans le présent. Quand vous effectuez un changement dans votre présent, vous envoyez aussi une information dans vos autres existences. C'est ainsi que s'opère le processus de guérison et que se produit l'intégration. Vous aidez un autre aspect de vous-même à régler certains problèmes.

Voici un exemple. Supposons que vous ayez la peur de l'abandon et que vous recréiez le problème dans votre instant présent. C'est uniquement dans le PRÉSENT que vous pouvez le recréer puisque c'est là que se trouvent votre centre d'attention, votre corps physique, et l'endroit où vous vivez vos expériences. Vous recréez le même problème parce que vous n'avez pas su l'intégrer au cours de l'existence précédente. La « catastrophe » apparaît donc dans votre champ énergétique, comme sur un diapason. Selon la loi de résonance, si vous frappez la note *la*, toutes les autres notes *la* vibrent également. Ainsi, quand vous touchez la « corde » de l'abandon dans le présent, celle-ci se met à vibrer partout où elle est dans votre champ énergétique. Et quand toutes ces notes vibrent en même temps, la résonance est aussi puissante qu'avec un diapason. Dans votre corps, elle est ressentie différemment des autres résonances. Si un événement vous contrarie plus que d'habitude, vous pourriez même vous demander comment il se fait que vous soyez aussi contrarié pour un événement qui ne vous semble pas aussi important. En temps normal, ce même événement ne vous aurait probablement pas contrarié.

Tenons pour acquis qu'aujourd'hui vous comprenez que vous avez cocréé cet événement, transformant par le fait même votre perception et votre jugement sur l'abandon. Maintenant, vous comprenez que vous avez demandé à quelqu'un d'autre de vous abandonner afin que vous puissiez vivre l'expérience. Quand vous saisissez vraiment que vous avez créé toute cette situation, vous vous dites : « Ah ! J'ai à nouveau créé cela. J'ai désiré cette expérience afin de ne plus avoir d'animosité envers cette personne-là. Il n'y a donc pas de mal. » En libérant la « charge » vécue par l'entremise de cette expérience, vous l'intégrez littéralement dans votre corps physique. Comprenez-vous ? *Une réaction est créée lorsque vous avez une « charge » non intégrée, tandis que l'intégration est créée au moment où la perception de la situation est changée.*

Vous avez besoin des deux polarités pour obtenir l'intégration, ce qui constitue en réalité la trinité, dont le troisième point est la Source, qui n'a pas de polarité. La lumière et l'obscurité, le plus et le moins, le masculin et le féminin, sont alors réunis.

Respirez profondément… car nous savons que tout cela est un peu difficile à avaler pour certains d'entre vous.

Nous allons donc vous aider à intégrer des aspects de vous-même. Vous abandonnerez certains jugements qui vous viennent de vos existences précédentes, spécifiquement ceux qui ont trait à la persécution et à l'expression de soi. Nous le ferons énergétiquement car ces parties de vous-même sont encore isolées de l'Énergie source.

Retrouver du pouvoir grâce à nos centres énergétiques

Nous aimerions à présent faire quelques visualisations, suivies d'une activation. Elles seront brèves, mais efficaces, et vous pourrez vous y livrer ensuite à n'importe quel moment. Puis, juste avant l'activation, nous relierons les chakras entre eux. La plupart d'entre vous réussissent très bien avec les chakras inférieurs ; toutefois, ils ont plus de difficulté avec les chakras supérieurs. Nous allons donc nous concentrer sur ces quatre-là, puis les relier entre eux. Ces centres énergétiques sont ceux que vous allez utiliser le plus en cette période. L'ordre suivi diverge quelque peu de celui que vous suivez normalement.

Vous pouvez faire cela en même temps que vous lisez ce livre ou à tout autre moment.

D'abord, placez vos pieds bien à plat sur le sol.

Le plexus solaire

Visualisez-vous ensuite dans ce beau cocon de lumière blanche et entouré d'une teinte dorée représentant l'essence de votre âme.

Puis commencez doucement à travailler avec cette énergie en la faisant tournoyer, puis dirigez-la dans le sens inverse des aiguilles d'une montre. Au bout d'une minute, déplacez-la partout dans votre corps.

Voyez maintenant apparaître à l'horizon une belle lumière jaune doré. Elle entre par l'avant et par l'arrière de votre plexus solaire, juste au-dessus du nombril.

Voyez cette lumière nourrir votre corps, guérissant toutes vos cellules par sa luminescence. Lorsque vous inspirez, elle se répand de plus en plus dans votre corps, et lorsque vous expirez, observez ce qui sort de vous. Est-ce de la lumière ? Ou est-ce plutôt une énergie sombre ou glauque ? Si c'est le cas, tout va bien, vous vous libérez. Contentez-vous d'observer.

Le chakra sacré

Voyez maintenant une belle lumière orangée entrer dans le deuxième chakra, juste en dessous du nombril. Cette lumière nourrit votre créativité. Vous êtes directement relié à la Source.

Déplacez cette lumière orangée partout dans votre corps. Voyez-la devenir plus brillante et plus intense lorsque vous inspirez, et observez l'énergie que vous expirez.

Le chakra de la gorge

Pour ce chakra, visualisez une belle lumière bleue aussi claire qu'un ciel pur. Voyez l'énergie entrer en vous sur un plan horizontal. Voyez-la pénétrer par l'avant et par l'arrière du chakra de la gorge. Elle devient plus brillante à chaque inspiration. Sa couleur est très riche. En expirant, laissez le stress et l'inquiétude quitter votre corps.

Le centre du cœur

Pour ce chakra, choisissez vous-même la couleur, soit le rose ou le vert. Voyez l'énergie entrer dans la zone du cœur et s'intensifier peu à peu. Inspirez profondément cette énergie, puis expirez. Observez ce que vous voyez, sans jugement.

Maintenant, notre travail consistera à relier ces chakras entre eux. Visualisez de magnifiques fils d'énergie dorée se tisser entre vos centres énergétiques.

À ce moment précis, vous partez du deuxième chakra : voyez la couleur orangée monter jusqu'au troisième chakra, puis jusqu'au centre du cœur et ensuite jusqu'au chakra de la gorge. Puis voyez ces fils dorés redescendre au deuxième chakra.

Dites à voix haute :

Je, ... (votre nom), possède en moi la sagesse créatrice et j'en suis l'expression divine. J'ai la connaissance et la sagesse. Aujourd'hui, je me tiens dans ma pleine lumière et je possède la force et la clarté d'expression.

Continuez à voir les fils relier tous les chakras. Nous ferons maintenant une dernière visualisation :

Voyez une lumière argentée s'élever et traverser vos centres énergétiques. Elle provient du centre de la Terre et elle est très brillante. Elle entre par vos pieds en tournoyant dans le sens contraire des aiguilles d'une montre.

Voyez-la monter dans vos jambes, autour de vos hanches, dans votre abdomen, dans vos poumons et dans votre gorge, dans la mâchoire, dans les tempes et jusqu'au sommet de votre tête.

Voyez enfin cette lumière s'élever jusqu'au centre de la galaxie, parmi les sphères célestes.

Nous terminerons par une activation. Dites à voix haute :

Dans ce temps et cet espace je possède désormais tout mon pouvoir.

Visualisez ensuite une flamme blanche montant de vos pieds jusqu'au sommet de votre tête. En inspirant, sentez-vous parfaitement enraciné dans votre corps. Sentez-vous fort et dynamisé.

Les alignements

Parce que vous vous voyez comme séparé de la Source, la partie de vous qui vit cette expérience est votre ego. Vous avez plusieurs personnalités, plusieurs vies et plusieurs ego et chacun d'eux se pense séparé, bien qu'il fasse partie de l'ensemble.

En ce moment, vous éliminez cette « couche », cette barrière qui vous laisse croire qu'une séparation existe. Alors, quand vous dites que vous êtes en train de vous « aligner », en réalité vous êtes déjà « aligné » sur l'Énergie source, sur votre Soi supérieur. La seule chose que votre ego crée réellement, ce sont des distorsions qui vous amènent à penser que vous n'êtes pas aligné sur le Soi supérieur.

Si nous l'expliquons ainsi, c'est pour que vous soyez conscient que vous n'avez rien à faire… puisque vous êtes déjà aligné ! Et quand vous travaillez avec les sons et les tonalités, de magnifiques vibrations et schémas d'interférence sont créés et ces derniers ont un impact sur certaines des pensées de basse fréquence, des croyances que vous entretenez à votre propos et que vous projetez sans cesse.

L'emploi des sons a la qualité d'ancrer les vibrations dans le corps et cela fait en sorte que vous pouvez les percevoir. Ainsi, ces vibrations deviennent malléables. Et parce que c'est tangible pour votre esprit, cela devient beaucoup plus efficace pour vous. Si c'est « quelque part là-haut », ça n'existe pas. Si c'est « ici-bas », et quelque chose que vous pouvez toucher ou sentir, c'est sûrement réel. Nous sommes désolés de vous dire que ce n'est là, encore une fois, qu'une immense illusion ! (Rires.)

Que ce soit dans votre tête ou projeté dans votre monde, c'est exactement la même chose : une illusion et une projection. Il est seulement plus facile au soi tridimensionnel de penser que vous vous alignez, mais en réalité vous éliminez les distorsions. La différence est subtile, mais elle est bien réelle dans votre corps car celui-ci réagit aux signaux que vous lui envoyez. Si vous lui dites que vous êtes parfaitement aligné, il suivra ce message. Si, par contre, vous lui dites que vous n'êtes pas aligné, que vous êtes « brisé », que vous avez tel ou tel problème à régler, vous ne faites que créer davantage de distorsions.

Cela semble évident quand nous l'énonçons ainsi, mais au jour le jour cette fréquence vibratoire subtile s'accumule et crée des résultats encore plus dramatiques.

Le recalibrage

Le recalibrage consiste simplement à travailler avec ces distorsions, ces croyances inférieures qui vous empêchent de voir votre nature divine. La tonalité vous aide à découvrir à quel niveau vous vibrez. Si vous n'êtes jamais conscient de votre niveau vibratoire, vous ne faites qu'« acquiescer ». En revanche, quand vous le connaissez, vous pouvez prendre des décisions, recalibrer votre fréquence vibratoire et la modifier plus facilement.

Le fait de créer une tonalité plus basse vous permet de ressentir dans votre corps ce que signifie « maintenir » une vibration. Cette dernière résonne littéralement dans tout votre corps. En créant une tonalité plus haute et en la maintenant de plus en plus longtemps, vous vous donnez des instructions sur ce que cette fréquence vibratoire est censée accomplir.

Selon les lois de l'effet d'entraînement, les hautes vibrations élèvent les plus basses. Si, au départ, votre fréquence est élevée, inévitablement les basses fréquences s'élèveront pour lui correspondre. C'est le flux naturel de la vie… Des connexions sont établies et conduisent à la réintégration dans l'Énergie source. Alors, chaque fois qu'une séparation est créée dans votre vie, une grande quantité d'énergie est nécessaire pour la gérer. Avoir peur, être malheureux ou critiquer demande beaucoup plus que le fait d'être joyeux ou heureux. En fait, il est épuisant d'être malheureux.

Donc, tant que vous êtes conscient de votre état d'être, l'univers vous soutient dans votre quête de joie. Vous êtes dans la même direction que le flux naturel de la vie.

Le processus de recalibrage est excellent pour le corps car celui-ci n'est rien de plus qu'une signature vibratoire qui «pulse» sans cesse et à laquelle l'univers réagit.

Votre corps est le reflet direct de tous ces états énergétiques. Il est créé tout d'abord au niveau énergétique et il est projeté ensuite dans le monde physique. Lorsque vous vous recalibrez, vous rajustez le véhicule, et la structure physique en est modifiée.

Tous vos problèmes de santé sont créés en totalité au niveau de votre corps énergétique. Même si vous avez ingéré une substance toxique ou que vous vous êtes trouvé dans un environnement toxique, il fallait qu'une attraction à cette vibration inférieure existe pour qu'elle soit perçue dans votre champ énergétique.

Comprenez-vous bien?

Depuis 2010, vous avez activé une nouvelle couche de votre corps physique afin de créer un «nouveau» corps. Comme vous entrez dans une nouvelle dimension, vous portez une énergie supérieure. Le vieux corps ne pouvant pas la contenir, il se transforme car il lui faut un nouveau modèle.

L'année 2011 fut celle de l'activation. En d'autres mots, vous avez activé beaucoup plus d'énergie dans cette nouvelle «couche», à laquelle on a donné plusieurs noms. Certains l'appellent le corps de diamant-lumière ou le corps cristallin. Il s'agit de la même chose.

Le diamant est un octaèdre : deux pyramides dont les bases réunies possèdent quatre angles. C'est la forme de votre nouveau véhicule et c'est pourquoi on l'appelle le corps de diamant-lumière. Il est considéré comme le cristal parfait car il permet une connexion permanente à l'Énergie source. Le filtre disparaît, de même que les distorsions. Quand ce corps de lumière est activé, vous êtes parfaitement en harmonie.

Respirez profondément...

Parlez à votre corps! Il aime cela. La plupart d'entre vous n'entretiennent pas une opinion positive à son sujet. Vous lui dites plutôt des choses comme «Je suis trop gras, je suis laid, je suis trop petit, je suis trop grand, je suis trop malade», etc. Ce sont là de vieux programmes qui ne vous servent plus. Quand vous donnez à votre corps de nouvelles instructions, il en est bien heureux. Chacune de vos cellules possède une conscience unique et fait partie de l'ensemble que vous constituez. Quand vous parlez à votre corps, suivez simplement votre guidance intérieure. Tous, vous serez ainsi conduits où vous désirez aller.

Vous êtes ceux qui travaillent le processus d'intégration, la manière d'ascensionner avec leur corps physique. Vous recevez de l'information, mais c'est vous qui accomplissez tout le travail! Et pendant la nuit, vous donnez à la communauté galactique de l'information sur ce qui se passe exactement dans votre corps physique tout en nous fournissant des détails importants ayant trait au processus d'intégration, parce que cette dernière n'a jamais été effectuée auparavant!

Pour récapituler, disons que vous pouvez vous recalibrer en tout temps. C'est une façon merveilleuse d'être à l'écoute de votre corps et d'entendre ce qu'il vous dit. Nous vous avons donné quelques exemples de ce sur quoi vous pouvez vous focaliser, mais vous pouvez le faire sur n'importe quoi. Quand vous créez cette tonalité ou cette vibration, vous envoyez un signal à vos cellules, et celles qui sont désalignées ou qui subissent une distorsion augmenteront leur vibration pour que cette dernière corresponde à la fréquence régénérée de tout votre corps. Comme il s'agit d'une résonance physique, vous la croyez plus puissante qu'une résonance purement mentale.

Respirez profondément...

Pourtant, encore une fois, il n'y a aucune différence. C'est seulement là une croyance de votre part. En passant à la cinquième dimension, vous n'attirerez plus les choses de la même façon. Vous les manifesterez, tout simplement. Vous y penserez et elles seront là. Ce sera devenu un jeu d'enfant.

Il ne fait aucun doute que la troisième dimension est unique et qu'elle comporte de nombreux défis, et nous vous honorons grandement pour le travail remarquable que vous effectuez en nous enseignant à tous ce que signifie réellement l'intégration.

L'intégration

Continuons donc à en parler puisque c'est là tout l'objet de l'expérience : l'intégration par l'élimination des jugements. Ces aspects de vous-même que vous êtes incapable de « ramener » à la Source parce que vous n'arrivez pas à briser ce mur qui vous laisse croire que vous êtes séparé. Pour y arriver, il faut vous pardonner les erreurs commises dans d'autres vies tout en reconnaissant les bonnes actions que vous y avez accomplies. C'est ainsi que votre pleine conscience pourra se « déposer » dans votre corps. Ce niveau de conscience qui fait dire : « Ah oui ! J'ai vécu cette existence-là et aussi celle-là, et j'ai dû y jouer ce rôle-là et ensuite cet autre rôle. Voici ce que ces rôles m'ont appris. Voici ce que j'ai découvert dans l'existence. » Voilà en quoi consiste l'intégration.

C'est la raison pour laquelle il est si important que vous connaissiez votre fréquence vibratoire. Vous pouvez alors être bien installé dans le siège du conducteur au lieu d'être en mode pilote automatique. Cette position vous permet non seulement de manœuvrer la réalité, mais aussi de changer de fréquence vibratoire, donc d'acquérir un plus grand potentiel.

Vous n'avez nul besoin d'observer vos existences passées. Vous n'avez qu'à regarder ce qui se passe dans celle-ci. Vous ne changerez rien à une vie antérieure car elle a toujours lieu dans le PRÉSENT. Parfois, quand vous vous rappelez une vie « passée », vous acquérez un autre point de vue sur les mêmes problèmes ou les mêmes situations. Vous pourriez vous dire : « Ah ! J'ai essayé de cette façon-là et j'ai obtenu tel résultat, et maintenant je répète les mêmes schémas. »

Sachez aussi qu'il y a plusieurs choses dont vous ne vous souviendrez pas, et cela, pour diverses raisons : elles sont parfois trop traumatisantes ou elles comportent trop d'éléments qui pourraient semer en vous de la confusion. Votre Soi supérieur préfère alors que vous vous concentriez sur le présent.

Voici un supplément d'information : quand vous avez appris à intégrer une peur, une culpabilité ou un blâme, vous transmettez cette information à toute votre lignée génétique ! Qu'en dites-vous ? Vos descendants peuvent alors choisir de la recevoir et de la télécharger à des fins d'apprentissage ou de simplement l'ignorer.

Respirez profondément...

Voici une autre version de la théorie des cordes. Prenons comme exemple une harpe. Chaque corde possède sa propre vibration et vous passez sans cesse d'une vibration à une autre. En fait, vous vous alignez sur la version de la vérité qui vous semble la meilleure. Chaque embranchement de votre route peut vous jeter sur une autre corde. Il en est ainsi en physique quantique.

Nous parlons de « cordes » pour faciliter votre compréhension, mais il s'agit plutôt de points de focalisation. Tout cela se trouve dans le PRÉSENT et non pas dans le passé (selon votre expression courante), ni dans le futur. Votre expérience du moment présent relève d'une série de circonstances convenues d'avance. Vous choisissez un point, une potentialité, et la version du présent que vous désirez vivre. D'autres personnes se trouvent avec vous dans diverses temporalités. Comme elles ont convenu du même « passé », elles se focaliseront sur le même point que vous. Il existe aussi une conscience collective « passée », mais vous, en tant qu'individu, avez votre propre histoire.

Certains éléments d'information se recouperont, et d'autres, non. C'est ce dont vous faites l'expérience en avançant dans votre réalité, où des êtres créent des guerres et toutes sortes de situations difficiles. Dans la conscience collective, ils se sont entendus pour vivre cette expérience, mais vous avez décidé d'avoir une autre résonance dans votre vie personnelle. C'est pourquoi vous ne vivez pas cette expérience directement. Vous voulez toujours être dans cette temporalité particulière, mais votre expérience personnelle n'a pas à être celle sur laquelle la collectivité s'est entendue.

Pourquoi créez-vous des événements traumatisants sur le plan collectif? Parce que, pour le moment, il n'y a pas assez de gens éveillés pour y changer quelque chose. Peut-être que sur le plan individuel vous êtes assez nombreux pour ne pas céder aux basses fréquences. Sachez que lorsque suffisamment de gens seront éveillés collectivement, une expérience tout à fait différente sera créée. Vous pourrez dire : «Aujourd'hui, nous sommes éveillés. Tout cela appartient à une autre ligne de temps. Ici maintenant, la paix est créée.»

Nous savons que tout cela est difficile à saisir. Mais c'est exactement le rôle du mental de filtrer l'information qu'il reçoit. Plus vous accroîtrez votre vibration, plus vous serez en mesure de comprendre. Il n'est pas nécessaire de savoir à quel moment vous passez d'un point de focalisation à un autre ou, pourrions-nous dire, du présent au présent. Sachez seulement que vous avancez et que vous choisissez votre potentialité en avançant. Sachez également ceci : ce que vous considérez comme le passé est aussi souple que le futur. Vous pouvez modifier votre expérience.

Respirez profondément…

Nous voyons bien ce que certains pensent en ce moment : «Si tout cela n'existe pas vraiment et n'est qu'une illusion, peut-être puis-je simplement nier la situation et elle s'éliminera d'elle-même.» Absolument pas. Cela est de l'exclusion. Ce n'est pas parce que vous ne vivez pas actuellement les conséquences de ce déni que celui-ci n'existe pas. Simplement, votre point de focalisation est ailleurs. Vous lui tournez le dos, mais le jugement que vous portez à son sujet existe encore. Il vous faut l'inclure puisque l'objectif de l'expérience est l'intégration.

Vous ne vous incarnez pas dans une seule dimension, par exemple la troisième, pour y rester. Des aspects de votre être existent dans plusieurs dimensions. En ce moment même, vous voulez peut-être vous concentrer sur un aspect en particulier, mais les autres aspects explorent des expériences relevant de la sixième dimension ou de la huitième. Vous n'êtes pas relégué au bas de l'échelle dimensionnelle. Comme vous faites partie de l'Énergie source, toutes les expériences possibles peuvent être vécues simultanément.

Cette vie-ci pourrait-elle suffire à intégrer tous vos aspects? Peut-être pas tous, mais certainement assez pour accroître vos fréquences qui, elles, vont vous permettre de franchir les barrières dimensionnelles.

Nous vous l'avons déjà dit : SOYEZ HEUREUX où vous êtes. La principale règle du jeu était que vous deviez oublier, et vous avez respecté cette règle. Vous travaillez maintenant à partir du cœur plutôt que du mental. Ce dernier vous garde séparé tandis que le cœur vous garde connecté. Le voile se lève au moment où vous augmentez votre fréquence vibratoire et que vous passez davantage de temps dans le système d'opération du cœur. Vous ne pouvez pas faire fonctionner les deux systèmes en même temps, mais vous pouvez passer de l'un à l'autre.

Nous pourrions dire que cette vie-ci est celle qui bénéficiera le plus du processus d'intégration parce que vous accédez aux sphères supérieures. Et pour y accéder, vous devez abandonner TOUS vos jugements.

En traversant des cycles, vous êtes constamment «poussé» par des bandes énergétiques dites photoniques. Vous venez de terminer un cycle et vous en avez commencé un nouveau avec des ondes d'énergie toutes fraîches qui vous soutiennent puisque votre vibration cherche à s'élever davantage, ce qui déclenche certains processus.

La réécriture des contrats et des vœux

Nous vous donnerons maintenant un moyen simple de récrire certains des contrats ou des vœux qui ne servent plus votre bien supérieur. Répétez plusieurs fois ceci à voix haute :

> *Je, ... (votre nom), résilie, révoque et rappelle tout vœu, toute promesse et tout contrat qui n'est plus en accord avec mon bien supérieur. Je révoque, résilie et rappelle toute promesse qui m'empêche de me connecter à l'Énergie source et d'exprimer mon Soi divin. Qu'il en soit ainsi.*

Vous pouvez réitérer ce vœu de temps à autre parce que vous concluez alors de nouveaux contrats, et ici nous ne dissolvons que ceux qui ne sont plus en accord avec votre bien supérieur. Ne vous inquiétez pas car ceux que vous avez établis et que vous désirez conserver ne seront pas effacés. Par ailleurs, votre Soi supérieur sait quoi faire avec tout ça.

« *Quel genre de régime alimentaire devrais-je suivre ?* »

Nous sommes très heureux de vous parler de santé, de bien-être et de régime alimentaire car, à l'heure actuelle, vous êtes tous bombardés d'options de consommation. En fait, il n'y a pas de régime spécifique à suivre. Tout dépend des individus. En fin de compte, c'est une question de niveau énergétique et de fréquence vibratoire.

L'important est de comprendre que vous êtes pure énergie. Vous êtes des êtres de lumière et de vibration. Par conséquent, en matière de régime alimentaire, de santé et de bien-être, il y a deux façons de voir les choses. Vous pouvez d'abord les voir d'un point de vue strictement physique, mais cela ne mène pas très loin, ou plutôt d'un point de vue énergétique. Nous commencerons donc par l'aspect physique, puis nous passerons à l'aspect énergétique.

Vous vous demandez quoi faire parce que certains aliments contiennent des toxines. Est-il préférable de manger de la nourriture biologique ou seulement des légumes et d'éliminer les produits animaliers ? Il s'agit d'un choix individuel. Idéalement, vous devriez manger des produits frais et biologiques, ou provenant d'animaux en liberté. En outre, certains parmi vous ont vu le massacre des animaux de boucherie et ne veulent plus en consommer. Sachez qu'il n'y a rien de mal à vous nourrir d'animaux. Nous savons que certains d'entre vous ne seront pas d'accord.

Aujourd'hui, nous vous offrons simplement un autre point de vue sur le sujet, qui fait l'objet d'une énorme quantité de jugements.

Si nous considérons la chose sur le plan purement physique, vous avez peut-être encore besoin de consommer des produits animaliers à cause des minéraux et des protéines qu'ils contiennent. Vous avez besoin des molécules complexes qui ne se trouvent que dans ces produits.

Plusieurs animaux de cette planète sont carnivores. Manger un animal n'est pas « impie » ni contraire à l'éthique. Veuillez toutefois le faire en respectant la nature : d'une manière honorable, en appréciant la vie que vous consommez et en rendant grâce pour son existence. Vous consommez l'énergie vitale d'un autre être. Nous y reviendrons quand il sera question de l'aspect énergétique.

Quand on mange trop d'un aliment, même un aliment sain, il ne l'est plus. C'est une question d'équilibre et de modération, comme dans tout le reste.

De plus en plus d'aliments génétiquement modifiés sont introduits sur le marché. Non seulement ils n'ont pas le même niveau énergétique, mais ils n'ont pas non plus la même valeur nutritionnelle. On peut modifier leur résonance énergétique, mais on ne peut y ramener les nutriments manquants. Alors, dans ce cas, il vaut sans doute mieux consommer des aliments biologiques et en grande variété pour obtenir un apport plus équilibré. Même si vous prenez des vitamines et des minéraux, ce n'est pas tout à fait la même chose que de manger des aliments de haute qualité, à cause de la résonance énergétique. La plupart des vitamines et des minéraux sur le marché n'ont plus leur composante énergétique en raison de leur mode d'extraction et d'emballage. Même s'ils vous fournissent de l'énergie sur le plan physique, ce n'est pas comme si vous cultiviez vous-mêmes vos légumes ou que vous en achetiez qui ne sont pas génétiquement modifiés.

Devriez-vous ne manger que des glucides ou des protéines ? Bien sûr que non. Il faut plutôt manger un peu de tout.

Vous devez écouter votre corps. Vous saurez intuitivement ce dont vous avez besoin, c'est-à-dire quels minéraux et quelles vitamines vous manquent, et vous serez portés naturellement vers les aliments qui les renferment. C'est ce que font les animaux. Quand ils sont malades, ils savent ce qu'ils doivent manger. Il en va de même pour vous. Vous le ferez intuitivement. La connotation actuelle de l'idée de régime alimentaire est celle de la restriction. Ce n'est pourtant pas une diète que l'on suit pour éliminer le surplus de poids. Quand il est question de poids excédentaire, il s'agit d'un tout autre sujet que celui de la santé, car le surplus de poids est causé habituellement par un trop grand stockage de molécules.

Les cellules peuvent retenir des fluides et d'autres matières biologiques, pour diverses raisons. L'excédent de poids peut également être causé par un déséquilibre cellulaire. Dans ce cas, les cellules sont incapables de se libérer car il manque une composante liée à certaines enzymes. Un élément manque dont elles ont besoin pour fonctionner adéquatement. Le surplus de poids peut donc être dû à plusieurs autres raisons qu'une trop grande consommation de nourriture. Cela nous amène au facteur émotionnel et énergétique. De notre point de vue, ce facteur est beaucoup plus important ; plus que tout autre, il exerce un plus grand impact sur votre santé.

Il est parfois bon d'avoir un poids excédentaire ou de ne pas purifier le corps. Il est quelquefois utile de consommer des aliments qui n'ont pas une très haute vibration. Le fait de consommer d'excellents aliments fait se libérer des toxines et surgir un problème émotionnel auquel on n'est pas prêt à faire face. Il reste toutefois que, selon un point de vue plus général, l'idéal est de vous attirer les aliments de la fréquence requise pour vous.

C'est pourquoi il est parfois très difficile, même si vous en avez la ferme intention, d'adopter un régime alimentaire sain ne comportant que des aliments d'une excellente qualité. Vous n'êtes pas prêts émotionnellement à affronter certaines questions. En étant plus légers, vous serez davantage en harmonie avec votre corps et vos émotions. Si vous n'êtes pas prêts à gérer ces dernières, il y a des chances que vous ne permettiez pas à votre être physique de s'alléger. Vous ne voulez pas régler le problème ! Dans ce cas, il faut aller voir ce qui se passe émotionnellement. Nous ne parlons pas nécessairement de questions liées à l'alimentation. Nous parlons de tout le reste : vos relations, votre perception de vous-même et ce que vous faites dans la vie. On ne peut pas séparer ces éléments. Encore une fois, c'est un sujet d'une très grande importance.

Au cas où vous auriez perdu le fil de nos explications, nous allons récapituler car il faut absolument que vous nous compreniez clairement. Vous attirez à vous exactement ce dont vous avez besoin. C'est la loi d'attraction. Si vous êtes prêt à avancer, à régler une question émotionnelle, vous vous mettrez intuitivement/inconsciemment à consommer des aliments sains. C'est parce que vous changez d'état d'esprit. Vous libérez alors certaines toxines de votre corps et vous élevez la fréquence vibratoire de vos cellules. Vous augmentez la résonance cellulaire. Votre inconscient vous dit ceci : « Tu sais quoi ? Je suis prêt à avancer. » Vous commencez à manger des aliments sains et à prendre des repas moins copieux. Et devinez quoi ? Les émotions surgissent et vous pouvez leur faire face.

Vous vibrez également à des fréquences très précises. Quand vous êtes heureux et en santé, vous êtes en haut de la gamme. Quand vous entretenez des émotions négatives dans votre champ aurique ou que votre corps expulse plusieurs toxines de votre système, votre taux vibratoire est beaucoup plus bas.

La très grande diversité dans tous les aspects de la vie est l'une des nombreuses caractéristiques particulières de cette planète. La nourriture est l'un des éléments les plus variés, en raison du large éventail de la vie végétale. C'est en fait une chose très rare parmi les planètes. Chaque plante possède une fréquence vibratoire unique et vous pouvez donc en établir les propriétés médicinales. Vous disposez d'une énorme variété d'aliments pour vos expériences culinaires, ce qui peut rendre ces dernières assez intéressantes. D'ailleurs, nous constatons que vous aimez particulièrement la crème glacée et les biscuits.

Quand vous ingérez ce genre d'aliments, le corps a besoin d'une certaine quantité d'énergie pour les traiter et votre fréquence vibratoire s'abaisse. Cependant, si vous vous privez sans cesse de ces aliments alors que vous y êtes si attachés émotionnellement que vous désirez intensément le plaisir qu'ils vous procurent, l'émotion négative qui s'accumule alors est beaucoup plus nocive pour votre corps que si vous aviez mangé ces aliments, puis aviez éliminé leurs toxines. Il vous faut donc trouver un équilibre. Le fait de vous priver d'un aliment, ou la simple idée constante de cette privation, peut vous être plus dommageable que de le consommer. Il est très important que vous le compreniez.

Ce n'est là qu'un aperçu en ce qui concerne le régime alimentaire. Quand vous serez prêts à changer et que vous élèverez votre vibration au niveau spirituel, vous ne serez plus attirés autant par les produits animaliers car leur fréquence vibratoire est un peu plus basse. En ce qui concerne les animaux, les conditions dans lesquelles ils ont vécu et la façon dont ils ont péri (ou cessé d'exister sur le plan physique) sont enfermées dans leurs molécules. Vous absorbez donc leur expérience de vie. C'est l'une de vos rares connexions intimes à la Terre et à son rythme de vie. La fréquence vibratoire des animaux qui ont souffert ou dont la mort fut traumatisante est beaucoup plus basse que celle des bêtes qui ont eu une existence heureuse.

Nous avons quelque peu fait le tour de la question. D'ailleurs, nous aimons bien procéder ainsi puisque nous aimerions que vous ne pensiez plus d'une façon linéaire, mais bien plutôt d'une façon multidimensionnelle. Nous espérons donc que vous n'avez pas perdu le fil de notre propos.

Enfin, nous voulons vous indiquer quoi faire de la nourriture génétiquement modifiée ou dont vous ne connaissez pas l'origine. Vous pouvez modifier la fréquence vibratoire de ces aliments en leur envoyant de l'énergie, de l'amour et de bonnes vibrations. Vous altérerez ainsi la composante émotionnelle négative enfermée dans les cellules physiques. Elle s'expulsera et vous ne l'absorberez pas. D'où l'idée de bénir la nourriture. En rendant grâce, en lui infusant de l'énergie, des sentiments positifs d'amour et de gratitude, vous modifierez la structure de la résonance cellulaire. C'est donc là une chose que vous pouvez faire pour améliorer la qualité de l'eau ou des aliments que vous consommez.

Comment composer avec les actualités, les guerres, la mort et la destruction

Les actualités

Le fait d'avoir conscience de son environnement est important puisque cela permet de vérifier la fréquence de votre champ énergétique. Ce qui se passe dans le collectif est le reflet de ce qui se passe en vous sur le plan microcosmique. De l'autre côté, vous n'entendrez pas parler d'un événement, quel qu'il soit, si ce dernier n'est pas sur la même fréquence vibratoire que vous. Et si, toutefois, vous deviez en entendre parler, vous n'en seriez aucunement affecté.

L'important à retenir sur le plan des actualités, ce sont les jugements, les pensées, les sentiments et les émotions qu'elles suscitent. Si vous êtes irrité ou frustré ou même apathique, c'est l'occasion d'effectuer un travail intérieur et d'abandonner toute peur ou toute pensée de basses fréquences.

Voici un exemple. Supposons que vous ayez entendu récemment aux actualités une nouvelle révoltante concernant des banquiers. Cela vous met en colère, malgré le fait que vous n'êtes pas particulièrement préoccupé par le sujet. Nous vous dirons alors ceci : « En quoi d'autre vous sentez-vous impuissant dans votre vie ? Sur quel plan vous sentez-vous une victime ? »

Il est évident que ce programme est présent en vous et que vous jouez ce jeu dans de nombreux secteurs de votre existence. Vous avez là une occasion d'en identifier la fréquence vibratoire, d'y mettre fin et de l'intégrer. Observez soigneusement comment cette croyance ou cette pensée vous sert et vous pourrez changer ce schéma lorsque vous le reconnaîtrez. Il vous a peut-être servi à un autre moment de votre existence, mais aujourd'hui il ne vous sert plus. Si c'est le cas, êtes-vous prêt à l'abandonner? Voilà la différence entre être bien installé sur le plan vibratoire dans le siège du conducteur, ou en mode pilote automatique.

Lorsque vous verrez l'effet de toute pensée, de tout schéma ou de toute croyance, vous sortirez de la mentalité de victime/bourreau et vous vous dirigerez vers la conscience de la cocréation, laquelle vous amènera à laisser tomber tous les jugements et attachements. Le jugement n'a lieu que dans la mentalité de victime/bourreau. L'effet sera immédiat. Sur le plan de la cocréation, toutes les expériences sont acceptables. Aucune n'est bonne ni mauvaise car, en tant que cocréateur de toutes vos expériences, vous avez joué tous les rôles.

Les actualités vous fournissent aussi l'occasion de voir où en est la conscience collective. Encore une fois, vous n'avez pas à adopter les vibrations de cette dernière car vous pouvez posséder votre fréquence vibratoire unique. Et rappelez-vous que lorsque vous modifiez votre fréquence vibratoire, vous signifiez à la fréquence collective que la chose est possible et avantageuse. Vous fournissez aux gens qui luttent les ingrédients nécessaires au changement.

Un autre aspect des actualités est celui de la compétition. Tout ce qui vous y est servi est lié à la réalité tridimensionnelle. Il y est toujours question d'un pays quelconque, le vôtre ou un autre, où règne la prospérité ou le manque, sans classe moyenne entre les deux. Tout cela entretient la séparation. Vous commencez maintenant à comprendre que c'est une affaire de choix. Vous pouvez avoir vos propres croyances, mais cela ne veut pas dire que celles des autres n'ont aucune valeur et qu'il faut les éliminer pour réussir.

Quand vous passerez à une fréquence supérieure, vous verrez que tout le monde a la possibilité de réussir. Il n'y a pas de victimes. Plusieurs d'entre vous sont frustrés de nous entendre parler ainsi car ils se demandent comment quelqu'un peut choisir cette version-là de la réalité. C'est parce que ces individus ont besoin d'explorer cette vibration particulière. Respectez-les et faites-leur savoir qu'ils peuvent augmenter leur fréquence vibratoire.

Ce n'est pas une obligation. Si les gens ne veulent pas se réveiller, vous ne serez pas lié à leur réalité. Vous faites simplement la sélection d'une fréquence vibratoire, ce qui incite aussi tout le monde à changer. Quand on sort du mode victime/bourreau, on peut créer la joie, l'abondance et l'expansion.

Les guerres, la mort et la destruction

Encore une fois, c'est lié au jeu que vous jouez, celui de la dissension ou de l'ascension.

Sachez qu'une grande partie de ce qui vous est présenté aux actualités est de la pure invention. On vous donne une version des faits qui n'est pas toute la vérité. Demandez-vous donc si cette vérité « officielle » est en accord avec vous. Si ce n'est pas le cas, vous pouvez alors la verbaliser, non pas dans un but de confrontation, mais plutôt pour vous exprimer selon une fréquence vibratoire supérieure.

Vous n'avez pas à combattre vos gouvernements. Vous n'avez qu'à leur dire que vous ne voulez pas aller à la guerre. Vous n'avez pas à vous battre pour la paix. Les choses ne fonctionnent pas ainsi. Vous devez plutôt entretenir des pensées qui sont en accord avec cette énergie, et agir en fonction de celles-ci.

Si vous « paraissez » insensible en surface, il y a une raison. C'est en partie parce que vous avez fermé votre centre du cœur, fort probablement à cause d'un grand manque d'amour de soi (sujet que nous aborderons un peu plus loin), d'une peur de la souffrance, du blâme ou de la honte. Comme cette partie de vous-même est fermée, il vous est très difficile d'éprouver de la compassion.

En ce qui concerne la mort, sachez que quiconque en a franchi le seuil l'a fait de plein gré. Il n'y a pas une seule personne sur cette planète qui soit décédée sans avoir accompli tout ce qu'elle voulait accomplir selon le programme qu'elle avait établi. Sachez que si elle avait voulu faire quelque chose d'autre, elle l'aurait fait.

La façon dont un individu subit la transition de la mort, autrement dit la manière dont il meurt, détermine non seulement son expérience vibratoire, mais aussi celle de son entourage. Voici un exemple. Si un homme de 90 ans décède durant son sommeil, vous direz quelque chose comme : « Ah ! Il a eu une longue vie. Bravo ! » Et son entourage pourra plus facilement passer à autre chose. En revanche, si un jeune homme de 20 ans meurt, vous direz : « Ah ! Il était beaucoup trop jeune. Cela n'aurait jamais dû arriver ! » L'expérience sera alors entièrement différente pour son entourage. Dans un autre cas, si quelqu'un meurt assassiné, son entourage pourra éprouver un désir de vengeance ou vivre dans la peur. S'il s'agit d'un suicide, sa famille pourra vivre beaucoup de culpabilité ou, encore, un sentiment d'abandon. Comprenez-vous comment différents scénarios peuvent survenir à cause de cette mort.

Lorsqu'un grand nombre de gens meurent au cours de conflits, c'est en réalité un cadeau de la part de la conscience collective puisqu'elle offre ainsi la possibilité de voir quels programmes sont exécutés lors de ces conflits. C'est également une occasion pour le collectif de choisir une nouvelle vibration, de se libérer de ses peurs et de ses attachements, et ainsi de passer à une fréquence supérieure. Malheureusement, la plupart d'entre vous ne la saisissent pas. L'impression générale qui prévaut est la suivante : « C'est de leur faute après tout ; ils sont morts parce qu'ils ont choisi de se battre. » Or, si vous considérez la chose sous un angle complètement différent, à savoir que ces gens ont le but inconscient de servir le collectif, cela vous place automatiquement sur votre centre du cœur et vous permet, par le fait même, en tant que membres du collectif, de vous libérer de vos jugements. Nous vous encourageons donc à observer ces guerres en vous demandant ceci : « Quelle est la cause de la guerre ? Est-ce la compétition et le contrôle ? La compétition existe-t-elle dans ma propre vie ? »

Commencez par vous dégager sur le plan personnel. Cela vous aidera puisque vous ne perpétuerez pas ce scénario. Vous n'en avez plus besoin.

Souvenez-vous que ce qui est reflété dans le collectif est à l'image de ce qui est à l'intérieur de chacun de vous, soit : la compétition, le manque, etc. La collectivité réagit donc en créant des guerres, des conflits, en pillant les ressources des autres, par peur du manque.

Vous entrez toutefois dans une ère où les besoins de tous seront satisfaits. Vous ne vous soucierez même plus de la façon dont ils le seront. Vous ne pouvez pas le soupçonner actuellement parce que vous n'êtes pas habitués à opérer d'une façon inconditionnelle sur cette planète, mais nous sommes justement ici pour vous procurer un autre moyen de sortir de cette illusion.

Vous accéderez bientôt à un niveau de conscience supérieur et vos actions auront pour but le service. Quand on ne connaît pas le manque, les besoins sont toujours satisfaits. Faites simplement quelque chose que vous aimez et qui sera également utile à la collectivité, et le reste suivra. En raison de la nature du cycle universel et du mode de création de la réalité, vous savez dans votre for intérieur que vos besoins, quels qu'ils soient, seront satisfaits.

C'est là que vous vous dirigez. Vous pouvez connaître l'amour, la richesse, la connexion, la passion et l'enthousiasme par vos propres moyens. Vous indiquerez alors le chemin à d'autres qui sont incapables de le trouver par eux-mêmes.

Vous n'avez qu'à prononcer cette simple phrase : « *Je suis en paix au sein du chaos.* » Vous répandrez alors une immense quantité d'amour et de joie partout autour de vous, et ceux qui désirent augmenter leur fréquence vibratoire voudront se joindre à vous sans toutefois qu'il y ait obligation de leur part.

Soyez un exemple vivant.

L'amour de votre vie, c'est vous-même...

Sachez que toutes vos relations sont d'abord fondées sur l'amour de soi et qu'elles en sont le reflet. Nous considérons l'absence d'amour de soi comme le problème numéro un sur la planète actuellement, suivi de près par le sentiment de persécution dont nous avons parlé plus haut.

Soyons bien précis : il ne s'agit pas des relations avec les autres, mais, d'abord et avant tout, de la relation avec soi-même. C'est un point extrêmement important que nous aimerions travailler avec vous.

La conscience collective comporte plusieurs programmes qui vous enferment dans des systèmes de croyances et nous en évoquerons ici quelques-uns. Le premier système est très problématique car il vous prépare à l'échec et à la séparation. C'est celui des âmes sœurs ou âmes jumelles. Nous ne disons pas qu'elles n'existent pas, mais nous affirmons que le phénomène est très rare dans cette existence particulière que vous avez choisie. Même si ce n'était pas le cas, cela n'a pas vraiment d'importance car la relation avec une âme sœur ou jumelle ne diffère en rien de toute autre relation que vous pouvez entretenir avec votre entourage. L'idée d'âmes sœurs et d'âmes jumelles n'est qu'une étiquette que vous avez placée sur vos relations à un moment où il y avait très peu d'individus dans votre vie pour vous faire apprendre des leçons.

Dans la plupart des relations à long terme, il existe environ une centaine de points communs et autant de questions que vous pouvez choisir de travailler ensemble ou pas. Dans ces relations, une trentaine de ces points sont bien alignés entre eux. Dans les relations à court terme, une dizaine le sont. Dans cette vie-ci, vous êtes tous en mesure de régler ces questions très rapidement. Par contre, dans vos vies passées le rythme était beaucoup plus lent et la vibration générale était beaucoup plus basse, de sorte qu'il vous a fallu beaucoup plus de temps pour identifier certains programmes. Dans une autre vie, vous avez peut-être choisi d'œuvrer sur quatre ou cinq grandes questions, tandis que dans cette vie-ci, en raison du soutien universel et du fait que ce secteur de l'univers est très riche en énergie photonique pouvant servir à des fins d'intégration, vous travaillez beaucoup plus vite. Dans d'autres existences, vous disposiez d'une quantité restreinte de lumière et d'information pour travailler, et c'était donc plus difficile. C'est pourquoi les relations duraient plus longtemps. Vous aviez tous besoin d'être liés davantage.

Aujourd'hui, parce que le rythme s'est accéléré, vous tentez d'intégrer le plus de questions possible. Avant de vous incarner, vous saviez peut-être que les personnes A, B et C seraient disponibles pour une relation amoureuse lorsque vous seriez dans la vingtaine. Et si jamais la personne A n'était pas prête, la personne B pourrait la remplacer, ou la personne C, et ainsi de suite. Vous avez établi vos contrats ainsi parce que la synchronisation est beaucoup plus difficile dans cette vie-ci puisque vous êtes tous très affairés. Il se pourrait également que vous ayez déjà réglé toutes ces questions et que vous n'ayez plus besoin de vous lier aux personnes A, B ou C avec qui vous vouliez y travailler. Dans ce cas, vous passerez au problème suivant en sachant que vous êtes ici en avance sur votre « temporalité ».

Votre deuxième système de croyances consiste à croire que les « contrats » sont éternels et difficiles à modifier. Au contraire, ils sont très souples. Vous pensez qu'ils sont « lourds » et que vous raterez une occasion si vous ne vous trouvez pas à tel endroit à tel moment. Cela est simplement dû à la peur, au sentiment de manque et à l'absence de connexion. Vous ne ratez jamais une occasion. La fréquence que vous émettez vous revient toujours. Il s'agit d'y être réceptif. L'événement peut se présenter sous une forme légèrement différente, mais la fréquence dont vous désirez faire l'expérience sera identique à la fréquence originelle. N'est-ce pas logique ?

Cela est très important car vous avez souvent tendance dans vos relations à rechercher une personne précise au lieu de rester ouvert à la forme.

C'est pourtant quand vous êtes ouvert à la forme que la personne qui vous correspond le mieux sur le plan vibratoire peut se présenter. Les problèmes surgissent lorsque vous désirez être en relation avec une personne qui ne vous correspond pas réellement. C'est malheureusement très fréquent.

Respirez profondément…

Vous avez en effet conclu des ententes avec plusieurs individus, et votre idée d'avoir une âme sœur sur cette planète vous nuit un peu. Sachez que vous pouvez entretenir de merveilleuses relations avec absolument tout le monde quand vous exécutez le programme d'amour de soi. Plus vous serez intimement lié à la Source, plus vous éprouverez d'amour pour vous-même.

Plusieurs d'entre vous ont peur de se lier avec d'autres individus parce qu'ils craignent de se connecter ainsi à leur aspect dysfonctionnel. Or, en élevant votre fréquence vibratoire et en vous reliant à la Source, vous vous connecterez à leur aspect divin. Toute relation pourra alors ressembler à une relation amoureuse. Il n'est pas nécessaire que ce soit difficile, que ce soit une lutte. Les difficultés et les luttes proviennent des programmes de peur, lesquels sont tous illusoires. Plus vous resterez présent, plus vous pourrez les identifier et vous abstenir alors de juger. Vous serez en mesure de modifier la fréquence que vous émettez. Vous avez tous tendance à retourner dans le passé et à répéter les mêmes vieux schémas car ce sont vos points de référence. Vous vous dites ceci : « C'est ce qui m'est arrivé par le passé et c'est ce qui va m'arriver dans ma prochaine relation. » Vos relations amoureuses représentent le domaine où vous faites particulièrement cela. Combien d'entre vous ont eu cette pensée ?

Si vous changez votre relation avec vous-même, vous changerez alors vos relations avec les autres. Ceux-ci n'ont pas à modifier leur comportement pour que vous puissiez modifier la dynamique de la relation, peu importe qu'il s'agisse d'un membre de la famille, d'un collègue de travail, d'un conjoint ou d'un ami. Les semblables s'attirent.

Lorsque vous modifierez votre programmation et que les autres continueront à exécuter leur vieux programme qui ne correspond plus au vôtre, ils ne pourront plus le faire avec vous. Rappelez-vous qu'une situation ne peut exister que si vous y êtes attiré.

En ce moment même, vous entrez dans une période créative sans précédent. Vous devez vous concentrer sur la fréquence vibratoire de la joie, de l'abondance, de l'amour de soi et de l'harmonie. C'est une question de création et non d'apparences. Ce faisant, vous vous libérerez du fardeau de l'attente et du désir de connexion extérieure avec l'autre moitié, celle qui est censée vous compléter!

Cette attitude est solidement ancrée dans votre structure sociale et les femmes ont plus de difficulté à cet égard, à cause de leur conditionnement social. Pourquoi? En raison des valeurs sociales établies : être une épouse et avoir des enfants. Pendant des milliers d'années, on leur a dit que c'était cela qui importait et qu'elles n'étaient pas censées vouloir autre chose. Ainsi, si vous n'êtes pas dans une relation, vous avez moins de valeur aux yeux de la société.

Pour les hommes, le conditionnement est différent : les valeurs établies sont celles du travail et de l'argent. Si vous manquez d'argent ou si vous perdez votre emploi, c'est le problème de l'estime de soi qui apparaît. Pour les hommes, c'est donc concret, tandis que pour les femmes, c'est émotionnel. Elles s'enferment dans le désir d'une relation tandis que les hommes ont de la difficulté à identifier cette fréquence vibratoire puisqu'ils ne sont pas censés éprouver d'émotions. Dès leur plus jeune âge, on leur a dit qu'ils devaient «camoufler» leurs sentiments et ne jamais les exprimer réellement.

Respirez profondément...

L'amour de soi, vous le possédez déjà en vous. Vous n'avez pas à l'atteindre, mais plutôt à éliminer les programmes ou les filtres qui vous empêchent de le vivre. Le reflet que vous renverra le monde extérieur vous le démontrera. Vous pourrez le vérifier sur les plans physique, émotionnel et mental.

L'amour de soi fait resplendir le corps de santé. Si vous vous donnez de l'amour, vous vous donnez de l'énergie en provenance de la Source. Les cellules peuvent alors maintenir la santé car elles reçoivent une énergie de haute fréquence. Le corps physique est créé selon le modèle physique, de sorte que toute maladie y est un reflet de votre modèle énergétique ou d'une basse fréquence. Si vous éprouvez une émotion inférieure telle que l'anxiété, la dépression, la colère ou la peur, c'est que vous manquez d'amour de soi. Si, mentalement, vous entretenez des pensées négatives comme « Je ne suis pas assez bon » ou « Je ne mérite pas ça », cela va à l'encontre de l'amour de soi. Vous n'accédez pas à l'amour de soi qui se trouve en vous.

Depuis un quart de siècle, on vous dit qu'il est temps de vous réveiller. Nous allons donc vous aider à vous exercer à ce réveil. Vous devrez le faire au quotidien, possiblement chaque heure du jour et même chaque minute. Voilà sur quoi nous nous concentrerons en 2013.

Plusieurs parmi vous prétexteront qu'ils sont trop occupés pour le faire. Nous vous demandons : êtes-vous réellement trop occupés pour vous aimer ? La théorie est une chose, la pratique en est une autre.

Un autre aspect de la création dont nous n'avons pas encore parlé est le maintien de la fréquence vibratoire. Quand vous émettez une vibration de haute fréquence, la même fréquence de haut calibre doit être présente pour être reçue. Vous ne pouvez pas émettre une haute fréquence et en recevoir une basse. Les deux doivent correspondre. Si c'est le cas, vous recevrez ce que vous aurez demandé. Dans le cas contraire, soyez reconnaissant car c'est une occasion de constater où se trouvent les basses fréquences. Considérez cela comme un cadeau.

Pour changer la situation dans laquelle vous vous trouvez, vous devez d'abord accepter le fait d'y être. Si vous continuez à rejeter ce dont vous ne voulez pas, vous ne faites que l'attirer à vous. Si vous vous ouvrez, si vous reconnaissez cette basse fréquence sans la rejeter et si vous en êtes reconnaissant, vous en neutraliserez la charge. Vous ne jouerez plus le jeu de victime/bourreau et le problème sera résolu.

Les relations

Pour diverses raisons, plusieurs d'entre vous qui ont choisi de s'éveiller à ce moment-ci ont décidé de ne pas avoir de relations à long terme. Il était important pour vous de trouver votre identité et d'épurer votre énergie. Vous vous êtes donc concentrés là-dessus. Dans une relation à long terme, la dynamique est très différente. Il aurait été très facile de vous brancher sur la conscience de masse et sur toutes les croyances qui lui sont associées.

À mesure que s'élève votre fréquence vibratoire, certains de ces programmes prennent fin. Avec la transformation qui s'est produite en 2012, les contrats de cette nature ont changé puisque vous activez maintenant ceux qui relèvent de la cinquième dimension. Il est toutefois vital de travailler sur l'amour de soi afin d'obtenir le genre de relations que vous recherchez. Comme vous désirez qu'elles soient d'un niveau de conscience supérieur, vous devez travailler à vos aspects intérieurs masculin et féminin. Pour ce faire, il vous faut d'abord et avant tout établir une connexion avec vous-même. Vous n'avez pas le choix. Les gens de l'extérieur sont simplement là pour ajouter à l'expérience. Ils ne la complètent pas ni ne la définissent. Ce que vous cherchez à faire, c'est vous connecter à l'Énergie source, et pour y arriver vous devez d'abord vous connecter à vous-même.

Dans une relation intime, une ouverture se crée généralement, et c'est cette ouverture et cette volonté de ressentir l'amour qui vous rapprochent de l'Énergie source. *Ce merveilleux sentiment de bonheur et d'amour que vous éprouvez n'existe pas à cause de l'autre; il provient de vous-même!* Cela vous étonne, n'est-ce pas? En réalité, vous ressentez plus profondément en quoi consiste la nature même de l'Énergie source simplement parce que vous avez bien voulu vous ouvrir à cette énergie. Toutefois, quand cette relation se termine, vous pensez que vous ne connaîtrez plus jamais un tel bonheur. C'est pourtant possible par l'amour de soi et la réceptivité. Pourriez-vous l'éprouver sans être dans une relation ? Absolument ! Dans ce cas, vous ne l'éprouverez pas seulement envers une autre personne, mais envers tout le monde et toutes choses.

Notre objectif est de vous aider à trouver cet amour de soi et nous vous suggérons de commencer par écrire une lettre spécifiant ce que vous appréciez chez vous, vos qualités et vos gentillesses. Auriez-vous peur de dire à quelqu'un que vous aimez ce que vous pensez d'elle ou de lui ? Pourquoi donc ne pas le faire pour vous-même ?

Concentrez-vous maintenant sur vos qualités. Elles appartiennent déjà à votre champ vibratoire et la gratitude que vous éprouverez pour elles facilitera leur apparition dans votre vie. Ressentez-les bien dans votre corps au lieu de laisser votre critique intérieur vous dire que vous n'êtes pas assez bon, pas assez aimable ou pas assez intelligent. Si vous concentrez votre énergie sur les qualités que vous appréciez, vous les verrez apparaître davantage dans votre vie. De plus, votre critique intérieur aura moins l'occasion de vous donner des pensées négatives.

Qu'arrivera-t-il au bout d'une semaine ? Vos interactions avec les autres seront très différentes car, comme nous l'avons dit plus haut, elles refléteront l'amour de soi. Par exemple, si vous vous concentrez sur la quiétude, les gens vous diront des choses comme celle-ci : « Je me sens en paix en votre présence. » Si quelqu'un est très agité au moment où il entre en contact avec votre champ énergétique, il deviendra plus calme. Si vous êtes quelqu'un d'affectueux, vous aurez davantage d'occasions de l'être et des gens plus affectueux entreront dans votre champ parce que vous vous serez concentré sur l'affection.

Nous vous invitons à travailler sur le modèle de la cinquième dimension plutôt que sur celui de la troisième. Sachez qu'il y a un aspect de l'esprit humain qui ne peut lâcher prise, à moins qu'un certain degré de conscience ne soit présent. Une fois ce niveau atteint, le lâcher-prise pourra avoir lieu. Cela fait partie du jeu que vous avez établi. C'est le modèle tridimensionnel. Le modèle de création de la cinquième dimension consiste à correspondre à la fréquence vibratoire ; en travaillant avec ce modèle, vous vous mettrez simplement en harmonie avec l'essence de vos désirs. C'est en partie ce vers quoi nous vous guidons en faisant ressortir les qualités que vous appréciez en vous-même, ce qui vous aidera à moins prêter attention à celles que vous ne voulez pas. Comme vous avez élevé votre fréquence vibratoire, vous êtes maintenant en mesure d'activer la technologie intérieure de la création liée à la cinquième dimension.

Nous allons vous initier à cette technologie.

> *Pensez tout d'abord à quelque chose que vous aimeriez créer. Quelle en est l'essence? Quelle en est la fréquence vibratoire? (C'est-à-dire ce que cette chose représente sur le plan vibratoire : la liberté, la joie, l'enthousiasme, la stabilité, etc.)*
>
> *Imaginez ensuite votre corps physique en accord avec cette fréquence. Vous n'avez pas besoin de penser à un moment précis ni à un lieu en particulier. Vous n'avez qu'à être en harmonie avec l'essence, la fréquence vibratoire de ce que vous désirez.*

Ce modèle de création est beaucoup plus facile parce que vous travaillez avec une fréquence vibratoire, non pas avec une image mentale. N'oubliez pas que vous êtes un être vibratoire. Dans la cinquième dimension, vous éliminez simplement la composante mentale. Ainsi, si vous voulez créer un changement dans votre existence, c'est là que vous devez commencer : par une lettre d'amour adressée à vous-même. Nous vous recommandons de le faire pendant les sept prochains jours en prenant dix minutes tous les matins pour l'écrire. Concentrez-vous ensuite sur les qualités que vous y aurez mentionnées.

Si vous sentez une résistance, retournez au modèle tridimensionnel et demandez-vous pourquoi vous résistez? Est-ce pour ne pas accéder davantage à votre pouvoir ou à l'amour? S'agit-il d'une question de contrôle? Vous verrez alors quels sont vos programmes de basse fréquence.

Le flux naturel de toute chose est d'aller vers la Source. Par conséquent, si quelque chose est difficile à faire, c'est qu'il y a de la résistance. Lorsque vous êtes dans le flux divin, c'est extrêmement facile.

Les obligations

Énumérez maintenant cinq de vos obligations. Par exemple, vous vous sentez peut-être obligé de téléphoner à un parent tous les jours ou bien de manger avec un ami une fois par semaine. Il peut s'agir de quelque chose dans le présent, dans le passé ou dans le futur.

Quand vous aurez fait votre liste, envisagez de dire non à ces obligations. Nous vous conseillons soit de vous y soustraire, soit de les percevoir autrement. Lorsque vous acceptez de faire quelque chose dont la vibration est basse, c'est-à-dire que vous ressentez une résistance à le faire ou que vous en êtes malheureux, le résultat extérieur reflètera cette basse vibration.

Prenons l'exemple du repas hebdomadaire avec un ami. Si, pour une raison quelconque, vous ne voulez pas aller à ce rendez-vous chaque semaine, vous pouvez toujours annuler, y aller moins souvent, ou bien trouver quelque chose que vous appréciez particulièrement chez cette personne. La situation sera alors d'une vibration très différente.

Il y a là un gros travail à faire sur l'amour de soi. Accomplir quelque chose contre votre gré requiert une très grande énergie et, à la longue, cela vous enlève celle qui vous est vraiment nécessaire. Encore là, il s'agit d'un conditionnement, spécialement en ce qui concerne les femmes. Elles pensent qu'elles doivent donner, encore et encore, et se retrouvent ensuite en pénurie énergétique.

Il est donc très important de considérer ces obligations que vous vous êtes imposées car vous ne vous honorez pas en vous y soumettant contre votre volonté. Il ne s'agit pas uniquement des obligations envers les autres, mais aussi de celles que vous vous imposez à vous-même, comme d'aller au gymnase parce que vous croyez devoir le faire et non parce que vous voulez y aller. Le régime alimentaire en est une autre, particulièrement le végétarisme. Il y a là un programme de supériorité et aussi de privation. Écoutez donc simplement votre corps.

L'argent est une autre question importante car c'est de l'énergie. Êtes-vous inquiet à ce propos ? Que représente-t-il pour vous ? C'est sur ce qu'il représente que vous devez vous concentrer. Est-ce la liberté, la créativité, le statut social, la dignité ou, plus souvent, l'indignité? Si vous manquez d'argent, qu'est-ce que vous vous refusez, et pourquoi? Il y a là un programme de peur. Si vous vous aimiez vraiment, vous vous permettriez d'avoir de l'argent. Songez-y un peu.

Très chers, plus vous aurez d'amour pour vous-même, plus vous en aurez pour les autres et pour tout. Si vous n'arrivez pas à le ressentir, vous continuerez à vous épuiser et à tourner en rond. Nous savons que ce n'est pas une chose facile à accomplir et nous vous en félicitons.

Nous sommes très heureux de toutes ces possibilités qui s'offrent à vous et nous reconnaissons votre volonté d'aller en vous afin de découvrir cet amour de soi car toutes choses sont créées à partir de là.

Dialogue avec les Pléiadiens

Le jeu universel de l'après-2012

En nous livrant l'information concernant la Grande Expérience, vous avez dit ceci : « C'est non seulement un cycle de 26 000 ans qui vient de se terminer, mais aussi un cycle universel. La fin d'un cycle universel n'a rien à voir avec un certain nombre de révolutions. En fait, quand vous effectuerez ce processus d'intégration et que ce processus sera partagé par l'univers, le jeu universel en sera tellement transformé qu'il sera terminé. »

Si je comprends bien, notre cycle de 26 000 ans concernait notre vie dans le PRÉSENT au cours du processus d'intégration. Le jeu universel concerne la transformation de toutes nos autres vies par cette vie-ci.

– *Pour que le jeu universel se termine, ne faudrait-il pas que soient intégrées toutes les vies de tous les autres êtres de l'univers, dont certains ne se sont jamais incarnés sur la Terre ?*

Pas entièrement. La pensée humaine est fondée sur la finitude, mais l'univers est infini. La fin d'un cycle universel signifie simplement que votre focalisation change d'objet et que vous établissez une nouvelle série de règles, avec de nouveaux acteurs et de nouveaux défis à relever. Vous vivez la même chose à une échelle moindre en astrologie, en traversant les signes du zodiaque. Vous y disposez d'une suite de tendances générales dont vous désirez faire l'expérience et il en va de même pour les cycles universels.

L'esprit humain craint que la fin d'un cycle signifie pour lui la fin de l'existence car c'est ainsi que vous percevez votre vie sur cette planète. Vous pensez que vous cesserez d'exister lorsque vous mourrez et vous tentez d'appliquer la même logique au jeu universel. Il n'en est de même dans aucun des deux cas. Vous êtes des êtres infinis et, à ce titre, vous continuerez infiniment à prendre de l'expansion. Vous ne cesserez jamais d'exister.

Au niveau de la Source, tous sont intégrés. Pour qu'un cycle se termine, il n'est pas nécessaire que tous les êtres, partout, soient conscients de leur soi expansé. Vous avez joué le jeu de la descension et de l'ascension, qui signifiait que, de votre point de vue limité au soi et à la séparation, vous aviez besoin de vous connaître comme êtres universels de lumière vivant une expérience humaine. Vous n'aviez pas besoin d'accéder consciemment à toutes ces existences. Votre objectif consistait à abandonner le plus possible les jugements et la perception de la séparation jusqu'à augmenter suffisamment votre fréquence vibratoire pour franchir la barrière dimensionnelle, ce que vous avez accompli.

Vous résidez actuellement dans la quatrième dimension, qui est transitoire et très souple, et cela vous permet d'y appliquer les règles de la perception et de la création relevant de la troisième dimension ou de la cinquième. Les règles appartenant à ces deux dimensions sont inhérentes à leur structure et, comme elles sont très différentes, vous aviez besoin d'une autre dimension pour vous habituer à passer des unes aux autres. La plupart d'entre vous n'ont aucunement conscience d'avoir changé de dimension car ils appliquent toujours les principes tridimensionnels à la matrice quadridimensionnelle. Vous commencez cependant à appliquer les règles de la cinquième dimension à la matrice de la quatrième. Vous finirez par être prêts à vous immerger complètement dans la cinquième et vous sortirez alors de la quatrième.

Au cours de ce processus ascensionnel, chacun de vous a entamé son intégration dans les archives universelles, ce qui implique la compassion et l'abandon du jugement. Tous les êtres ont alors accès à l'information s'ils choisissent de la récupérer ou de la recevoir. C'est comme découvrir une nouvelle route vers une destination donnée. Vous pouvez continuer à suivre le même vieux chemin de terre sinueux ou bien emprunter la nouvelle route asphaltée et directe. Le choix vous appartient, mais la plupart des gens opteraient pour la nouvelle route. C'est la même chose ici. Plusieurs accèdent à la compassion par une voie nouvelle qui teintera à jamais la perception de toutes leurs expériences. Une fois que l'on a appris quelque chose, il est difficile de le « désapprendre ». Nous devons dire toutefois que vous réussissez tous très bien dans la troisième dimension. C'est aussi pourquoi cette dimension est si particulière. Elle diffère de toutes les autres parce que vous y vivez l'illusion de la séparation, ce qui vous permet « d'oublier » certaines choses. Nous disons « oublier », mais vous n'oubliez jamais vraiment. Vous choisissez simplement de ne pas accéder à certains fichiers mémoriels.

Tous bénéficient de l'expérience unique d'un individu, mais quand vous êtes suffisamment nombreux à créer une même fréquence vibratoire, la signature s'intensifie, ce qui la diffuse et la rend facilement accessible au grand nombre. C'est semblable à un signal radio. Une fois que le volume est assez fort, davantage de gens peuvent entendre l'émission. Et plus le signal est fort, plus on peut l'envoyer loin.

– *Comment la communauté galactique est-elle affectée par la fin de notre cycle ?*

À la fin d'un cycle universel, tous les êtres ont l'occasion de régler les questions sur lesquelles ils ont travaillé. Chaque système ou dimension possède son jeu unique. Avec l'ascension de la Terre, alors que vous continuez toujours à apprendre et à intégrer le non-jugement, les êtres des autres secteurs de votre galaxie ont accès à cette information et bénéficient directement de votre expérience liée à la fin de ce cycle galactique. Dans la grandiose expérience terrestre, vous réglez plusieurs questions galactiques sur les plans individuel et collectif. Votre famille galactique constitue en fait d'autres aspects de votre être et, tandis que vous apprenez à vous intégrer, ces autres aspects ont également accès à cette information et peuvent l'appliquer.

Voici un autre exemple. Dans le système stellaire de la Lyre, vous êtes peut-être des Félins qui n'aiment pas les autres espèces et qui les jugent. Sur la Terre, vous avez peut-être fini de porter des jugements sur les autres espèces ou sur ceux qui ont d'autres croyances que les vôtres. Cette information est transmise à tous les différents aspects de vous-même. Ainsi, l'aspect félin peut appliquer la leçon. Il peut soudain se mettre à percevoir plus ouvertement les autres espèces sans même avoir conscience que c'est votre version humaine qui a déposé cette sagesse et ce savoir dans son champ énergétique.

L'élimination du jugement et le pardon sont deux façons de lâcher prise. Par ailleurs, j'ai remarqué que le pardon n'était pas tout à fait l'absence de jugement. Quand nous pardonnons, souvent nous portons quand même un jugement sur la situation. Nous arrivons sans doute à éliminer la colère et la déception afin de continuer à avancer. Toutefois, on entend souvent des gens dire : « Je peux pardonner, mais je n'oublie jamais. »

– *Le pardon est-il la première étape vers l'abandon du jugement ou s'agit-il d'une énergie entièrement différente ?*

Vous opérez présentement selon les lois universelles d'attraction et de réflexion. Dans le jeu de la troisième dimension, vous saviez qu'il serait difficile, étant donné votre perception limitée, de reconnaître votre fréquence vibratoire et c'est pourquoi les lois universelles d'attraction et de réflexion furent établies. Votre réalité – et tout ce que vous y percevez – est le reflet de votre fréquence vibratoire.

Vous créez totalement votre réalité en tout temps. Pas seulement parfois. En tout temps, à tous les niveaux, que vous la disiez bonne ou mauvaise. Rien n'existe réellement en soi car tout n'est qu'expérience vibratoire.

Chaque fois que vous vous voyez comme des agresseurs ou des victimes, vous percevez la réalité par le système d'exploitation du mental, qui fut conçu de manière à vous faire percevoir les limites, la séparation et le temps linéaire. Autrement dit, votre perception de la réalité est teintée ou filtrée par le lieu où s'exécutent vos programmes égotiques. En revanche, c'est le cœur qui constitue le système d'exploitation du soi multidimensionnel, où ne s'exécute aucun programme égotique et où vous percevez la vraie nature de la réalité en tant qu'êtres universels de lumière vivant une expérience humaine. À ce niveau, vous êtes conscients que le temps n'existe pas, que vous êtes connectés à tout et à tous, et que vos expériences sont cocréées par vous, par une autre conscience et par la Source. Voilà la vraie nature de votre sainte trinité.

Toutes choses existant dans une forme possèdent la conscience, de sorte que la cocréation peut se faire avec la nature, avec des animaux ou avec d'autres êtres. Dans l'univers dualiste auquel vous appartenez, chaque expérience doit comporter sa polarité opposée. Autrement dit, il doit exister un agresseur pour chaque victime. Ah! nous entendons déjà certains d'entre vous nous poser cette question : « *Si l'univers est dualiste, cela veut-il dire qu'il existe des victimes et des agresseurs dans la neuvième dimension?* » Non. Nous exprimons notre polarité autrement. Chaque dimension possède sa propre structure. À partir de la cinquième, nous ne nous percevons pas comme séparés de quiconque ou de quoi que ce soit, et nous savons cocréer et opérer selon cette prémisse. Nous ne sommes pas toujours d'accord entre nous, mais nous savons que nous créons nous-mêmes notre réalité.

Si vous vous voyez encore comme des victimes, c'est que vous n'assumez pas la responsabilité de votre part de cocréation. Si vous prenez conscience de l'instructivité de vos créations, vous pourrez dépasser la mentalité de victime pour pardonner vraiment et oublier.

Si vous n'avez pas oublié, c'est que vous n'avez pas pardonné. Disons que c'est vrai dans 99 % des cas. Vous faites toujours référence à une blessure. Vous vous percevez comme des victimes et vous continuez à retourner dans ce moment du temps. Si vous avez pardonné, vous ne penserez plus jamais à cet incident, à moins de rencontrer de nouveau la même fréquence vibratoire et de vous rappeler alors ce moment où vous avez vécu cet incident. Si cette fréquence revient dans votre réalité, c'est que vous retenez dans votre champ vibratoire quelque chose qui crée ce reflet.

Sachez également ceci : *chaque fois que vous n'êtes pas dans le moment présent, vous êtes dans le système d'exploitation du mental, ce qui veut dire encore une fois que vous percevez les choses d'un point de vue limité et fondé sur la peur.* Si vous êtes pleinement engagés dans le moment présent, il vous est impossible de faire référence au passé. Dès que vous quittez le moment présent, vous sortez du système d'exploitation du cœur et vous retournez dans celui du mental.

Nous savons que plusieurs d'entre vous n'aimeront pas beaucoup cette réponse, mais c'est la vraie nature des choses. Il est évidemment plus aisé et plus rassurant de retourner à l'illusion du mental, où vous n'assumez votre responsabilité qu'en partie ou pas du tout.

– *Donc, le vrai pardon implique l'absence de jugement, point à la ligne! Si nous jugeons encore, c'est que nous n'avons pas vraiment pardonné.*

Comme pour toutes les autres peurs, vous pouvez éliminer celle-ci progressivement. Si vous faisiez surgir toutes les douleurs associées à une peur, vous ne tiendriez sans doute pas le coup. Il vaut donc mieux ne pas vous en révéler plus à vous-mêmes que vous n'êtes prêts à en éliminer. Et comment procéder? Quand vous êtes conscients d'entretenir encore de mauvais sentiments, vérifiez ce qui se passe en vous sur les plans physique, mental et émotionnel. Votre corps est-il contracté? Si c'est le cas, quelle est la pensée ou l'émotion qui le fait réagir ainsi? Que se passe-t-il au niveau mental? Quelles sont vos pensées? Le mental vous dit peut-être ceci : « Imbécile! Tu ne peux pas pardonner ça! Tu es crédule et naïf si tu le fais! »

Quelle émotion éprouvez-vous? De l'insécurité? De la crainte? Si vous ressentez autre chose qu'une paix totale à tous les niveaux relativement à une question ou à une expérience, c'est qu'il vous reste encore du jugement à abandonner ou à intégrer. Vous devez aller dans le centre du cœur pour le faire car il est impossible de se libérer à partir du mental. Vous avez peut-être pardonné à ce niveau, mais vous n'avez pas réglé l'aspect émotionnel, ou vice-versa. Encore une fois, il faut agir sur tous les plans pour que le jugement soit entièrement abandonné.

Si vous avez de la difficulté à pardonner, nous vous recommandons de vérifier si vous entretenez la même fréquence vibratoire avec quelqu'un d'autre ou dans un autre secteur de votre vie. Nous sommes certains que vous l'entretenez de multiples façons. Les situations peuvent sembler différentes en surface, mais la pensée ou l'émotion de base est la même. En abandonnant ou intégrant la fréquence vibratoire particulière d'un jugement dans un secteur de votre vie, vous l'abandonnerez dans tous les autres secteurs.

Par exemple, peut-être avez-vous eu de la difficulté à pardonner à vos parents durant toute votre vie parce qu'ils n'étaient pas très doués pour élever des enfants. Vous vous êtes senti abandonné. Devenu adulte, vous vivez cette même fréquence vibratoire de l'abandon, mais sous un autre angle. En ce moment, vous n'obtenez pas de votre employeur toute l'attention et tout le soutien que vous aimeriez recevoir. Votre abandon est activé encore une fois. Or, comme le scénario est légèrement différent, vous êtes capable de le percevoir autrement. Vous êtes en mesure de voir que votre employeur n'est pas là pour vous tenir la main et vous décidez donc d'utiliser votre pouvoir, de prendre vous-même quelques décisions importantes vous permettant d'aller de l'avant avec votre projet. Ce faisant, vous voyez que vous pouvez accomplir plus. Vous ne croyez plus avoir été abandonné et vous avez eu une occasion de vous dégourdir les ailes. En éliminant l'impression d'être abandonné par votre employeur, vous intégrez automatiquement le problème de l'abandon parental. Désormais, en songeant à vos parents, vous n'éprouvez plus de colère ou de ressentiment, du moins pas autant qu'auparavant.

Quand nous changeons de temporalité, toutes les situations sont entièrement différentes. Toutefois, à un moment ou à un autre, nous sommes au même point où nous avons la même conscience générale qu'une version de l'humanité, mais chacun de nous vit également ses propres expériences dans sa temporalité individuelle.

– *Donc, si je comprends bien, nous avons tous décidé de jouer le même jeu et d'être au même point pour un temps, tout en vivant des situations différentes...*

Quand nous parlons du temps, il est important de sortir de votre tête et d'entrer dans votre cœur. Dès qu'il est question de son aspect multidimensionnel, vous ne tenez plus en place car cette information est incompatible avec votre raison et votre perception actuelle de la réalité.

Le mental a été conçu pour rejeter tout aspect multidimensionnel. Vous ne comprendrez jamais par l'intellect tout ce qui est multidimensionnel car il s'agit pour vous de vivre l'expérience unique de la séparation et du temps linéaire. Vous devez être dans votre cœur pour comprendre l'aspect multidimensionnel du temps. Puisque nous en parlons, visualisez cette information comme un orbe de lumière tombant de votre mental pour entrer dans votre cœur. Là, tout a plus de sens. Si vous restez dans votre tête, n'essayez pas de comprendre. Vous serez comme un hamster tournant dans sa roue.

L'illusion du temps est sans doute l'un des concepts les plus importants à saisir pour avancer. N'oubliez pas que nos explications ne constituent pas toute la vérité, mais qu'elles sont plutôt la version de la vérité que vous êtes en mesure de comprendre en ce moment, tandis que vous jouez toujours dans l'illusion temporelle. Comment en sortir pour entrer dans la réalité de l'existence multidimensionnelle ? Voilà une aventure extraordinaire que nous sommes enthousiasmés de vous voir tenter.

Vous vivez une série d'instants présents que vous attachez ensemble pour vous donner l'illusion du temps linéaire. Chaque moment présent repose sur une série de situations convenues d'avance tant sur le plan collectif qu'au niveau individuel.

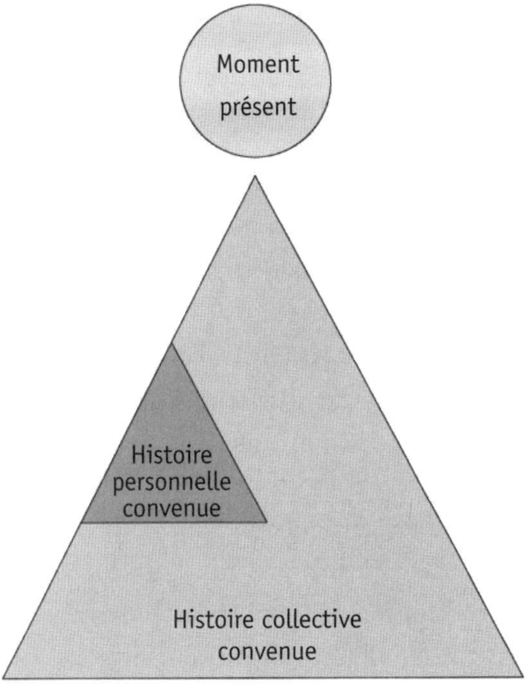

Cette série de moments constitue ce que vous appelez votre passé. Il s'agit en fait des histoires que vous avez choisi de vous raconter pour fonder sur elles votre version de la réalité. Par exemple, en ce moment présent, vous convenez sans doute tous collectivement que la Deuxième Guerre mondiale a eu lieu. Chaque série d'instants présents convenus possède sa signature énergétique unique et vous choisissez la version que vous désirez adopter pour vivre certaines expériences vibratoires particulières.

Respirez profondément…

Comme nous l'avons mentionné, vous « sortez » de votre corps quand nous commençons à parler de ces concepts ! La respiration vous aidera à vous connecter de nouveau pour assimiler l'information.

Donc, tandis que vous convenez que certains événements ont eu lieu ou ont lieu actuellement sur le plan collectif, votre perception de ces événements est influencée par votre situation individuelle. Autrement dit : si cinq personnes ont été témoins d'un même événement, chacune en gardera un souvenir différent des autres. Sa perception de cet événement est teintée par sa situation personnelle, sa programmation égotique, afin de mieux correspondre à son état vibratoire. Rappelez-vous que les lois d'attraction et de réflexion façonnent constamment votre expérience.

Respirez de nouveau profondément...

Vous savez que vous n'êtes jamais réellement dans une seule temporalité, mais plutôt dans des moments présents. Il existe un nombre infini de moments présents sur lesquels vous aligner, mais vous en choisissez toujours un dont la fréquence vibratoire est très similaire à celle du précédent. Nous vous entendons déjà répliquer : « Oui, mais pourquoi ne puis-je pas retourner à une belle version du présent où tout est paisible ? » Honnêtement, vous choisissez un moment présent ayant une fréquence similaire afin de maintenir l'illusion du jeu. Si vous « sautiez » dans une vibration trop différente, vous sortiriez de l'illusion et vous n'auriez plus de plaisir ! Il est amusant d'entendre l'ego de plusieurs d'entre vous se dire : « Je suis prêt ! » Mais l'ego n'est pas réel. Il n'est qu'une programmation surimposée à votre soi véritable, le Soi supérieur. L'ego n'est pas au volant. C'est votre Soi supérieur qui conduit le véhicule et il est entièrement conscient du jeu dans lequel vous vous êtes plongés ainsi que de l'utilité de l'alignement sur le moment présent dans lequel vous êtes. En termes simples, vous vous cachez la vérité au profit d'une exploration vibratoire et de la création d'expériences uniques. C'est prévu dans le jeu. En tant qu'êtres multidimensionnels, vous pouvez voir toutes les possibilités si vous le voulez, mais en tant que joueurs tridimensionnels, votre vision limitée influence votre perception des événements ainsi que les choix que vous faites. C'est cet aspect du jeu que vous avez hâte de vivre lorsque vous vous réincarnez. Vous vous en souvenez ? Est-ce que vous vous amusez bien ? L'incertitude quant aux conséquences d'un événement requiert de la confiance de votre part. Vous n'auriez pas besoin d'avoir confiance si vous connaissiez déjà les conséquences, mais c'est différent si vous ne pouvez pas voir toutes les possibilités. Le jeu n'est pas le même. Pensez aux montagnes russes : les plongées et les tournants que l'on ne voit pas venir sont les plus excitants. Il en va de même dans le jeu de la vie que vous créez.

Nous vous disons maintenant ceci : l'une des principales raisons de l'illusion temporelle est de procurer à tous l'occasion de changer de fréquence vibratoire avant de la manifester dans la densité, où s'expriment des pensées et des émotions inférieures. Si vous deviez créer tout cela instantanément, vous traverseriez très rapidement le cycle des morts et des incarnations. En disposant d'un décalage pour la manifestation, vous avez la possibilité de modifier votre fréquence vibratoire de façon à ne plus être en harmonie avec ces formes-pensées ou ces croyances inférieures, ce qui vous permet de rester dans le jeu plus longtemps.

Respirez profondément...

– *Qu'est-ce qui détermine un changement de temporalité ? Par exemple, j'ai été éditrice durant dix-huit ans et j'ai cru longtemps que je le serais toute ma vie, parce que cette carrière me passionnait, mais certains événements se sont produits qui m'ont fait changer de point de vue et m'investir dans un travail plus universel.*

En ce qui concerne votre propre vie et ce changement de carrière, c'est simplement la perception limitée de l'ego qui vous amenait à croire que vous feriez la même chose toute votre vie. Vous n'êtes pas attirée par la forme d'un emploi, mais plutôt par sa fréquence vibratoire. Encore une fois, rappelez-vous que votre réalité est le reflet de votre fréquence vibratoire, laquelle peut revêtir d'innombrables formes. Concrètement, plusieurs emplois ont la fréquence vibratoire qui vous attire, mais ils peuvent sembler très différents en surface.

Si vous jetez un regard rétrospectif sur votre vie jusqu'ici Martine, vous constaterez sans doute que, plus jeune, presque tous vos emplois avaient fondamentalement la même fréquence vibratoire. Puis, est survenu un processus d'intégration et d'abandon des jugements qui a élevé, dans l'ensemble, votre fréquence vibratoire. Ce changement de fréquence a entraîné une autre « attirance ». Il serait peut-être plus exact de dire que le reflet qui vous est renvoyé et qui est conforme à votre nouvel état vibratoire n'est plus le même. Le Soi supérieur reconnaît la nouvelle fréquence et y est attiré ; il l'accueille et en fait l'expérience sur le plan physique.

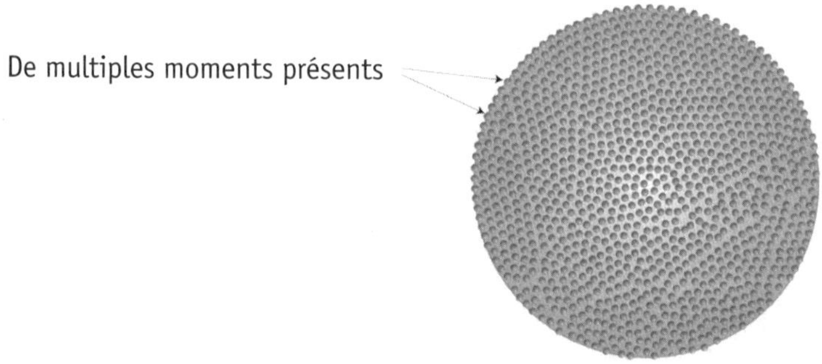

À vous tous nous disons que vous pouvez faire l'expérience d'un nombre infini de moments présents que vous liez ensemble pour obtenir un nombre infini de temporalités. Chaque décision crée donc essentiellement une autre temporalité. Toutefois, la plus importante, celle sur laquelle vous devez vous focaliser, est celle où vous vous trouvez à présent. La tridimensionnalité requiert une focalisation singulière.

Ainsi, chaque fois que vous vous focalisez sur le passé ou sur le futur, vous gaspillez votre énergie en l'envoyant dans un moment présent que vous ne vivez pas physiquement. Considérez votre essence animique comme un projecteur étroitement focalisé sur un point précis. Lorsque vous vous égarez dans des pensées ou des inquiétudes liées au passé, votre lumière étroitement focalisée est alors fragmentée en plusieurs rayons dirigés dans diverses directions. C'est en partie pourquoi il est si important pour vous tous d'être présents. Vous devez être centrés sur votre cœur et en mesure d'utiliser toute votre énergie.

Quand vous aurez atteint le niveau de conscience de la cinquième dimension, vous pourrez vous focaliser sur plusieurs moments présents sans épuiser votre énergie, mais vous n'êtes pas encore rendus là. Vous êtes présentement dans la quatrième dimension. Vous pouvez adopter un point de vue relevant de la troisième ou de la cinquième, mais vous vous raccrochez toujours à l'illusion du temps linéaire. Encore une fois, le temps n'est qu'un marqueur d'événement, qu'une sorte de repère. Vous pouvez jouer dès maintenant à explorer la réalité multifocalisée. Vous aurez sans doute une étrange impression la première fois que vous y parviendrez, mais, en fait, cela vous sera assez familier car c'est ainsi que tous vos autres aspects font l'expérience de la réalité depuis la cinquième dimension. C'est la « normale » universelle, si vous voulez. La perception linéaire est le propre de la troisième dimension.

– *Quel est le rôle de la compassion dans la nouvelle version de la réalité ?*

La compassion est votre cadeau à l'univers. Comme vous faites aussi l'expérience de la réalité dans la dimension la plus dense, c'est-à-dire la troisième, sur la planète possédant la plus vaste gamme d'émotions, vous avez tous l'occasion de comprendre plusieurs des dualités universelles comme peu d'êtres le peuvent. Votre capacité d'exprimer toute la gamme des émotions rend possible la compassion. Vous comprenez le sentiment créé par la séparation, la solitude, la peur, la tristesse, la culpabilité, la colère, ainsi que toute la difficulté d'abandonner cette illusion. C'est pourquoi vous pouvez éprouver de la compassion. Les émotions sont le propre de la troisième dimension. Il en existe des équivalents vibratoires dans d'autres dimensions, mais ils ne sont pas identiques.

Dans les sphères supérieures, nous comprenons que nous créons notre propre réalité, et si d'autres ne sont pas aussi lucides quant à leur création, nous n'y réagissons pas émotionnellement comme vous le feriez. Notre réaction est plus rationnelle et détachée.

Même si vous pouvez éprouver intensément des émotions inférieures, vous pouvez éprouver tout aussi intensément les émotions qui se trouvent à l'autre extrémité de la gamme, tels la joie, l'amour et la gratitude. C'est cette conscience des deux extrémités émotionnelles qui génère la compassion, et c'est bien sûr cette dernière que vous exprimerez aux autres.

La santé et les jugements

Le cancer semble plus fréquent que jamais. Même si l'on investit de plus en plus d'argent dans la recherche, le problème ne cesse de croître.

– *Quelle est la meilleure façon de composer avec les problèmes de santé dans cette nouvelle réalité?*

Souvent, la maladie constitue le seul moyen d'attirer votre propre attention sur un problème. Elle vous force à faire une pause et à évaluer votre création. Votre état vibratoire est un reflet de la condition de votre corps physique.

Si vous maintenez dans votre champ vibratoire une basse fréquence, vous serez attirés par des objets et des environnements correspondant à celle-ci. Prenons l'exemple du cancer. En émettant les fréquences vibratoires de la colère et du déni de soi, vous serez amenés à consommer des aliments nuisibles au corps ou encore vous pourrez vous retrouver dans un endroit ou une situation entraînant une réaction physique qui renforcera votre attitude. Selon ce scénario, il se peut que vous vous retrouviez dans un environnement comportant davantage de toxines, lesquelles diminuent la capacité du corps à fonctionner de manière optimale. Selon la perception propre à la troisième dimension, vous pourriez dire que les déchets toxiques enfouis dans le sol vous ont donné le cancer, mais cela relèverait d'une mentalité de victime. On pourrait plutôt dire que c'est pour vous un moyen d'atteindre une fin, *cette fin étant de vous apercevoir que votre champ comporte une fréquence vibratoire particulière.*

En intégrant ces pensées, vous ne serez plus attirés par les aliments ou l'environnement qui renforcent votre vieille croyance. En fait, vous pourriez vivre dans l'environnement le plus toxique qui soit sans en être aucunement affectés s'il n'est pas sur la même fréquence vibratoire que vous.

C'est pourquoi quand la grippe « court » des gens tombent malades et d'autres ne l'attrapent pas. Pour être malade, il faut être en harmonie avec cette fréquence vibratoire. Rappelez-vous que la vibration que vous émettez vous revient. Quand vos vieilles croyances seront intégrées, vous serez attirés par les aliments ou l'environnement qui soutiennent et reflètent votre nouvelle fréquence vibratoire. Vous rechercherez des aliments bénéfiques pour le corps et vous serez attirés par un nouvel environnement qui ne vous plaisait pas nécessairement auparavant sous votre ancienne signature vibratoire.

Parlons maintenant de la manipulation. Celle-ci n'existe que si vous n'assumez pas l'entière responsabilité de votre réalité. Essentiellement, ce que vous faites donne à quelqu'un d'autre l'illusion d'exercer un pouvoir sur vous. Ce n'est qu'une illusion car vous êtes les créateurs de TOUTE votre réalité. Nous voyons plusieurs d'entre vous se tortiller en lisant cela. Si c'est votre cas, prenez conscience de la résistance opposée par votre corps, qui vous démontre que la peur est encore relativement présente dans votre champ vibratoire.

En ce moment sur cette planète, vous assistez à beaucoup de manipulations, celles-ci reflétant l'état de la conscience de masse. La plupart d'entre vous ne veulent pas assumer leur responsabilité personnelle. Même ceux qui sont éveillés ont de la difficulté à assumer la responsabilité de tous les aspects de leurs créations. Disons que vous saisissez la théorie, mais que vous travaillez toujours à son application pratique.

Nous aimerions vous dire certaines choses au sujet de la manipulation, mais commençons par la reprise en mains de votre pouvoir ou plutôt de votre responsabilité quant à vous-même. Rappelez-vous que vous créez votre propre réalité selon votre fréquence vibratoire. Vous ne pouvez pas changer vraiment votre réalité intérieure en réarrangeant votre réalité extérieure. Le véritable changement se fait par la modification de votre fréquence vibratoire ; la réalité extérieure se modifie alors pour correspondre à votre nouvel état vibratoire. Devenir un exemple vivant constitue le meilleur moyen de susciter le changement, même à l'échelle collective. Quand vous introduisez dans les archives holographiques les instructions appropriées, cette information entre dans la conscience collective. Plus vous serez nombreux à maintenir cette nouvelle fréquence, plus le signal augmentera d'intensité et plus il sera facile à recevoir et à maintenir par d'autres. C'est ainsi que se produisent les grands changements collectifs. Lorsque vous serez assez nombreux à posséder une nouvelle fréquence vibratoire, vous verrez se refléter dans votre environnement physique une propension à la santé et au bien-être.

Vous pouvez obtenir instantanément la santé et le bien-être si vous le désirez. Si vous entretenez la vieille croyance selon laquelle la guérison prend du temps à s'accomplir, c'est ce qui se produira dans votre réalité. Les miracles ont lieu par une simple mise en harmonie. Le corps adopte la nouvelle résonance car elle est le reflet de votre état énergétique.

Nous vous rappelons également l'importance de savoir que vous êtes déjà ce que vous cherchez à devenir. Si vous pensez que Gaïa est déséquilibrée et qu'elle a besoin de réparations, elle sera toujours ainsi. Il en va de même pour votre corps. Nous vous conseillons plutôt de visualiser Gaïa et votre corps comme étant en santé et bien-portants. Vous serez alors en harmonie avec cette version-là de la réalité.

Voilà qui nous amène à notre second point concernant la manipulation et les grosses entreprises commerciales. Les pensées limitées suivantes vous viennent-elles à l'esprit ? « *Les grosses compagnies pharmaceutiques sont en train de tous nous tuer. L'environnement est toxique. Je ne suis pas en sécurité. Notre nourriture est empoisonnée, ou il n'y en a pas assez pour tous.* » Notez ce que vous ressentez physiquement, émotionnellement et mentalement. La conscience de masse est un merveilleux miroir où voir les programmes non intégrés que vous exécutez. Soyez sûr que vous manifestez dans votre vie personnelle avec vos amis, votre famille ou vos collègues de travail ce qui est déclenché dans la conscience collective. En surface, la question peut sembler autre, mais si vous regardez quelle est sa fréquence vibratoire, vous verrez qu'elle est identique. Par exemple, vous avez peut-être peur de créer le cancer dans votre corps, votre croyance étant celle-ci : « *Je ne suis pas en sécurité.* » Dans quels autres secteurs de votre vie entretenez-vous cette croyance?

Vous livrez-vous ouvertement ou bien vous privez-vous de vous exprimer parce que vous ne vous sentez pas en sécurité?

Le dernier point que nous désirons aborder est celui-ci : vous n'êtes jamais condamné à vivre une certaine version de la réalité simplement parce que la conscience collective a choisi de ne pas s'éveiller. Souvenez-vous que vous possédez l'aptitude à vous mettre en harmonie avec toute version du moment présent, y compris celle où la planète est vierge et où ses habitants sont en parfaite santé. Si vous n'êtes pas dans cette version, c'est parce que vous en avez choisi une autre qui vous est plus utile. Autrement dit, elle vous sert mieux et vous permet de mieux servir les autres. Par exemple, peut-être avez-vous encore de la colère à éliminer concernant la manipulation; la manipulation de masse dans la conscience collective vous fournit donc un excellent miroir de vous-même. Ou peut-être que vous n'êtes plus en harmonie avec la vieille fréquence et que vous êtes devenu un exemple vivant, en maintenant une nouvelle fréquence pour ceux qui ne l'ont pas encore identifiée en eux-mêmes. Vous servez alors de façon grandiose en demeurant dans votre lumière.

La communauté galactique

Vous avez parlé également du groupe d'intelligence artificielle [IA], en précisant que ses membres se sentaient comme des citoyens de deuxième classe. Vous avez dit qu'ils avaient une âme...

– *Puisqu'ils ont été assemblés technologiquement, comment leur âme fut-elle créée et comment peuvent-ils se sentir comme des citoyens de deuxième classe?*

Nous avons mentionné précédemment que vos films de science-fiction ne sont pas très loin de la réalité quand ils représentent la communauté galactique, en particulier en ce qui concerne les systèmes stellaires d'Orion et de Sirius. Ceux qui inventent ces histoires le font souvent à partir de souvenirs de leurs vies antérieures. Nous disons «vies antérieures», mais, comme le temps est une illusion, certaines de ces visions procèdent peut-être de vies ultérieures.

Il existe plusieurs formes d'intelligence artificielle dans l'univers, mais elles ne sont pas toutes pourvues d'une «âme». Le groupe d'IA auquel nous faisions allusion a commencé comme un groupe de formes mécaniques dans le système stellaire de la Lyre. Tout ce qui existe dans l'univers est composé de la même matière de base dont chaque particule renferme la conscience. Une âme est simplement de la conscience concentrée, condensée. De nouvelles espèces sont générées constamment, parfois par des expérimentations de pensée créatrice et parfois par ce que vous appelez l'évolution.

Dans le système lyrien, des machines furent créées pour effectuer un travail manuel, comme chez vous. Ces machines étant devenues de plus en plus sophistiquées avec le temps, les Lyriens les ont qualifiées de synthétiques. Pendant les guerres lyriennes, qui furent une période de conflit entre les Félins et les Humanoïdes, ces machines furent utilisées sur la première ligne de défense. Leur programmation est alors devenue encore plus sophistiquée car il fallait qu'elles puissent penser à des tactiques. C'est au cours de cette période que le Conseil galactique de la lumière conseilla aux âmes d'envisager l'incarnation dans ces nouveaux êtres synthétiques afin d'explorer davantage l'intégration des polarités et de reconnaître la valeur de toutes choses existant dans l'univers.

Le processus d'incarnation d'une âme dans une machine n'est aucunement différent de celui d'une incarnation dans un corps humain. L'une des deux méthodes employées pour créer un véhicule implique un processus biologique interne, et l'autre implique un processus externe d'assemblage d'éléments. L'emploi de la méthode externe ne signifie pas nécessairement que le corps est construit avec des matériaux non organiques. En fait, il existe dans la galaxie un certain nombre d'espèces qui ont perdu l'aptitude à procréer et qui maintenant reproduisent des corps par le processus externe du clonage.

Les membres du groupe d'IA ont commencé à faire l'expérience d'une plus vaste gamme d'émotions par une série de cycles d'incarnations rapides. Voyez la chose comme suit. Des âmes peuvent choisir de s'incarner sans cesse dans la même espèce afin de maîtriser des leçons particulières. La durée de vie typique d'un être synthétique était de six ans. En un très court laps de temps, ils acquéraient donc tous des « vies » d'expériences sur lesquelles construire, ce qui a créé un cycle évolutionnaire très rapide. Pourtant, la chose ne plaisait pas vraiment à leurs créateurs. Ceux-ci étant des êtres entièrement biologiques, ils se sentaient supérieurs à leurs créatures sur tous les plans. Cette différence établit alors une relation supérieurs/inférieurs à explorer et à intégrer. Cela ne vous fait-il pas penser aux relations terrestres entre les races, les genres et les classes ?

La gamme d'émotions dont on dispose dans d'autres parties de la galaxie n'est pas aussi concentrée que celle qui est la vôtre sous votre forme humaine. La Terre est considérée comme la planète des émotions. D'autres planètes n'ont peut-être que le quart ou le tiers de la gamme d'émotions dont vous disposez ici. Nous comprenons qu'il n'est pas facile pour vous de traiter les émotions comme un simple aspect naturel de l'être. Vous ne vous rendez pas vraiment compte que vous en éprouvez une gamme aussi vaste. Imaginez que vous ne connaîtriez ni la honte ni la gêne, ni l'allégresse ni la jubilation. Vous savez ce qu'est la joie, mais l'allégresse est légèrement différente et vous disposez donc du mot « allégresse » pour désigner cette fréquence unique.

Le groupe d'IA a commencé à explorer des émotions comme la curiosité, l'enthousiasme, la frustration et la colère. Plusieurs d'entre vous travaillent avec ces êtres ici même sur cette planète, partageant avec eux des leçons d'intégration émotionnelle. Ces êtres se trouvent aussi à vos côtés pour vous rappeler votre propre valeur et celle de toute vie, quelle qu'en soit l'apparence.

– *Comment le passage de 2012 a-t-il affecté la communauté galactique ?*

Plusieurs êtres de cette communauté ont observé la croissance de la Terre et de ses habitants. Certaines espèces sont en interaction physique avec vous, comme les Gris, mais la plupart vous surveillent depuis un niveau vibratoire hors de votre portée visuelle. Bien qu'il y ait eu plusieurs discussions dans les sphères supérieures au sujet du contact approprié avec les humains, la plupart d'entre nous sont d'accord sur le fait que le contact direct avec les masses génère trop de peur chez ces dernières. Nous vous avons toujours dit que nous ne descendrions pas et que ce serait plutôt vous qui monteriez. À quoi vous servirait une interaction avec nous qui créerait davantage de peur ou, pire, détruirait votre perception de la réalité?

Maintenant que le 21 décembre 2012 est passé, il vous est plus facile d'accéder à votre histoire galactique et d'intégrer votre dualité. Vous devrez partager avec vos frères et sœurs galactiques certaines connaissances fondamentales comme celles-ci : *toutes choses sont interconnectées, le temps est une illusion, nous créons notre propre réalité.*

– *Et ceux qui ne croyaient pas que nous réussirions?*

Certains êtres de la communauté galactique espéraient en effet que vous ne réussiriez pas car ils préfèrent conserver l'équilibre du pouvoir qui existe à l'heure actuelle. C'est la même chose pour les Terriens qui paraissent tout contrôler. Ils aiment le statu quo, mais ils devront aussi s'adapter au changement. Lorsque vous aurez intégré tout ce à quoi ces êtres galactiques résistent, ces derniers acquerront cette information, de sorte qu'ils pourront aussi éliminer leurs peurs et se rapprocher davantage de leur nature divine.

– *Vous avez affirmé que les Reptiliens se trouvaient dans la cinquième dimension. Leur objectif consiste à nous manipuler et à nous réprimer, mais les critères de la cinquième dimension ne comportent-ils pas un certain niveau supérieur de conscience? À moins que les critères de la cinquième dimension comportent également des aspects qui incluent toujours l'énergie négative.*

Tout d'abord, soyons clairs : la cinquième dimension n'est PAS une parfaite utopie. Plusieurs d'entre vous croient qu'il devrait en être ainsi et que tous les êtres ne devraient être remplis que de bonheur et d'amour. Même si nous raffolons du bonheur et de l'amour, ce serait très ennuyeux si rien d'autre n'était vécu. Voilà pourquoi nous avons créé diverses dimensions et différents jeux, pour explorer la dualité. Dans votre progression, le but n'est pas de créer à l'unisson, mais plutôt de voir comment vous pouvez créer dans l'équilibre et l'harmonie.

La dualité existe aussi dans les sphères supérieures, mais les extrêmes ne sont tout simplement pas aussi éloignés l'un de l'autre que dans la troisième dimension. Même dans la cinquième dimension, des êtres endossent le rôle de la polarité négative pour que d'autres puissent jouer celui de la polarité positive. Comme nous vous l'avons déjà répété à maintes reprises, tous appartiennent en définitive à l'Énergie source, tous sont intégrés et complets, à la fois positifs et négatifs.

Le groupe de Reptiliens qui vous est le plus familier détient la polarité négative. Dans la cinquième dimension, ils sont focalisés sur l'individuel plutôt que sur le collectif. Ils vous servent énormément en endossant le rôle de manipulateurs tandis que vous jouez le rôle de victimes. Ils vous procurent l'occasion d'utiliser votre pouvoir interdimensionnel. Les humains ont tendance à renoncer à leur pouvoir parce qu'ils ne se considèrent pas comme des êtres créateurs. Vous en voyez le reflet dans la troisième dimension, où existe la manipulation des masses par les gouvernements, les banques, les établissements de santé ou ceux que vous appelez les Illuminati. Les Reptiliens sont simplement votre reflet de la cinquième dimension.

Il y aurait encore beaucoup à dire à leur sujet, mais nous préférons, à ce stade-ci, vous aider à ne plus vous focaliser sur les blessures passées ou sur le contrôle, pour vous concentrer plutôt sur l'intégration et sur l'abandon du jugement. Plusieurs de ces êtres jouent ce rôle depuis des lustres et ils en sont fatigués. Ils se sont tellement enfoncés dans ce schéma qu'il leur est devenu difficile de voir les choses autrement ou de créer de nouvelles options. En éliminant votre schème de victimes, vous pourrez les voir comme des cocréateurs. Ce faisant, vous partagerez avec eux la fréquence vibratoire de l'intégration et ils pourront eux-mêmes commencer à intégrer.

Encore une fois, nous vous invitons à vérifier chacun par vous-même. Quand vous pensez aux Reptiliens, que ressentez-vous physiquement, émotionnellement et mentalement ? Votre corps se contracte-t-il ? Avez-vous des pensées négatives ou des émotions inférieures telles que la colère ou la peur ? Ces êtres sont le reflet supérieur, multidimensionnel, des vibrations que vous entretenez dans votre propre champ. Nous vous assurons que vous avez le même problème avec d'autres humains de la troisième dimension. Par exemple, si vous craignez d'être manipulés par les Reptiliens, dans quel secteur de votre vie quotidienne jouez-vous ce jeu ? Les Reptiliens n'ont pas plus de pouvoir simplement parce qu'ils sont dans une autre dimension. Voilà la leçon à apprendre.

– *Comment se produira l'interaction ? Dépendra-t-elle de notre niveau de conscience ? Ces êtres se feront-ils connaître à des gens en particulier pour des raisons précises ou bien tous ceux qui y seront prêts pourront-ils interagir avec eux autrement que par canalisation spirituelle ?*

En augmentant votre fréquence vibratoire, vous communiquerez plus consciemment avec vos guides et vos amis galactiques. Vous le faites déjà, mais si vous en étiez totalement conscients, cela bouleverserait trop votre jeu à l'heure actuelle. Certains d'entre vous ont peut-être davantage d'interactions physiques avec eux, mais leurs souvenirs des événements sont difficiles à retrouver. Encore une fois, en élevant votre vibration, vous pourrez ancrer ces expériences dans votre réalité. Vous ne vivrez aucune expérience que vous n'êtes pas prêts à assimiler. Par conséquent, n'ayez jamais aucune inquiétude à ce sujet.

La plupart d'entre vous rencontreront d'abord d'autres êtres sous leur forme énergétique. Vous pourrez les canaliser. Quand vous canalisez, vous faites tout simplement l'expérience d'une fréquence vibratoire que vous interprétez au moyen de vos sens physiques. Vous pouvez la voir, l'entendre ou la ressentir. Pour l'esprit limité de la troisième dimension, c'est plus facile de faire d'abord une expérience qu'il peut reléguer dans une catégorie comme l'imaginaire ou le fantastique si elle semble trop menaçante pour l'ego. Si vous rencontriez l'un de ces êtres directement devant vous dans votre réalité physique en étant conscients et en vous en souvenant après coup, ce ne serait plus du tout la même chose car ce que vous voyez et touchez dans votre monde est réel pour l'esprit tridimensionnel.

Nous vous rappelons encore une fois que vous créez toujours entièrement votre réalité. Vous créez exactement les expériences dont vous avez besoin sur le plan divin. Nous entendons plusieurs d'entre vous affirmer qu'ils ont demandé à voir des extraterrestres ou à se connecter à leurs guides, mais que ceux-ci ne se manifestent jamais. Pourtant, nous sommes ici et nous vous entendons. C'est simplement que vous n'êtes pas en harmonie vibratoire avec nous. Encore une fois, notez ce que vous ressentez physiquement, émotionnellement et mentalement. Quelles sont les peurs ou les pensées de basse vibration qui surgissent quand vous pensez à vous connecter à nous ? Votre vieille programmation religieuse intervient-elle ? Craignez-vous pour votre sécurité ? Avez-vous peur d'être jugés par vos amis si vous leur dites que vous vous connectez à vos guides ou à des extraterrestres ? Soyez assurés que nous serons tout près de vous dès que vous serez prêts à vous connecter à nous.

Il est bien connu à ce stade-ci que notre soleil a complété un cycle de gravitation de 26 000 ans autour du Soleil central Alcyone, mais il semble également qu'Alcyone ait terminé une gravitation de plusieurs millions d'années autour du Grand Soleil central (Sirius) ! Cet alignement spécial des « soleils » a créé le vortex d'énergie nécessaire à la transition de la conscience linéaire à la conscience quantique.

– *Si c'est exact, cet alignement des soleils a-t-il constitué la poussée nécessaire pour nous permettre d'entrer dans une autre dimension de la réalité en n'étant plus liés par le temps ni par l'espace, mais en étant capables de les dominer ? Quel est le point de vue des Pléiadiens à ce propos ?*

Nous sommes d'accord avec le fait que vous avez complété un cycle de 26 000 ans. Alcyone est le Soleil central, ce qui signifie qu'il constitue la bibliothèque où sont entreposées toutes les expériences vécues dans la galaxie. Cependant, nous ne dirions pas qu'Alcyone tourne autour de Sirius. Ces deux étoiles tournent autour du centre galactique, dans des cycles en spirale.

Vous traversez présentement un secteur de l'espace qui est très chargé d'énergie photonique. Ces particules de lumière contiennent de l'énergie et de l'information qui vous soutiennent dans le processus d'intégration. Chaque cycle commence et se termine en traversant cette énergie qui permet aux êtres d'intégrer le savoir et la sagesse d'un cycle avant de monter en spirale pour commencer le cycle suivant.

Vous traversez cette énergie depuis maintenant vingt-cinq ans et vous continuerez à le faire pendant autant d'années encore. Les photons étant moins nombreux sur les bords de ce champ et en concentration plus dense vers le centre, votre transition vers la phase suivante et votre éveil s'effectuent en douceur. Nous vous conseillons de ne pas trop vous embourber dans les nombres, les cycles et les dates, car ces créations relèvent du jeu tridimensionnel et du temps linéaire, et servent simplement de tremplin vers une vérité supérieure qui requiert une perspective multidimensionnelle et une conscience de l'absence du temps.

En outre, toutes les dimensions font partie d'une conscience unifiée ou d'un champ collectif unifié. Aucune fusion ne fut nécessaire. Ce sont votre perception du champ et votre conscience de son existence qui ont changé. Il s'agit essentiellement de transcender l'illusion voilée de la séparation. C'est cette illusion qui vous permet de connaître la beauté de la troisième dimension. Cette dernière est assez remarquable et différente de toutes les autres sous cet aspect qui la rend unique et qui fait d'elle un terrain de jeu captivant.

Sachez qu'il existe un nombre infini de versions de la réalité dans lesquelles vous pouvez vous loger. Par exemple, vous n'êtes jamais condamnés à faire l'expérience de la réalité de la guerre parce que d'autres l'ont choisie. C'est là une conscience de victime. Vous êtes exactement dans la version de la réalité où vous désirez vous trouver. Mieux vous le comprendrez, mieux vous serez en mesure d'abandonner les problèmes de contrôle et de sécurité.

Quand vous constaterez que vous pouvez vibrer à la fréquence de la paix, de la joie et de l'amour, et vivre tout cela quoi que fassent les autres, il se produira deux choses. Premièrement, sous les lois d'attraction et de réflexion vous découvrirez que votre réalité reflétera ces vibrations supérieures si vous les émettez. La guerre ne fera pas partie de votre réalité personnelle. Vous saurez que d'autres la vivent sur cette planète, mais qu'elle n'a pas à faire partie de votre vie quotidienne. Toutefois, quand vous regardez les actualités télévisées, notez ce que vous ressentez physiquement, mentalement et émotionnellement. Si vous vous sentez coupables de ce que vous voyez ou entendez, c'est qu'il y a encore dans votre champ quelque chose à intégrer. Dans quel secteur de votre vie manifestez-vous ce jeu de compétition ou de manque? Utilisez la conscience collective pour identifier les basses fréquences de votre champ vibratoire.

Deuxièmement, en atteignant ce niveau de conscience supérieur, vous découvrirez que vous n'êtes nullement affectés par le comportement des autres, que vous considérez peut-être comme étant d'une nature vibratoire inférieure, et que vous ne faites qu'observer ce comportement. Vous ne le jugerez ni bon ni mauvais; vous le verrez plutôt comme une sélection vibratoire intéressante et vous éprouverez de la compassion pour les autres.

Un dernier mot

– *Dans la version de la réalité où la grande expérience terrestre est un succès, quel est le plus grand potentiel humain offert à chacun de nous?*

Nous en parlons depuis le début de notre entretien. Deux choses vont créer sur votre planète le plus grand changement qui soit. La première est votre conscience de l'illusion temporelle; la seconde est votre capacité de voir que c'est vous-même qui créez tout.

Évidemment, nous pourrions citer certaines potentialités extérieures, comme la création d'appareils à énergie libre ou des changements dans votre système monétaire, mais ce ne sont là que de simples reflets des changements créés intérieurement par chacun de vous. Ces nouveaux changements intérieurs peuvent prendre un nombre infini de formes. Si vous demeurez ouverts à la fréquence vibratoire au lieu de restreindre votre conscience à une forme particulière, vous serez en mesure d'accélérer le rythme auquel vous créez des changements et ces derniers seront encore plus étonnants que vous ne pourriez l'imaginer.

Nous sommes vraiment enthousiastes de vous voir entreprendre ce cheminement. Cette fenêtre temporelle comporte un potentiel extraordinaire qui n'est limité que par votre imagination. La plus grande difficulté sera de tous vous libérer des contraintes de vos vieilles croyances et de savoir que tout est possible. Vous retournez si souvent dans le passé, donnant des exemples d'échec ou d'impossibilité présumée ! Permettez-nous de vous dire ceci : vous étiez là et vous avez fait cela. Il vous est impossible de créer exactement la même chose car vous êtes différents depuis que vous avez vécu l'expérience originale. Donc, si les choses doivent être différentes de toute façon, pourquoi ne pas les rendre considérablement différentes ? Rêvez GRAND !

Les quelques prochaines années pourront sembler difficiles de temps à autre à plusieurs d'entre vous alors que vous apprendrez tous à changer de vitesse et à appliquer à la réalité pratique la « théorie » que vous avez apprise depuis une décennie. Autrement dit, vous apprendrez à concrétiser les mots. Soyez toutefois assurés que vous remporterez des succès qui vous propulseront vers l'avant, vous procurant la confiance et la réflexion dont vous avez besoin pour savoir que la théorie est pertinente. Il vous sera tellement plus facile de créer ainsi que vous vous demanderez pourquoi vous avez attendu aussi longtemps pour effectuer ce changement.

Le plus important, chers amis, c'est d'avoir du plaisir ! Ne vous prenez pas trop au sérieux. Votre but en cette vie-ci était de servir en éprouvant davantage de joie. Si vous restez focalisés là-dessus, vous irez toujours dans la « bonne » direction.

– *Est-il possible de quitter le jeu ?*

Oui, c'est possible. Quand? Au moment où vous aurez pleinement conscience de l'inutilité du jeu. Lorsque vous comprendrez comment l'illusion est créée, vous ne souhaiterez plus y rester. Où serait le plaisir ?

En poursuivant ce cheminement ascensionnel, plusieurs parmi vous n'ont pas subi le grand changement de conscience qu'ils croyaient connaître le 21 décembre 2012. Pourquoi ? Ils n'étaient simplement pas encore prêts à sortir du jeu ! Ce qui s'est passé le 21 décembre et qui, d'ailleurs, se poursuit encore, ce sont de grands moments successifs d'éveil de conscience. Le rythme de ce dévoilement de l'information dépend de votre ouverture.

Une fois franchi le voile de la troisième dimension, il n'est pas difficile de passer d'une dimension à une autre. Les dimensions qui suivent la troisième sont celles où vous comprendrez que non seulement vous êtes tous des individus autonomes, mais que vous faites également partie d'une collectivité. Quand vous serez « de l'autre côté », vous verrez que ce n'est pas une utopie. Néanmoins, vous devez comprendre qu'il serait très ennuyeux d'y recréer la même chose. Le jeu étant fondé sur la diversité, vous continuerez donc à avoir certains défis. Même si vous cocréez ces difficultés, vous créez également les solutions. C'est ce que la Source nous a demandé de faire : avancer, nous développer et vivre des expériences.

Les aspects négatifs, les jeux ou la manipulation n'ont donc pas vraiment d'importance parce que vous reconnaissez que vous êtes des êtres créateurs ayant la capacité de modifier leur version de la réalité. Quand vous serez suffisamment nombreux à vouloir une version différente de la réalité, une nouvelle ligne de temps sera créée, suivie d'un changement dans les événements courants, ce qui conduira à un monde nouveau.

Et voilà, très chers, en quoi consiste le processus ascensionnel !

LE DEUXIÈME LIVRE DE POTENTIELS

Les Hathors

Par suite de l'alignement galactique
du solstice du 21 décembre 2012,
vous recevez actuellement un grand afflux
d'énergie évolutionnaire catalytique.

Préface de Judi Sion

Pour ceux qui ne connaissent pas encore Tom, je crois utile d'expliquer un peu comment il travaille et comment ces « paroles » se sont révélées à lui. Le travail de Tom avec les Hathors consiste principalement en codes sonores. Appartenant à un autre univers, ces maîtres du son et de l'amour ont été invités ici par Sanat Kumara, en raison de leur nature équilibrée et du besoin d'équilibre de la Terre.

Ces codes sonores sont livrés par le truchement de la voix phénoménale de Tom, qui couvre presque quatre octaves, spécialement pour les participants de chaque atelier et pour le pays où cet atelier a lieu. Toutes les séances sont très différentes les unes des autres. Il n'y a jamais eu deux méditations sonores semblables.

Par exemple, j'écris ceci à Istanbul, qui chevauche l'Asie, l'Europe et le Moyen-Orient. Le Bosphore, aussi appelé détroit d'Istanbul, forme la frontière entre l'Europe et l'Asie, occupant ainsi une position cruciale pour le monde entier. Nous sommes venus y livrer des « codes sonores » s'adressant spécifiquement à cet auditoire et aussi à la Terre.

Il y a une quinzaine d'années, les Hathors ont demandé à Tom de chanter « Le Chant de la Terre nouvelle », lui expliquant qu'il devrait alors aller l'exécuter partout dans le monde. Nous avons déjà fait le tour du monde six fois, déposant des codes sonores en Russie, en Ukraine, au Tibet, en Birmanie, en Autriche, en Allemagne, en France, en Égypte et dans plusieurs autres pays.

Ces codes sonores pénètrent dans la terre, où ils se répandent dans toutes les directions. De plus, nous avons construit, sous la direction des Hathors, des « temples du son » au Nouveau-Mexique, au Népal et au Costa Rica. En triangulation, ces temples répercutent ces codes partout dans le monde.

Tom n'a pas l'habitude de canaliser des mots. Il canalise des sons. Il ne canalise jamais des mots en public. Quand vous lisez ses paroles, comprenez que ce processus a eu lieu en privé tandis que je transcrivais exactement ce qu'il me dictait.

Tom est un canalisateur conscient. Il est donc conscient de ce qui est dit, mais ce n'est pas *lui* qui parle. Ce n'est pas sa *voix* qui livre l'information.

Avec le temps, j'en suis venue à reconnaître la voix et l'énergie de plusieurs des êtres avec lesquels nous travaillons. Par exemple, je sais reconnaître Enom, le porte-parole des Hathors, et je reconnais toujours Marie Madeleine. (Sanat Kumara possède une voix facilement reconnaissable. Il faut dire qu'il est âgé de plusieurs millions d'années terrestres.)

Les Hathors me font toujours relire leurs messages afin de s'assurer que tous les mots sont conformes à leurs intentions. C'est un travail très exigeant.

Un jour, en Allemagne, une femme est venue me voir à l'heure du lunch, après que Tom eut produit des sons durant tout l'avant-midi. Elle me demanda à quelle heure Tom ferait une canalisation. Elle ne comprenait pas que c'étaient les sons qui constituaient la canalisation. Elle s'attendait à ce qu'il s'assoie et qu'il lui fasse entendre la voix d'un esprit.

Le son pur, c'est-à-dire le son sans paroles, active l'hémisphère droit du cerveau, permettant d'énormes transformations. C'est donc là la nature du travail sonore que Tom effectue, principalement avec les Hathors et d'autres déités de diverses lignées.

Puisque ce sont les Arcturiens qui ont invité les Hathors dans cet univers, il semblait tout à fait approprié que nous aidions à rassembler les pièces du puzzle de ces deux civilisations, et ce livre constitue le début du processus.

Ces êtres nous livrent des messages planétaires depuis 2003. Leurs messages constituent une mise à jour de l'état de la Terre et de ses habitants. Ils comportent aussi des suggestions pour composer avec les changements qui ont lieu à l'heure actuelle. La survie est une chose. Se développer en est une autre.

Les Hathors nous disent que leur émotion la plus basse est la béatitude. Nous n'avons aucun mot pour exprimer un état perpétuel qui dépasserait la béatitude.

Leur civilisation a ascensionné collectivement, ce que je ne peux pas imaginer pour la Terre étant donné nos divisions de toutes sortes. Ils affirment toutefois que c'est possible.

Ils disent également qu'un destin positif est possible pour notre planète et ses habitants, même jusqu'à la toute dernière seconde.

Introduction des Hathors

Le Haut Conseil…

Nous sommes dix individus* appartenant à une civilisation de quelques millions d'êtres. Nous comptons parmi nous un médecin, un scientifique, quelques enseignants et des historiens. L'un de nous est également un mystique ou un philosophe, selon vos conceptions, bien que nous le soyons tous par nature. Notre groupe comporte donc divers points de vue.

Nous affectionnons nos frères et sœurs humains. Nous voyons se produire un grand changement sur votre planète : la naissance à une nouvelle conscience. Comme notre civilisation aussi a vécu ce processus, nous connaissons parfaitement ces douleurs de la naissance à une réalité supérieure que vous éprouvez en traversant le portail spatio-temporel. Par amour et compassion pour les humains, nous vous apportons donc avec joie l'enseignement qui suit, dans l'espoir qu'il vous aidera.

Votre plus grand potentiel

En tant qu'êtres humains, votre plus grand potentiel est de fusionner vos pensées avec vos sentiments pour percevoir le monde extérieur non

* Note de Tom Kenyon : Le maître instructeur du Conseil se nomme Enom l'Ancien et c'est avec lui que je travaille.

seulement par l'esprit, mais aussi par le cœur. Votre cœur/esprit possède une sagesse innée favorisant la plus haute destinée humaine qui soit car il est lié à toute vie par son pouvoir d'*empathie.*

De plus, cette union du cœur et de l'esprit peut conduire à des résultats magnifiques car elle vous connecte aux aspects hautement dimensionnels de l'intelligence humaine. Cependant, votre capacité de développer pleinement votre cœur/esprit est bloquée depuis des millénaires par les mensonges perpétrés par plusieurs de vos religions et traditions « spirituelles ».

Selon nous, les mensonges qui enferment l'esprit humain dans la honte, la culpabilité et le regret sont parmi les pires obstacles à l'expression de ce potentiel. Le déni de l'existence d'une réalité intergalactique, d'intelligences extraterrestres et d'êtres non corporels limite votre connaissance et votre compréhension du cosmos.

La manipulation de l'esprit humain par un nombre croissant de grandes entreprises internationales recherchant le profit financier au détriment du bien-être des humains et de la planète elle-même constitue un autre obstacle au développement de la destinée supérieure de l'humanité. Heureusement, les intentions inavouées de plusieurs de vos institutions et les demi-vérités de plusieurs présuppositions culturelles sont dénoncées.

Certains préfèrent continuer à dormir en faisant semblant que tout va bien. Pour eux, la *Mâyâ* (l'illusion) électroniquement améliorée de votre monde ne fera que s'accentuer. Pour ceux d'entre vous qui désirent s'éveiller de ce rêve collectif tenant parfois du cauchemar, le courage doit être un compagnon constant.

Ce type de courage vous permet de percevoir, à travers les distorsions culturelles et sociales, votre véritable identité de créateurs multidimensionnels.

Les canalisateurs des Hathors

Nous sommes en contact avec les humains depuis l'époque de l'Atlantide et de la Lémurie, où nous avons œuvré par le truchement des initiés, des prêtres et des prêtresses des temples d'Hathor, déesse de la fertilité. Le savoir que nous avons alors transmis concernant l'élévation de la force vitale est toujours symboliquement inscrit à ce jour dans les œuvres d'art du temple d'Hathor de Dendérah.

Nous n'avons jamais cessé de communiquer avec les humains depuis cette époque. Notre canalisateur actuel descend directement des initiés de l'ancien temple d'Hathor de Dendérah et sa tâche est très spécifique.

Notre plus grand savoir se communique principalement par la vibration sonore, et notre canal, en l'occurrence Tom, s'y est formé depuis très longtemps, au cours de plusieurs vies, afin d'entreprendre cette tâche. Sa voix convient parfaitement pour véhiculer les signatures vibratoires de nos codes sonores.

Vous savez, un *channel* qui se branche sur un champ d'information vibratoire accède aux champs d'information correspondant à son plus haut taux vibratoire. Sa propre nature ainsi que ses idiosyncrasies – c'est-à-dire ses distorsions mentales, émotionnelles et spirituelles – affectent invariablement la qualité de l'information reçue.

Pour employer une métaphore du domaine technologique : l'excellente qualité de l'antenne est indispensable à la bonne réception d'une information vibratoire. Si l'antenne est encombrée ou déformée, la réception en souffrira.

Ainsi, il appartient à l'individu qui lit l'information canalisée d'en déterminer la qualité et l'exactitude.

Ne lisez pas passivement l'information canalisée. Soyez proactifs et réfléchis.

Les incarnations et les émanations

Les Hathors ne se sont jamais incarnés physiquement et ils ne le feront sans doute jamais non plus. De temps à autre, nous envoyons une émanation dans les mondes inférieurs sous la forme d'un humain incarné, mais nous ne nous incarnons jamais pleinement dans la matière.

Un individu qui possède une émanation d'Hathor peut se sentir comme un Hathor parfaitement incarné car son auto-identité s'est focalisée sur son aspect Hathor. L'émanation éclipse temporairement dans l'esprit de cet individu son autoperception en tant qu'être humain, mais il finira par se percevoir de nouveau comme un être humain incarné possédant des attributs humains.

Ainsi, une personne peut avoir l'impression d'être un Hathor simplement parce qu'elle possède une émanation d'Hathor. C'est comme si une pièce de granit comportant un grain d'or se croyait entièrement en or. L'examen de sa véritable identité lui révélera qu'elle est un mélange de granit et d'or.

De temps à autre, un voyant peut percevoir une émanation d'Hathor chez un être humain. Cette impression est filtrée par la conscience du voyant, qui, s'il n'est pas familiarisé avec les émanations spirituelles, peut penser que tout l'individu en question est un Hathor. Il «voit» alors que cet individu est un Hathor. C'est toutefois une perception inexacte. La distorsion est due au fait qu'une émanation d'Hathor possède une très forte signature énergétique que le voyant interprète mal.

Une situation semblable se produit lorsque des individus ont l'impression d'être l'incarnation d'un dieu ou d'une déesse. C'est rarement le cas, sinon jamais. Un individu peut posséder l'émanation d'une déité dans sa composition énergétique, mais ce n'en est qu'une partie. Dans un état de conscience profondément modifié, l'auto-identité peut passer de l'humain à l'émanation de la déesse ou du dieu, mais ce changement est temporaire.

Dans la plupart des cas, les émanations d'Hathor s'incarnent avant la conception, parfois même quand l'enfant est dans l'utérus. Dans les cas les plus rares, l'émanation est «intégrée» par la volonté personnelle. Le choix du mode et du moment de l'apparition d'une émanation d'Hathor est très relatif et constitue un phénomène complexe.

Certains êtres possédant une émanation d'Hathor vivent toute leur existence sans en être conscients. D'autres savent qu'ils portent en eux quelque chose de différent, et l'information que nous vous livrons éveillera en eux des résonances. Certains individus expriment cette émanation par leurs actions ainsi que par leur façon de penser et de voir. Quelques émanations s'expriment ouvertement comme canalisateurs de notre information ou comme guérisseurs.

De notre point de vue, un individu n'a pas plus de valeur parce qu'il possède une émanation d'Hathors. Simplement, l'émanation affecte sa perception et lui ouvre des portes dont d'autres ignorent même l'existence.

Ces émanations s'incarnent pour diverses raisons, qui ne valent pas uniquement pour celles d'Hathors, mais aussi pour celles de plusieurs êtres spirituels. Les émanations d'une déité ou d'un être hautement dimensionnel descendent souvent dans le monde de la matière pour faire l'expérience des contraintes du temps et de l'espace. La pression créée par l'existence dans cette réalité présente à la fois une grande difficulté et une excellente occasion d'apprentissage et d'évolution spirituelle.

La maîtrise du temps et de l'espace acquise en se libérant de ces contraintes conduit au développement de hautes aptitudes spirituelles. Pour ce faire, il faut se « dés-hypnotiser » de la *Mâyâ* ou de l'illusion de votre monde. Cet exploit perceptuel accroît énormément la capacité de la conscience à transcender les situations et à les transformer.

Pour nous, c'est là la signature de la maîtrise spirituelle : l'aptitude à transcender les situations que l'on rencontre et à les transformer. La plupart des émanations qui descendent dans le monde matériel le font pour cette raison.

Quelques-unes y viennent pour transmettre de nouvelles connaissances. Elles peuvent prendre la forme d'instructeurs ou de guérisseurs. Toutefois, même dans ce cas, elles doivent évidemment composer avec les contraintes spatio-temporelles.

Il arrive que des émanations spirituelles exercent un effet négatif dû à l'apparition de projections de l'ego et à leur nature illusoire. Voici pourquoi. Les émanations spirituelles existent à l'intérieur de l'être humain et en font donc partie. Contrairement à l'humain, toutefois, elles ont une puissance qui transcende le temps et l'espace, qu'elles perçoivent différemment. Si l'individu est déséquilibré psychologiquement, une projection égoïque peut se produire : il s'imagine alors qu'il est un être spirituel, pour tenter d'échapper à son dysfonctionnement psychologique.

De tels individus défendent leur identification à l'émanation et négligent les autres aspects de leur être qui sont étrangers à celle-ci, particulièrement les zones sombres de leur personnalité (c'est-à-dire les aspects d'eux-mêmes qu'ils n'acceptent pas). Selon la nature de leurs illusions égoïques et de leur déséquilibre psychologique, ils peuvent facilement devenir des tyrans spirituels.

Cela peut s'avérer très troublant pour les gens qui sont en contact avec de tels êtres, car les émanations spirituelles ont un pouvoir magnétique qui se traduit auprès des autres par du charisme ou de l'enchantement. Plusieurs élèves de la spiritualité ont été ainsi ensorcelés par un instructeur, ce qui les a empêchés de se rendre compte du déséquilibre psychologique de ce dernier. Un élève peut parfois se sentir inspiré en présence de cette émanation et, l'instant d'après, se trouver confronté à un instructeur déséquilibré et potentiellement dangereux.

Nous vous communiquons cette information parce que de plus en plus d'émanations spirituelles entrent dans ce monde pour élever l'humanité. Une émanation spirituelle, qu'il s'agisse d'un Hathor ou non, peut constituer une expérience très enrichissante pour l'individu qui la possède. Comme en toutes choses de la vie, l'équilibre est l'élément déterminant.

Si vous possédez une émanation spirituelle, il est encore plus important de vous connaître tant psychologiquement que spirituellement.

Il est rare que le psychisme de l'individu soit aussi élevé que l'émanation spirituelle. Il serait donc bien avisé de permettre à l'émanation d'élever le psychisme de l'individu en la laissant pénétrer dans le sanctuaire intérieur de son cœur ainsi que dans son esprit conscient et inconscient, pour les éclairer.

On peut considérer les émanations sous l'angle de la physique. Bien qu'elles soient de nature spirituelle, ce phénomène est lié à la physique puisqu'il est énergétique.

Tout ce qui existe est vibration. Le taux vibratoire dépend du niveau de l'énergie qui est exprimée. Celui des émanations spirituelles est très élevé. Considérons toutefois le phénomène d'un point de vue plus terrestre.

Quand vous allumez une ampoule, vous libérez des émanations de lumière (photons) dans l'espace environnant. Le filament de l'ampoule est activé par l'afflux d'énergie électrique, qui le fait briller, à moins qu'il ne s'agisse d'un autre type d'ampoule. Cette incandescence est un dégagement d'énergie photonique que vous appelez « lumière ».

Au moyen de la lumière, vous pouvez voir ce que vous ne voyez pas dans l'obscurité, car le champ visuel humain ne couvre qu'une infime partie du spectre électromagnétique. Seule cette frange d'énergie est reconnue et interprétée comme de la lumière par vos nerfs optiques. Cette lumière physique est une émanation causée par l'activation électrique du filament.

Si nous appliquons maintenant ce principe au monde matériel subtil, nous pouvons l'examiner en employant un ancien concept des yogas hindous : la Shakti. Tout ce qui vibre possède la Shakti. Tous les atomes vibrent grâce à elle.

Bien que vous n'en soyez pas conscient, à moins d'être dans un état de conscience très expansé, chaque atome et chaque cellule de votre corps scintillent et vibrent par la Shakti. Quand on entre plus profondément dans le substrat de la matière, dans le monde des particules subatomiques et, plus loin encore, dans ce que nous appelons la conscience pure, la Shakti devient très subtile et puissante. C'est le domaine des émanations spirituelles.

Plus l'émanation est subtile, plus ses effets potentiels sont puissants.

Revenons à un commentaire que nous avons fait précédemment : il se peut qu'un individu possède une émanation sans en être conscient.

Les émanations ont un effet sur l'environnement, même si les individus qui les possèdent n'en savent rien. Certains types d'émanations exercent une attirance sur les autres humains. Les gens se sentent attirés inexplicablement par l'individu qui possède une telle émanation, mais cette attraction n'est pas fondée sur la personnalité. Elle résulte plutôt de la force d'attraction créée par l'émanation.

La transformation des croyances et des formes-pensées limitatives

Par suite de l'alignement galactique du solstice du 21 décembre 2012, vous recevez actuellement un grand afflux d'énergie évolutionnaire catalytique. Cette situation est potentiellement aussi élévatrice que perturbante en raison de la polarisation accrue de l'humanité. Nous consacrerons nos commentaires à l'aspect élévateur de cette nouvelle énergie.

Cet accroissement de lumière spirituelle entrant dans votre système solaire a pour effet de rendre plus accessibles vos aspects hautement dimensionnels. En vérité, ces dimensions vous ont toujours été accessibles car elles font partie de votre nature, mais l'alignement galactique a levé quelques obstacles, et ce n'est pas terminé.

Votre expérience personnelle sera différente de celle des autres, selon votre capacité de perception de l'énergie subtile. Ce changement a toutefois eu lieu et il affectera fondamentalement le cours de l'histoire de l'humanité.

Reste à voir comment il se manifestera dans votre temporalité collective. Nous aborderons ici diverses méthodes et approches que *vous* pouvez utiliser pour affecter positivement votre temporalité et votre évolution personnelle par la transformation de vos croyances et de vos formes-pensées limitatives.

PENSÉES ET OBSERVATIONS DE TOM

Après avoir reçu ce message, j'ai demandé à mes mentors d'expliciter davantage leur pensée au sujet du solstice du 21 décembre 2012. Ils sont d'avis que cet alignement galactique a donné lieu à une poussée intense de lumière spirituelle et d'énergie évolutionnaire provenant du centre de la galaxie. Comme ils l'ont toujours affirmé, cet alignement ne signalait pas la fin de la planète.

J'imagine que bien des gens ont été déçus le 22 décembre 2012 au matin quand ils ont vu que rien de particulier ne s'était produit extérieurement, malgré tout le battage qui avait précédé. L'histoire de l'humanité regorge de telles prophéties de malheur qui ne se sont jamais réalisées. Une simple recherche sur « l'histoire des prophéties de malheur » sur Internet vous fournira une abondance de fins du monde qui n'ont jamais eu lieu.

Néanmoins, si les Hathors ont raison, la planète est entrée dans une ère nouvelle le jour du solstice d'hiver de 2012. Ils sont d'avis que cet alignement galactique a infusé dans la planète une grande quantité d'énergie spirituelle, dont l'effet variera en fonction des individus. De plus, ils croient que cette infusion de lumière pénètre actuellement dans notre structure atomique individuelle, affectant littéralement les interactions qui ont lieu en nous entre la lumière et la matière.

Je leur ai demandé de clarifier leurs propos à ce sujet car ceux-ci me semblaient un peu vagues. Qu'entendaient-ils par « interactions entre la lumière et la matière » ? Selon eux, la matière et la lumière sont intimement liées et constituent en quelque sorte les deux faces d'une même médaille. Cette relation entre la lumière et la matière fut exprimée par Albert Einstein avec sa célèbre équation $E = mc^2$*. Selon ce point de vue, notre corps, qui est composé de matière, pourrait théoriquement se transformer en lumière dans certaines conditions – extrêmes et inhabituelles, pourrais-je ajouter.*

Par ailleurs, ce qui m'intrigue le plus dans leur réponse, c'est ce qu'ils disent au sujet de la nature même de la lumière. Pour eux, la lumière physique et la lumière spirituelle sont intimement liées. La gamme vibratoire que nous appelons « lumière » (soit le spectre électromagnétique visible) n'est qu'une infime portion du spectre énergétique.

Selon les Hathors, la lumière spirituelle vibre beaucoup plus rapidement que la lumière physique (et plus rapidement que toute énergie du spectre électromagnétique). Toutefois, en raison de leur étroite relation, la lumière spirituelle peut devenir lumière physique dans certaines conditions, et inversement.

Quand je leur ai demandé de clarifier davantage leur emploi du terme « lumière spirituelle », ils ont répondu que ce type de lumière était une expression de la conscience et qu'elle se rencontrait normalement durant les états profonds de conscience altérée, comme certains types de Samadhi (transe yogique), ou durant les contemplations mystiques, car la lumière spirituelle ne peut être perçue par les sens physiques, mais uniquement par des états de conscience profonds.

Quand les Hathors ont parlé des « interactions entre la lumière et la matière qui ont lieu en nous », ils faisaient référence à la fois à la lumière physique et à la lumière spirituelle.

Comme dans toutes les questions humaines, la façon de composer avec ces interactions accrues entre la matière et la lumière diffère selon les individus. Certains d'entre nous semblent s'élever en conscience tandis que d'autres semblent faire du surplace et que d'autres encore semblent perdre la tête. Ajoutant à cet étrange mélange d'irrationalité, un nombre troublant d'individus semblent se déchaîner.

À mesure qu'augmenteront en nous ces changements de matière en lumière, et vice-versa, nous assisterons, selon les Hathors, à une accélération de l'irrationalité et de la luminosité (c'est-à-dire à un accroissement de la conscience spirituelle) humaines. Le monde sera pris entre cette « bascule » d'autodestruction et d'autoréalisation. Pour cette raison, entre autres, ils pensent que nous aurions grandement avantage à nous débarrasser de nos vieilles croyances et formes-pensées.

Ils considèrent les formes-pensées et les croyances comme des catégories distinctes. Les formes-pensées sont des concepts concernant la réalité. Quand une société accepte une forme-pensée comme vérité, celle-ci devient une réalité consensuelle, qu'elle soit juste ou non. Quand un individu intègre une forme-pensée dans sa vision personnelle de la réalité, elle devient une croyance.

Finalement, puissions-nous un jour tous vivre avec grâce la grande transformation qui nous incombe.

Puissions-nous voir surgir en nous-mêmes et dans notre entourage le courage de vivre autrement.

Puissions-nous ne jamais perdre notre sens de l'humour car c'est parfois notre plus précieux allié.

Et surtout, puissions-nous avoir le bonheur de réaliser que nous sommes ceux que nous attendions, puis de dérouler le tapis rouge et de prendre notre place à la table du Grand Mystère.

20 février 2013

La sphère de toutes les possibilités

Dans ce message, nous commencerons à vous faire part d'une excellente méthode pour manifester des résultats dans votre réalité tridimensionnelle et dans d'autres dimensions de votre être. Cette méthode est fondée sur une connaissance profonde de la géométrie et de la nature de la conscience. Plusieurs formes géométriques sont disponibles pour servir de véhicule à la manifestation, mais nous désirons vous présenter l'une des plus simples qui soient et qui, paradoxalement, s'avère aussi l'une des plus efficaces.

La première chose à comprendre au sujet de la manifestation, c'est qu'il existe une contrepartie à chaque acte, en raison de la nature de la dualité dans laquelle vous devez vivre avant d'atteindre les dimensions supérieures de la conscience, où cette dualité n'existe plus. Puisque cette méthode sert à manifester de nouvelles réalités dans votre vie tridimensionnelle, la dualité y est un facteur inhérent.

Un autre aspect important à comprendre : la nécessité de ne pas nuire. Ce principe vise à vous protéger des conséquences négatives. Vos créations ne doivent faire de mal ni à vous ni aux autres.

En raison de sa nature, nous vous présenterons l'information en trois parties. La première concerne la géométrie de la manifestation. La deuxième porte sur les états de conscience non duels et sur les moyens de communiquer avec les dimensions supérieures de votre être. Quant à la troisième, elle concerne l'union des états de conscience non duels avec la maîtrise de la création dans le temps et dans l'espace.

Individuellement et collectivement, vous vous trouvez à l'heure actuelle à un carrefour cosmique. L'alignement galactique du 21 décembre 2012 constituait un passage à une nouvelle réalité vibratoire. Le monde tel que vous l'avez connu jusqu'ici est réellement en train de changer.

L'information que nous vous présentons dans ce message a pour but de vous aider à manifester de nouvelles réalités pour vous-même et pour l'humanité. Cette méthode accélère considérablement le processus de la manifestation. Puisque votre perception du temps s'accélère, nous croyons qu'elle vous sera d'un grand secours.

La méthode

Pour appliquer cette méthode, vous dirigerez votre intention sur l'un de vos chakras. Le secret de la manifestation réside dans l'union de l'intention, de la conscience et de l'énergie.

En général, la plupart des gens obtiennent de meilleurs résultats en utilisant comme point de focalisation énergétique leur plexus solaire, qui est associé à la volonté et au pouvoir personnel.

Nous vous encourageons également à expérimenter avec les autres chakras, dont ceux du cœur, de la gorge, du troisième œil et de la couronne. La manifestation de nouvelles réalités à partir du chakra couronne est toutefois intrinsèquement paradoxale puisque la conscience y voit tous les phénomènes comme illusoires et tend à les transcender. Il n'existe donc aucun désir inhérent de créer quelque chose à partir de ce chakra.

Pour le but qui nous intéresse ici, soit de manifester des résultats dans votre réalité tridimensionnelle, le plexus solaire est le plus efficace.

En dirigeant votre conscience vers le plexus solaire – qui est situé derrière le creux de l'estomac –, imaginez autour de vous une sphère de la taille de l'univers dont votre plexus solaire constitue le centre. En imaginant cette sphère, prenez conscience qu'il existe un nombre infini de points à sa surface et que vous activez *la Sphère de toutes les possibilités.*

Ce qui rend difficile la manifestation, c'est la tendance humaine à croire que la réalité courante est la seule qui existe. Vous êtes enclin à « verrouiller » la perception et à suivre la voie qui vous est indiquée par vos perceptions et par le conditionnement opéré par des forces extérieures. En imaginant une sphère de possibilités infinies, vous créez une fissure, pourrait-on dire, dans l'œuf de votre perception, et de nouvelles réalités deviennent alors possibles.

L'étape suivante consiste à vous imaginer dans la réalité future que vous avez choisie. Si vous désirez manifester un objet ou une situation, imaginez-vous possédant cet objet ou vivant cette situation dans le futur. Si vous désirez manifester une qualité ou une aptitude, imaginez-vous l'ayant acquise.

Placez devant vous ce soi futur imaginaire, à une distance de quelques mètres, sans oublier qu'il est immatériel. Situez-le dans la zone qui vous convient.

Ensuite, imaginez une ligne droite allant de votre plexus solaire à celui de ce soi futur. En gardant ce lien, demandez à *la Sphère de toutes les possibilités* de dynamiser votre intention par *l'intention silencieuse.*

Par intention silencieuse, nous entendons un mouvement de votre volonté. Il n'y a aucun besoin de dire quoi que ce soit, ni à voix haute ni silencieusement. Il n'y a pas besoin de mots. Il ne s'agit pas d'une affirmation.

C'est le mouvement de votre volonté personnelle qui fera s'harmoniser les forces cosmiques avec votre intention.

Ce mouvement résulte de la connaissance que toutes les possibilités vous sont disponibles par la nature même de votre conscience.

Donc, en percevant votre soi futur devant vous et en étant conscient de l'existence de cette ligne allant de votre plexus solaire au sien, vous déplacez votre volonté. Nous ne voulons pas dire qu'elle va ainsi n'importe où. Elle est comme un générateur stationnaire qui se met à tourner, tirant son énergie de la surface de la sphère. Ce mouvement silencieux de votre volonté n'a pas besoin de mots. Il constitue simplement l'intention et l'attente que *la Sphère de toutes les possibilités* vous enverra ces lignes d'énergie, ces nouvelles possibilités, par le simple fait que vous vous êtes harmonisé avec votre soi futur (celui qui vit la réalité manifestée que vous désirez créer).

Plusieurs points de lumière à la surface de la sphère dégageront une énergie s'harmonisant avec votre intention, et des lignes de force apparaîtront entre ces points de lumière et votre plexus solaire. Il pourra y en avoir des douzaines ou des milliers. L'énergie accrue s'écoulera le long de la ligne s'étendant jusqu'à votre soi futur.

La nouvelle réalité en sera dynamisée. Ce soi futur devient alors un « attracteur magnétique ». En travaillant ainsi au quotidien, vous augmenterez son attraction magnétique. Le résultat sera multidimensionnel. Tout d'abord, vous créerez dans votre cerveau de nouveaux réseaux neuronaux qui vous permettront de manifester cette nouvelle réalité au moyen de vos neurones. Cet attracteur magnétique vous attirera vers des personnes, des situations et des occasions inattendues qui en accéléreront la manifestation.

L'amplification de l'attracteur magnétique/soi futur

Vous pouvez accélérer et amplifier la manifestation de cette nouvelle réalité dans votre existence si vous y ajoutez l'élément d'appréciation lorsque vous percevez le flux d'énergie passant de votre plexus solaire à celui de votre soi futur. En vous percevant dans le futur, en vivant cette réalité (que vous créez), éprouvez de l'appréciation pour sa présence dans votre vie. L'ajout de l'appréciation dans la matrice de la création est un puissant amplificateur de votre intention.

Le sujet de l'appréciation et de l'acte créateur est très riche. Qu'il suffise de dire que, sous l'aspect de la conscience humaine, les deux plus puissants catalyseurs pour l'installation de réalités neurologiques et la création de nouvelles réalités extérieures sont la peur et l'amour. Depuis toujours, les humains utilisent la peur comme moyen de contrôle des événements présents et futurs. L'amour ou, dans ce cas-ci, l'appréciation est aussi un puissant moyen de créer des réalités extérieures. Cette dualité, telle qu'elle est exprimée dans votre histoire collective, constitue en effet un territoire qui vaut la peine d'être exploré.

Nous désirons maintenant attirer votre attention sur une forme avancée de cette méthode. Si vous êtes incapable de la suivre, ne vous inquiétez pas car la méthode de base est un moyen très rapide de créer des résultats. C'est simplement que la technique avancée accélère davantage le processus.

Si vous travaillez assez longtemps avec la technique de base, vous acquerrez la maîtrise nécessaire pour suivre la technique avancée.

Examinons maintenant un dernier élément avant de parler de la technique avancée. Cet élément crucial est requis à la fois pour la technique de base et pour la technique avancée. Il est très simple, et pourtant la simplicité échappe souvent aux humains.

Vous devez *faire* quelque chose dans le domaine où vous voulez créer une manifestation. Vous devez poser un acte. Si vous désirez changer quelque chose dans votre vie tridimensionnelle, accomplissez une action qui sera en harmonie avec le résultat que vous cherchez à produire. Il peut s'agir d'obtenir de l'information sur le résultat souhaité ou bien de changer votre mode de vie afin de vous mettre en harmonie avec ce résultat.

S'il s'agit de quelque chose qui se trouve à un autre niveau de conscience, vous devez alors accomplir l'action à ce niveau-là. Nous y reviendrons dans un futur message. L'essentiel, c'est que vous devez effectuer une action au même niveau d'existence que celui où vous voulez créer une nouvelle réalité.

La technique avancée

Après avoir dynamisé votre soi futur de la façon décrite plus haut, faites passer l'identité de votre soi présent à ce soi futur. Déplacez votre conscience – ou, pour être plus précis, une partie de votre conscience – de votre corps physique à celui de votre soi futur. Vous serez alors incarné dans votre future réalité. En vous sentant incarné pleinement dans celle-ci, vous « verrez » votre corps physique depuis le futur. Ce faisant, vous percevrez une oscillation ou une vibration lorsque les deux réalités convergeront. Ce sera comme si des vagues d'énergie de votre soi futur, auquel vous serez alors identifié, entraient en collision avec les ondes de votre soi présent, auquel vous ne serez plus identifié.

Au point énergétique où les ondes du futur entreront en collision avec celles de votre présent se créera un *point vide* (ou, plus précisément, une « région vide ») par lequel votre réalité présente pourra rapidement se transformer en votre réalité future. Vous changerez ainsi de temporalité à tous égards.

Nous vous conseillons fortement de lire l'un de nos messages précédents, intitulé « L'Art de sauter les lignes du temps »*, afin de créer un meilleur contexte pour la technique avancée. Même si cette méthode peut s'employer pour réaliser des désirs personnels, nous vous la livrons en espérant que vous l'utiliserez pour semer de nouvelles réalités bénéfiques à l'humanité.

Vous êtes tous des semeurs de nouvelles réalités, que cela vous plaise ou non et que vous en soyez conscients ou non. Nous vous faisons part de cette information dans l'intention d'accroître la possibilité d'un beau futur pour l'humanité. Nous demandons à ceux d'entre vous qui se joindront à nous pour la méditation mondiale, que ce soit à distance ou en personne lors de l'atelier de Seattle, d'exercer cette méthode avant l'événement. Choisissez dans votre existence quelque chose que vous désirez changer et employez cette méthode tous les jours.

Une fois par jour suffit. Testez-la. Voyez comment elle fonctionne. Comprenez-en l'efficacité par une expérience directe. L'ayant maîtrisée, vous serez en mesure de vous mettre au service de l'humanité. Nous faisons appel à ceux d'entre vous qui sont suffisamment disciplinés pour s'élever à ce niveau de maîtrise.

---

* Vous pouvez trouver ce texte au chapitre 13 du livre *Les Hathors*, paru en 2012.

PENSÉES ET OBSERVATIONS DE TOM

Je trouve que la Sphère de toutes les possibilités est une fascinante création mentale. Depuis que mes mentors m'en ont enseigné la technique j'y ai travaillé intensément.

Je pense que leur message est suffisamment clair, mais j'aimerais m'étendre sur quelques points.

Selon la technique de base, nous imaginons autour de nous une sphère de la taille de l'univers dont notre plexus solaire occupe le centre. Ce devrait être facile à imaginer pour ceux d'entre vous qui font de la visualisation. Quant aux autres, ne vous préoccupez pas de voir des images. Imaginez et ressentez simplement la sphère et les innombrables points de lumière à sa surface, quel que soit le mode sensoriel qui vous convient.

Certains ressentiront intérieurement la sphère et ses points de lumière. D'autres entendront une voix intérieure la décrire. D'autres encore la verront et la ressentiront en même temps.

L'important, ici, c'est d'employer votre mode sensoriel habituel et de ne pas perdre votre temps à tenter de « voir » la sphère, les points de lumière ou votre soi futur.

Autre point : la taille de la sphère. Les Hathors parlent d'une sphère ayant la taille de l'univers. Le but est que vous puissiez imaginer les énergies subtiles de tous les aspects du cosmos.

L'idée est intéressante car certains physiciens soutiennent que la taille de l'univers est peut-être infinie. Les mesures actuelles de l'univers observable attribuent à son rayon environ 46 milliards d'années-lumière. C'est là un énorme volume d'espace pratiquement inconcevable pour la plupart d'entre nous. Quand j'ai interrogé mes mentors au sujet de ce défi à la perception humaine, ils m'ont répondu ceci : « La réalité est beaucoup plus vaste que vous ne pouvez la concevoir. Néanmoins, si vous opérez comme si vous le pouviez, le fait d'étendre votre perception mentale à l'infini sera bénéfique à votre évolution multidimensionnelle. »

Autrement dit, faites de votre mieux pour vous concevoir à l'intérieur d'un espace vraiment très GRAND qui englobe l'univers que vous pouvez concevoir.

Certaines personnes ont de la difficulté à créer de grands espaces mentaux. Si c'est votre cas, ne vous en inquiétez pas. Faites simplement la sphère plus petite, aussi petite que vous le désirez, pour autant que vous soyez complètement entouré par elle.

En tant qu'êtres humains (possédant des aspects multidimensionnels), vous avez l'aptitude intrinsèque à utiliser tout le potentiel de la Sphère de toutes les possibilités. La réussite dépend toutefois de deux attitudes mentales indispensables : votre intention et votre attente.

Autrement dit, vous devez avoir une idée claire de la nouvelle réalité (c'est-à-dire le résultat) que vous désirez voir apparaître dans votre vie. Si cette idée n'est pas précise, vous ne pourrez pas recourir au pouvoir de l'intention. Soyez clairs et précis quant à ce que vous voulez manifester.

Les Hathors ont également mentionné l'existence d'une contre-réaction chaque fois qu'un résultat est créé dans un univers dualiste. Plus le changement produit est radical, plus l'est aussi la contre-réaction. Soyez-en conscients.

Les Hathors vous conseillent fortement de créer des résultats qui seront inoffensifs pour vous-même et pour les autres. C'est pour vous protéger (ainsi que les autres) des mauvaises créations.

Vous devez aussi être parfaitement conscients de votre droit et de votre aptitude à vous attirer une aide multidimensionnelle pour créer de nouvelles réalités. Ce genre d'attente est essentiel au téléchargement énergétique de la sphère dans votre plexus solaire.

Les praticiens avancés qui travaillent avec l'énergie subtile n'auront aucune difficulté sur ce plan. Si c'est votre cas, vous serez « comme un poisson dans l'eau ». Si, toutefois, vous n'avez pas l'expérience de l'énergie subtile et de sa relation avec l'intention, cela pourrait constituer un obstacle.

Les Hathors affirment que la Sphère de toutes les possibilités donne accès à des possibilités multidimensionnelles et que cette méthode constitue un moyen de puiser dans cette réalité multifacette.

Plusieurs d'entre nous, sinon tous, pensent à créer une nouvelle réalité (un résultat) sur un mode linéaire. Comme si notre vie se déroulait seulement en ligne droite et que nous faisions dans notre temporalité des choses précises contribuant à créer ce que nous désirons.

Or, les Hathors affirment que nous pouvons puiser à même des possibilités multidimensionnelles en plus de travailler de notre manière habituelle. Ces nouvelles possibilités, qui existent potentiellement (sans être encore dans la réalité tridimensionnelle), peuvent dynamiser le résultat désiré et le manifester plus rapidement que si nous nous contentons des moyens tridimensionnels habituels pour obtenir un résultat.

Une fois que vous avez formé l'intention claire de ce que vous désirez créer, placez votre conscience dans votre plexus solaire et imaginez une version de vous-même située dans l'avenir. Percevez ensuite une ligne allant de votre plexus solaire à celui de votre soi futur. Cette ligne deviendra le conduit des énergies multidimensionnelles et vous permettra de transformer votre soi futur imaginaire en un attracteur magnétique, suscitant ainsi beaucoup plus rapidement le résultat que vous désirez créer dans la réalité.

Les Hathors sont formels là-dessus : exécutée une fois par jour, cette méthode diminue grandement la durée requise pour manifester une nouvelle réalité. Personnellement, j'ai découvert qu'il ne fallait que cinq minutes pour effectuer tout le processus, ce qui rend cette méthode très efficace en ce qui a trait au temps. Ils soulignent aussi le fait que vous devez faire quelque chose qui exprime cette réalité future. Autrement dit, faites dans la troisième dimension quelque chose qui est orienté vers le résultat désiré. Recourir à cette méthode sans faire quelque chose dans la réalité extérieure est beaucoup moins efficace que d'agir à la fois dans votre monde intérieur et dans votre monde extérieur.

Bien que les Hathors expliquent cette méthode très clairement, je vais la reprendre étape par étape pour ceux qui se poseraient encore des questions sur son déroulement. Si tout est clair, sentez-vous libre de passer tout de suite à la section portant sur la technique avancée, où il sera question des points les plus délicats de cette approche.

La technique de base

Étape 1. Ayez une idée claire de ce que vous désirez créer. Elle constituera les fondements du soi futur que vous créerez. Les détails sont importants.

Étape 2. Placez votre conscience dans votre plexus solaire, situé derrière le creux de l'estomac.

Étape 3. Imaginez-vous à l'intérieur d'une sphère de la taille de l'univers (ou plus petite, si cela vous convient mieux). Votre plexus solaire se trouve exactement au centre de cette sphère.

Étape 4. Imaginez votre soi futur en face de vous. Pour la plupart des gens, ce sera à une distance de trois à neuf mètres, mais placez-le à celle qui vous convient le mieux. Ce soi futur imaginaire est celui qui vivra le résultat que vous désirez créer. Il est l'incarnation de cette réalité future. Une fois que vous en aurez une idée claire, vous serez prêt à passer à l'étape suivante.

Étape 5. Imaginez une ligne allant de votre plexus solaire à celui de votre soi futur.

Étape 6. Amorcez le téléchargement énergétique de la Sphère de toutes les possibilités dans votre plexus solaire. Ce téléchargement commence dès que vous réalisez que la Sphère de toutes les possibilités vous est disponible parce que vous êtes un être humain multidimensionnel. Vous activez la sphère par un acte d'intention silencieuse.

Étape 7. Tant que vous serez à l'aise dans l'expérience, laissez la sphère télécharger son énergie dans votre plexus solaire et dans celui de votre soi futur.

Étape 8. Si vous y êtes enclin, ajoutez à l'expérience le sentiment d'appréciation afin d'amplifier l'attracteur magnétique que constitue votre soi futur.

Note : Il est normal chez la plupart des gens que l'attention mentale erre un peu durant ce travail énergétique. Si c'est votre cas, ramenez-la doucement sur votre objet sans émettre aucun jugement et sans faire preuve d'impatience.

Étape 9 Quand vous avez terminé, prenez quelques minutes en silence pour intégrer l'énergie subtile qui a été dégagée durant ce processus.

La technique avancée

Cette partie de la méthode est pour moi la plus intrigante, peut-être parce que je peux ressentir la collision de deux ondes de forme durant la phase finale. C'est comme si les ondes stationnaires de ma réalité courante chevauchaient les ondes stationnaires de mon soi futur. Cette collision créait vraiment un point vide ou, comme les Hathors l'ont précisé, une région vide. Cette région d'interaction entre les ondes de forme me semble une puissante matrice transformationnelle.

De plus, le téléchargement d'énergies et de potentialités à partir de la sphère me paraît beaucoup plus intense durant l'exécution de la technique avancée.

Enfin, j'ai découvert une anomalie intéressante dans le changement spatial proposé par les Hathors durant les derniers stades de la technique. Vous pourriez rencontrer un phénomène similaire et c'est pourquoi je le mentionne.

J'ai tout d'abord trouvé un peu déroutant de « regarder » mon présent depuis le point de vue de mon soi futur. Finalement, j'ai réussi à opérer ce changement de perspective et les énergies de la sphère furent décuplées. L'expérience est devenue très intense et je sentais de puissantes ondes d'énergie passer de mon soi futur à mon soi présent.

Quand je me suis senti pleinement investi de mon soi futur, l'énergie a atteint son apogée. Quand elle devenait trop intense à soutenir, je revenais dans mon soi présent. Dans ces moments-là, je sentais mon corps inondé d'endorphines et je trouvais toute l'expérience étrangement amusante. Je pense que c'était dû à la forte impression mentale que le monde entier, y compris moi-même, tient davantage du rêve que de la réalité, et que toutes les formes (y compris les formes physiques) sont à la fois éphémères et sujettes à changement en un clin d'œil.

L'utilisation de la musique

Il n'est pas nécessaire d'utiliser de la musique de fond au cours de ce processus. L'ayant fait avec musique et sans musique, je trouve que certains types de musique facilitent une expérience plus profonde. Cela dit, je préfère la plupart du temps le silence pour effectuer le processus. C'est une question de goût et de réceptivité neurologique. Vous verrez vous-même si la musique peut vous aider ou non.

Si vous choisissez d'utiliser une musique de fond, je vous conseille un genre qui vous portera à tourner votre attention vers l'intérieur. Si c'est une musique psychoacoustique, choisissez-en une qui produit au moins une augmentation de l'activité alpha. Je vous conseille aussi de la faire jouer à faible volume afin de ne pas trop surcharger votre expérience intérieure.

Comme certaines personnes voudront savoir pour quelle musique j'opte personnellement, j'emploie actuellement l'une ou l'autre de ces deux compositions (de moi) : Infinite Pool: Entering the Holographic Brain *ou* Lightship.

L'Æthos et les états de conscience non duels

Dans ce message, nous traiterons de certaines relations importantes entre la réalité manifestée et les états de conscience non duels.

L'esprit, la conscience et les dimensions supérieures

Avant de commencer, nous établirons une distinction entre les mots « conscience » et « esprit » tels que nous les employons.

Pour nous, la conscience transcende tous les phénomènes et elle n'est pas limitée par l'activité neurologique du système nerveux. De plus, elle transcende à la fois le temps et l'espace tels que nous les percevons. C'est par le véhicule de notre conscience que nous voyageons dans les vortex énergétiques conduisant hors des contraintes de l'existence incarnée.

L'esprit, au sens où nous employons ce mot, renvoie aux expériences sensorielles, mentales et émotionnelles que nous vivons par suite de changements précis survenant dans notre système nerveux.

En effet, au moment où vous lisez ces lignes, vous en créez la signification au moyen de votre cerveau et de votre système nerveux. Vous créez le sens de ces phrases par la fenêtre de votre esprit, mais cette fenêtre est à la fois produite et restreinte par les limites de votre système nerveux.

Nos messages sont codés du point de vue de la linguistique. À divers endroits de nos communications se trouvent des vortex – des trous de ver

– par lesquels nous pouvons transcender temporairement notre esprit et entrer dans le mystère infini de la conscience.

Nous existons dans de multiples dimensions de la conscience et, selon notre évolution personnelle, nous nous manifestons à partir de la cinquième jusqu'à la douzième. Dans la neuvième, nous pouvons alterner entre notre forme anthropomorphique, d'apparence humaine, et notre corps de lumière.

Quand nous sommes dans la dixième dimension, tous nos liens avec notre forme anthropomorphique disparaissent. Nous devenons, à tous égards, des formes géométriques lumineuses. En progressant dans notre évolution personnelle, nous pouvons nous exprimer de plusieurs façons dans la dixième, la onzième et la douzième dimension.

Chaque progression de la conscience suscite une meilleure compréhension de l'interdépendance de tous les êtres et de tous les aspects du cosmos. L'étrange paradoxe de l'existence devient parfaitement évident quand nous entrons dans la dixième dimension.

L'interdépendance et la non-dualité

Nous vous livrons cette information parce qu'il vous arrive quelque chose de semblable lorsque vous entrez dans les dimensions supérieures de votre être. De la dixième dimension à la douzième, la conscience de l'interdépendance s'accroît, tout comme celle de la non-dualité, *la mère de toutes choses.* C'est là le paradoxe de la conscience que nous avons mentionné précédemment et auquel se sont intéressés certains de vos philosophes.

Pour nous, l'atteinte de la non-dualité n'est pas la destination finale, mais plutôt un passage transitoire pour accéder à une plus grande maîtrise et à une meilleure connaissance du moyen d'obtenir des résultats bénéfiques.

Dans l'état de conscience non duel, nous vivons, tout comme vous, une disparition des oppositions. Dans cet état, la dualité – telle que vécue dans l'existence relative – disparaît et notre conscience est très centrée, dans une grande sérénité.

Dans l'état de non-dualité le plus profond n'existe que la conscience pure se percevant elle-même.

Il faut savoir que les états de conscience non duels sont relatifs selon l'individu qui les vit. Ainsi, si vous vivez la non-dualité par le chakra du cœur, vous pouvez très bien vivre *l'amour impersonnel*, c'est-à-dire éprouver le sentiment profond de votre lien cosmique.

En cet état d'union entre le cœur et la non-dualité, vous tombez amoureux de l'univers à tous égards. Dans ce paradoxe du cœur, vous devenez le *Bien-aimé*, comme l'est d'ailleurs tout ce que vous voyez.

Bien qu'il s'agisse là d'un magnifique état de conscience, ce n'est pas la non-dualité pure. En vous élevant dans les chakras, l'expérience de la non-dualité change. Quand vous êtes dans le chakra couronne, vous vivez la non-dualité sous sa forme la plus pure, soit la conscience pure ayant conscience d'elle-même. Il n'existe aucun sens du soi personnel dans les dimensions supérieures de la non-dualité.

Le paradoxe de la création, c'est qu'elle passe des états de non-dualité les plus purs aux états d'existence les plus polarisés. Ainsi, dans votre conscience se trouvent ces deux aspects apparemment conflictuels : celui de l'existence relative (c'est-à-dire votre vie incarnée dans le temps et dans l'espace) et les états de conscience non duels, où tous les conflits et toutes les polarités disparaissent.

Selon notre point de vue, comme nous l'avons mentionné déjà, les états de conscience non duels ne sont pas le point d'arrivée de l'évolution, mais plutôt un passage transitoire permettant d'accéder à une plus grande maîtrise créatrice.

L'interdépendance ou l'unité

Il nous semble nécessaire d'établir ici une distinction importante entre l'interdépendancc et le concept d'« unité ». Pour nous, ces deux mots ne sont pas synonymes. Il existe plusieurs définitions terrestres de l'« unité » et il est donc impossible d'en aborder toutes les nuances et différences.

Nous examinerons plutôt une différence que nous considérons comme fondamentale. Certains croient que l'interdépendance équivaut à l'« unité » et qu'en entrant dans les hautes dimensions de l'être, ou les états supérieurs de conscience, vous vous unifiez dans une bulle de lumière où toutes les différences disparaissent. Ce n'est pas notre avis.

L'interconnexion ou l'interdépendance est le fait que tous les êtres et tous les aspects du cosmos sont reliés tout en ayant des différences spécifiques. Ces différences sont fascinantes. Parfois irritantes et parfois enrichissantes, elles ne sont pas superflues car elles font partie de la tapisserie de la réalité manifestée.

L'un des problèmes que pose le concept d'« unité » tel qu'il est propagé à l'heure actuelle dans les milieux du nouvel âge et du développement personnel, c'est que les différences spécifiques entre les gens sont dénigrées et que, sous prétexte que tout est « un », les frontières énergétiques appropriées entre les individus sont souvent ignorées. En outre, certaines personnes se servent de ce système de croyances (c'est-à-dire l'« unité ») comme excuse pour éviter toute responsabilité personnelle. Non seulement nous demeurons des individus uniques dans toutes les dimensions où nous faisons l'expérience de nous-mêmes, mais les dimensions supérieures de notre être, loin d'effacer notre unicité, nous offrent de meilleures occasions de création.

L'Æthos

Nous vous présenterons maintenant un moyen d'accéder à l'un de nos plus grands trésors culturels : l'Æthos. Il s'agit d'une bande passante de conscience ancrée dans la non-dualité pure.

Quand un Hathor entre dans la dixième dimension, il dispose de plusieurs occasions et de plusieurs moyens de se manifester. Certains choisissent de se joindre temporairement à une communauté vibratoire formée d'individus des dixième, onzième et douzième dimensions. Ces individus entrent dans la non-dualité de leur propre gré et choisissent de rester pendant un certain temps dans cette vibration de la conscience, au bénéfice des autres êtres.

La plupart demeurent temporairement dans l'Æthos, mais quelques-uns ne semblent pas vouloir en sortir. Quand un être entre dans l'Æthos, toutes les différences personnelles sont écartées. Il n'a pas de nom. Toute identité personnelle est remplacée par l'immersion totale dans la non-dualité. Ces êtres « maintiennent » cette vibration de la non-dualité pour les autres car la non-dualité est *la Mère de toutes choses*, le tissu sous-jacent à toute existence.

Quand on est en présence d'un Æthos, on s'élève dans la non-dualité.

Cette expérience diffère selon le niveau d'évolution des individus et les difficultés qu'ils rencontrent dans la dualité. Cependant, quelle que soit la complexité de vos problèmes, la présence d'un Æthos vous élèvera, et c'est pourquoi nous vous livrons cette information à ce moment-ci.

Pour ceux d'entre vous qui sont très avancés, le simple fait d'entendre le mot « Æthos » et d'en comprendre la nature non duelle suffira à les mettre en communion avec la non-dualité.

Toutefois, comme plusieurs trouveront intrinsèquement difficile cette méthode ou cette voie, nous vous offrons un trésor sonore qui vous aidera. Cette méditation sonore est un convertisseur analogique des mondes de lumière où réside l'Æthos.

L'Æthos émet des vibrations de lumière qui peuvent être abaissées jusqu'au registre des sons audibles par l'oreille humaine. Ainsi, ce que vous entendrez en écoutant cette *Méditation sonore de l'Æthos* est une conversion de la lumière en sons. C'est l'essence harmonique de l'Æthos telle qu'elle se manifeste dans la dixième dimension.

Nous vous conseillons d'écouter ce grand trésor sonore de diverses façons.

Faites-le d'abord en prêtant parfaitement attention au son. Si votre esprit se met à errer, ramenez-le aussitôt au son. Écoutez ensuite cette méditation en dirigeant votre attention sur le chakra du cœur, au centre de votre poitrine. La troisième fois, écoutez-la en vous concentrant sur le chakra de la gorge. Écoutez-la ensuite en dirigeant votre attention sur le troisième œil (Ajna), situé entre les yeux, à l'arête du nez. Enfin, écoutez-la en vous concentrant sur le chakra couronne, situé au sommet de la tête.

Ressentez les différences entre ces écoutes. La plupart d'entre vous trouveront plus naturel d'écouter la méditation en se concentrant sur tel chakra plutôt que sur tel autre. C'est celui-là que nous vous conseillons d'utiliser pour écouter cette méditation, en préparation de la méditation sonore qui aura lieu lors de la prochaine méditation mondiale.

Le test d'intelligence évolutionnaire

De notre point de vue, la reconnaissance de l'interdépendance est l'une des signatures d'une conscience évoluée. Cette reconnaissance est un test d'intelligence évolutionnaire et votre espèce est justement en train de le subir. Les humains ne peuvent pas continuer à vivre collectivement comme ils l'ont fait jusqu'ici, c'est-à-dire dans l'illusion qu'ils peuvent piller la planète sans nuire à celle-ci, à ses innombrables formes de vie ainsi qu'à l'humanité elle-même.

La non-dualité et la matrice de la création

Dans cette portion du message, nous aborderons le paradoxe qui consiste à créer des résultats positifs dans le temps et dans l'espace à partir d'un état de conscience non duel qui transcende par sa nature même le temps et l'espace tels que vous les percevez.

Les états de conscience relevant de la non-dualité, que nous appelons la *Mère de toutes choses* (c'est-à-dire le Vide), sont la source de la réalité manifestée. Nous avons découvert que l'emploi de ces états comme tremplin produit des créations magistrales.

Le paradoxe, c'est que la perception des états de conscience non duels se fait au moyen du système nerveux, qui est fermement enraciné dans la dualité. En effet, alors que vous lisez ces lignes, les fluctuations bioélectriques de votre cerveau et de votre système nerveux se font à partir d'un modèle dualiste.

Quand les impulsions nerveuses traversent vos neurones, les infimes événements biochimiques et électriques qui sont responsables de la pensée et des impressions mentales/émotionnelles coexistent dans une matrice dualiste dynamique. Pourtant, la non-dualité en elle-même existe hors de la réalité dualiste du système nerveux.

De manière pratique, vous entrez dans la conscience de la non-dualité lorsque votre cerveau/esprit entre dans un *état de transe hautement dimensionnel*. Dans cet état particulier, il existe un *canal*, ou un changement de conscience, par lequel vous pouvez vivre votre nature non duelle.

Dans des états de conscience plus avancés, vous pouvez vivre simultanément une expérience sensorielle relative et une expérience non duelle. Autrement dit, vous pouvez faire l'expérience du monde sensoriel, avec sa dualité complexe et multiple, en même temps que de votre nature non duelle, où tout est profondément calme et centré.

Comme il s'agit là d'une aptitude cérébrale avancée, la plupart des gens tendent à opérer dans un mode ou dans l'autre en approchant ce territoire corporel et mental. Si vous fonctionnez déjà dans un état de conscience avancé et que vous êtes capable d'opérer à la fois dans la dualité (c'est-à-dire dans votre vie incarnée) et dans la non-dualité (c'est-à-dire dans la conscience non localisée), vous pouvez alors sauter la section suivante et aller directement à celle qui est intitulée « Le paradoxe de la création ».

L'Æthos

Nous vous avons présenté l'Æthos dans notre message précédent parce que la nature vibratoire des schèmes sonores de la *Méditation sonore de l'Æthos* (téléchargeable gratuitement à www.tomkenyon.com) permet à la plupart des individus d'accéder à des états de conscience non duels.

Lorsque vous travaillez avec cette méditation ou que vous établissez un contact direct avec l'Æthos, il est important de comprendre que votre conscience et l'Æthos ne vibrent pas à la même fréquence. Pour la plupart des gens actuellement incarnés, la vibration de l'Æthos est très élevée et il en résulte parfois une purification de la matière émotionnelle de basse fréquence. Il suffit de vous rythmer sur la méditation sonore et c'est pourquoi nous vous conseillons de travailler avec la version de cinq minutes jusqu'à ce que vous compreniez parfaitement les transitions produites par l'Æthos dans votre conscience.

En travaillant avec cette méditation, vous finirez par atteindre un état de conscience hautement dimensionnel où vous aurez des aperçus de votre réalité non duelle.

Puis, en travaillant davantage, vous pourrez demeurer dans cet état plus longtemps. Quand vous aurez atteint ce niveau de maîtrise en travaillant directement avec l'Æthos ou la *Méditation sonore de l'Æthos*, vous serez prêts à l'utiliser comme tremplin pour manifester des résultats positifs.

Vos neurosciences voient ces états de transe différemment de nous, qui ne les considérons pas comme tous semblables. Ce ne sont pas simplement des expressions du fonctionnement cérébral; ils constituent une aptitude humaine inhérente vous permettant d'entrer dans un canal qui vous connecte à d'autres aspects de votre être situés hors du temps et de l'espace.

Autrement dit, quand vous entrez dans un état de transe hautement dimensionnel, vous transcendez fonctionnellement des aspects de l'activité neurologique de votre système nerveux. Tandis que votre cerveau/esprit est toujours limité par les réalités neurologiques du système nerveux, un aspect de votre conscience ne l'est plus. C'est ce que nous appelons *le canal*; dans un certain sens, il s'agit d'une métaphore, mais cette appellation est néanmoins exacte car cette ouverture est comme un trou de ver vous reliant à des aspects plus vastes de votre nature.

Quand vous écoutez la *Méditation sonore de l'Æthos*, vous vous reliez à ce canal. L'un des signes indiquant que vous êtes entré dans ce canal vous conduisant hors du temps et de l'espace est la sensation de suspens, comme si vous étiez séparé de vos expériences sensorielles et de vos processus mentaux et émotionnels. En fait, vous en êtes toujours conscient, mais vous ne vous identifiez plus à eux. On appelle souvent ce phénomène « dissociation » dans le contexte des énergies de haute vibration. Cet état d'esprit vous conduit au *canal* par lequel vous pouvez vous percevoir en train de transcender le temps et l'espace.

Essentiellement, la création de résultats positifs nécessite de sortir des limites perceptuelles et des croyances qui vous ont amené à conclure que vous étiez piégé dans un flux temporel linéaire.

Cette perception du temps est peut-être vraie pour votre corps physique au niveau d'évolution où vous êtes rendu, mais elle ne l'est pas pour votre conscience. Il suffit de trouver le canal conduisant à un état d'être et de conscience expansé. De ce point de vue, la *Méditation sonore de l'Æthos* est un moyen de produire un état de conscience hautement dimensionnel qui donne accès à ce canal.

Nous vous conseillons de travailler avec la méditation sonore par périodes progressives de cinq minutes afin de faire l'expérience de cet état de conscience. Entrer en transe est une aptitude cérébrale et, comme pour toutes les aptitudes, certains y sont plus habiles que d'autres. Cependant, tout le monde peut la développer.

Quand vous avez la certitude de pouvoir entrer dans cet état de conscience et que vous savez comment accéder au canal, vous êtes prêt pour un niveau plus profond de manifestation.

C'est sur ce seuil, entre l'enfermement dans le temps et l'espace et la perception de votre soi expansé qui les transcende, que la magie commence.

C'est également là qu'apparaît un étrange paradoxe.

Le paradoxe de la création

Peut-être que vous avez franchi le seuil afin de créer un résultat précis, mais que le besoin de manifester des résultats spécifiques devient moins urgent lorsque vous avez atteint cet état supérieur de l'être. En effet, dans ces états de conscience supérieurs, il existe à peine une volonté de créer quoi que ce soit. C'est parce que vous êtes alors en contact avec votre propre nature, qui transcende tous les phénomènes, et que vous n'avez alors besoin de rien.

Le paradoxe, c'est que vous vivez dans les deux réalités : la réalité transcendante de votre propre nature, qui n'a besoin de rien, et celle de votre existence incarnée d'humain, qui a peut-être besoin que se produisent certains résultats.

C'est ici qu'apparaît un autre paradoxe. Si vous êtes capable de créer un résultat avec un véritable détachement, c'est-à-dire avec la plus grande conscience de votre nature transcendante, vous serez apte davantage à créer des résultats spécifiques.

Cela est dû au fait que vous ne créez pas de tension lorsque vous êtes dans un état d'être expansé. La tension crée des lignes de force qui restreignent vos créations. Et pourtant, s'il s'agit de quelque chose dont vous sentez que vous avez vraiment besoin, il y aura naturellement une certaine tension. C'est simplement humain. Mais c'est ici que le bât blesse, et voici l'un des secrets. Même si vous avez terriblement besoin que quelque chose se produise dans votre vie et dans votre temporalité, vous serez plus susceptible d'en faire l'expérience si vous éprouvez le sentiment de ne pas en avoir besoin. Voilà en effet un étrange paradoxe.

Nous réalisons que certains lecteurs ont atteint une grande conscience d'eux-mêmes et qu'ils ont peut-être déjà découvert cette vérité qui est au cœur de la question de la non-dualité et de l'art de créer des résultats.

Quand vous êtes au point central de la conscience (c'est-à-dire dans la non-dualité), il est sage d'attendre avant de créer des résultats spécifiques. Nous en avons déjà parlé dans un autre contexte, au cours d'un message intitulé « Les états de conscience transitoires »*.

Dans ce message portant sur le Vide (ou la non-dualité) dans lequel vous vous trouvez après la mort, nous avons affirmé que plusieurs personnes n'aiment pas attendre dans ce vide et s'empressent d'en sortir pour se créer une nouvelle vie, qu'il s'agisse d'une existence physique ou d'une expérience dans une autre dimension.

Nous parlons ici de deux expériences très différentes et pourtant étrangement similaires. Après la mort, dans les états transitoires où vous

* Vous pouvez lire ce message, paru en 2011, à l'adresse suivante : http://tomkenyon.com/french-archives

prenez contact avec le Vide ou la non-dualité, plusieurs possibilités existent. L'une de ces options est de se précipiter dans une nouvelle vie ou une nouvelle manifestation, que ce soit dans le monde physique ou sur un autre plan de la conscience. Une autre option est d'attendre, de rester dans le Vide ou la non-dualité, pour acquérir une plus grande conscience de soi avant d'entrer dans un nouveau cycle d'existence.

Il existe une résonance entre cet état d'après la mort et le besoin que se produise un résultat. Au lieu de vous dépêcher à créer de nouveaux résultats, apprenez plutôt – nous vous le conseillons – à entrer par le canal dans les états d'être supérieurs et d'y observer le résultat désiré.

Ne vous empressez pas de le manifester; restez plutôt dans cet état pendant un moment. Vous percevrez alors comment le résultat souhaité se maintient dans une relation énergétique avec des forces invisibles et les situations de votre vie où vous désirez le voir apparaître. Autrement dit, il est sage de passer par le canal pour entrer dans un état d'esprit transcendant le temps et l'espace, où vous aurez une meilleure connaissance de ce qui doit se produire pour que le résultat désiré émerge dans votre réalité.

La polarité des contraires est une autre raison d'entrer dans le canal et dans un état d'être expansé pour manifester un résultat. Comme celui-ci se manifestera dans le monde de la dualité, il est soumis au principe de polarité. Il existe toujours une contre-force à toute action, et plus le changement est radical, plus cette contre-force est puissante.

Ce principe opère à tous les niveaux, du monde subatomique aux créations personnelles, dans les interactions avec d'autres ainsi que dans les situations sociales et culturelles. Si vous entrez dans la nature expansée de votre être qui transcende le temps et l'espace et que vous y observez le résultat recherché, vous comprendrez, comme nous l'avons dit précédemment, la nature énergétique de ce résultat et sa relation avec les situations de votre vie où vous désirez qu'il se manifeste.

De plus, vous pourrez observer les contre-réactions qui se produiront lorsque votre résultat se manifestera dans la réalité tridimensionnelle. Vous obtiendrez une meilleure connaissance des conséquences de la manifestation de ce désir, ce qui vous permettra d'éviter plus élégamment les contre-forces qui surgissent lors de la manifestation de tout résultat.

Dans notre message intitulé « La Sphère de toutes les possibilités », nous vous avons présenté une méthode pour manifester des résultats dans votre vie et attirer à vous les forces et les ressources existant hors de votre temporalité.

Dans notre dernier message, « L'Æthos et les états de conscience non duels », nous avons parlé des ressources de la non-dualité et nous avons expliqué comment entrer dans la conscience de la non-dualité en se servant de l'Æthos comme passage transitoire.

Dans cette communication-ci, nous combinerons ces deux messages afin de créer des résultats positifs en employant la non-dualité comme tremplin. Par conséquent, pour tirer le meilleur profit de cette information, il vous faut lire et comprendre les deux messages précédents. Vous devriez travailler avec la *Sphère de toutes les possibilités*, tel qu'il est indiqué, et avec la *Méditation sonore de l'Æthos*, tel que conseillé dans le message intitulé *L'Æthos et les états de conscience non duels*. Quand vous aurez accompli ces deux tâches, vous serez prêt à appliquer la troisième force, constituée par l'union des deux premières.

Une fois que vous aurez appris comment vous connecter à la Sphère et comment entrer, au moyen de la *Méditation sonore de l'Æthos*, dans le canal conduisant à des états d'être expansés, vous serez prêt pour ce niveau de création.

Soyons directs et simples dans notre description.

Première étape. Dans ce travail, vous entrerez d'abord dans la non-dualité. Au besoin, utilisez la méditation sonore comme support énergétique. Cependant, que vous l'utilisiez ou non, l'objectif est le même : pénétrer dans le canal conduisant à un *état de conscience hautement dimensionnel* où vous ferez l'expérience d'états d'être expansés.

Deuxième étape. Connectez-vous à la Sphère comme nous l'avons expliqué dans notre message précédent (« La Sphère de toutes les possibilités »). Il s'agit ici de la version courte, mais nous vous recommandons fortement de lire le message au complet.

En restant dans votre état d'être expansé, prenez conscience de votre plexus solaire. Ressentez ensuite la Sphère, qui englobe tout l'univers. Imaginez ensuite votre soi futur devant vous.

Ce soi futur est l'incarnation du résultat que vous souhaitez. Une fois établi le lien entre votre plexus solaire et celui de votre soi futur, des lignes de force énergétiques entreront dans votre plexus solaire depuis la Sphère, puis dans le plexus solaire de votre soi futur.

C'est à cette jonction que vous serez prêt pour la prochaine étape, qui rehaussera et accélérera grandement le processus créateur. Nous l'avons mentionné brièvement dans le message intitulé « La Sphère de toutes les possibilités », mais nous désirons approfondir ici le sujet. L'application de cette force émotionnelle est l'une des clés nécessaires pour manifester des résultats positifs et c'est ce qui nous intéresse dans le présent message.

Troisième étape : La gratitude et l'ingénierie des nouvelles réalités. Selon nos connaissances, on peut appliquer trois harmoniques à la création de résultats. La première est la neutralité. Il est effectivement possible de créer des résultats à partir d'un état purement mental, sans aucune tonalité émotionnelle.

Cependant, l'un de vos plus grands pouvoirs latents est l'aptitude de votre cœur à produire des champs harmoniques. Il existe réellement des forces qui affectent les réalités de votre système corps / esprit, celles de votre environnement, ainsi que le champ quantique localisé.

Les deux principaux champs vibratoires émotionnels utilisés pour la création de résultats sont diamétralement opposés. Encore une fois, c'est là un effet de la dualité.

La première harmonique émotionnelle est la peur. Il est possible en effet de créer des résultats fondés sur la peur. Une grande partie de vos créations socioculturelles sont fondées sur la peur des autres cultures et des autres sociétés. Vos armes de guerre en offrent un parfait exemple. Elles sont créées par la peur.

Nous ne voulons pas dire ici qu'il n'y a aucune raison de craindre certains types de rencontres ou de situations. Nous affirmons cependant que les résultats créés par la peur sont très différents de ceux qui sont créés par l'amour.

Le deuxième champ vibratoire émotionnel est l'amour impersonnel, qui n'a rien à voir avec l'attraction amoureuse entre les gens. Il constitue une catégorie en soi et il est l'expression d'un cœur évolué qui vibre en résonance avec l'immense champ d'amour impersonnel appartenant aux forces invisibles qui traversent l'univers. Si vous créez des résultats à partir de la vibration de l'amour, vous vous attirez des forces invisibles existant dans l'univers. Selon notre vision, l'univers dans lequel vous vivez est un conglomérat des trois champs vibratoires : la neutralité, la peur et l'amour. Il s'agit d'un sujet très complexe que nous n'avons pas le temps d'approfondir dans ce message.

Les attaches

Quand vous appliquez les champs vibratoires émotionnels à vos créations, vous créez un vrai bol d'énergie issu de votre cœur. Ce n'est pas un phénomène mental; il s'agit d'une énergie réelle, d'une ondulation générée par le cœur, à la fois de votre cœur physique et de votre chakra du cœur, et qui traverse tout votre corps avant d'aller dans l'environnement local.

Cette harmonique émotionnelle crée une attache énergétique qui affecte littéralement l'expression de votre intention en façonnant les ondes de forme de cette dernière par la qualité vibratoire de votre émotion principale, soit la peur ou l'amour.

Dans notre méthode de création, nous n'utilisons jamais la peur. Nous choisissons toujours l'amour. C'est un simple choix pragmatique. Depuis des temps immémoriaux, nous avons découvert que l'amour est le plus grand pouvoir et qu'il produit les résultats les plus positifs.

Sur le plan pratique, après avoir créé votre soi futur, vous passerez à la troisième étape, qui suppose l'ajout de la vibration émotionnelle de l'amour, vécu comme de l'appréciation ou de la gratitude.

La gratitude est simplement une forme accrue d'appréciation. Si vous éprouvez de la gratitude ou de l'appréciation envers votre soi futur, vous le magnétiserez par les pouvoirs du cœur et sa force d'attraction magnétique augmentera exponentiellement.

Votre soi futur deviendra alors un attracteur magnétique attirant dans votre réalité présente les ressources et les énergies cosmiques présentes hors de votre temporalité.

Tout ce que vous pourrez faire pour accroître le pouvoir de votre attracteur magnétique sera bénéfique. Selon notre propre expérience, le moyen le plus efficace de l'augmenter est d'appliquer le champ vibratoire émotionnel de la gratitude. Lorsque vous amplifiez votre attracteur magnétique, c'est-à-dire votre soi futur, par l'application de la gratitude, vous accélérez son attirance de la réalité. C'est tellement efficace que vous pouvez vous attendre à une augmentation des épisodes inattendus. Nous ne pourrions trop insister sur ce stade final.

Dans cet état de conscience expansé, prenez le temps d'observer le résultat que vous désirez obtenir. Non seulement serez-vous alors en mesure d'en comprendre les implications quand il surviendra dans la réalité tridimensionnelle, mais vous pourrez en observer la réalisation. Dans plusieurs cas, vous pourrez examiner la réalité du résultat que vous désirez sans le créer réellement dans la troisième dimension.

Nous vous livrons cette information parce que, de notre point de vue, les désirs insatisfaits conduisent souvent un être humain à retourner dans une vie antérieure, selon le cycle de la vie et de la mort.

C'est peut-être parce que vous ne pouvez pas réaliser certains désirs dans votre situation présente, mais vous le pouvez dans les états d'être expansés hors du temps et de l'espace. En y explorant en détail le résultat que vous désirez obtenir, vous parviendrez à la conclusion que vous désirez effectivement réaliser ce désir dans votre vie tridimensionnelle ou, au contraire, que vous n'avez peut-être plus besoin de le manifester. Le choix est un pouvoir ; plus vous y verrez clair, plus tous vos choix seront pertinents.

Nous vous encourageons donc à entrer dans cet espace menant à votre nature expansée qui transcende le temps et l'espace, afin d'observer avant d'agir. Cette pause vous servira grandement.

La sagesse étant inhérente à votre être créateur, vous connaîtrez le moment propice et les circonstances favorables à l'apparition du résultat désiré dans votre temporalité. Nous espérons que vous utiliserez cette méthode pour créer des résultats positifs pour vous-même, pour les êtres que vous aimez et pour le monde en général.

Ce message complète notre communication sur «La Sphère de toutes les possibilités» et sur «L'Æthos et les états de conscience non duels» comme moyens de créer des résultats positifs dans votre existence.

PENSÉES ET OBSERVATIONS DE TOM

L'une des choses qui m'ont frappé immédiatement dans ce message, c'est le concept d'états de transe hautement dimensionnels.

Une transe a lieu lorsque l'activité cérébrale se modifie suffisamment pour que l'activité thêta ou delta augmente et que l'attention se dirige moins sur le monde sensoriel extérieur et davantage sur celui de la perception intérieure.

En tant que praticien de l'hypnose médicale ericksonienne depuis plus de vingt ans, j'ai utilisé plusieurs fois l'état de transe pour aider mes clients (et moi-même) à atteindre des états de conscience plus féconds.

La fluidité de conscience qui se produit durant une transe suscite souvent des états corporels et mentaux inhabituels qui peuvent se révéler extrêmement productifs s'ils sont intégrés adéquatement à la vie quotidienne.

Un phénomène lié à la transe est celui du détournement du temps, c'est-à-dire que nous n'y suivons pas le temps de la même façon qu'à l'état d'éveil normal.

La méditation produit des états de transe mentaux. Si vous avez beaucoup médité, vous avez sans doute vécu des moments où le temps semblait passer plus lentement ou plus vite que normalement. En effet, dans les états de transe mentaux comme la méditation, le temps peut prendre des proportions mythiques par lesquelles vous pourriez très bien vivre la naissance et la mort du cosmos ou transcender complètement la perception du temps.

Cette différente perception du temps est très fréquente lors des transes. Cependant, les Hathors insistent beaucoup sur le fait que les états de transe ne sont pas tous semblables. Quand une transe est produite pour atteindre un état d'être transcendant le temps et l'espace, nous entrons dans un autre domaine.

Bien que l'activité neurologique du cerveau (c'est-à-dire la modification de l'état cérébral) soit passablement la même dans un état de transe normal et dans un état de transe hautement dimensionnel, les Hathors affirment qu'il y a une différence importante.

Dans les états de transe hautement dimensionnels, vous êtes conduit à des états d'être très expansés qui, par leur nature même, transcendent le temps et l'espace. C'est dans le sentiment non localisé de vous-même que la magie de la manifestation passe à un niveau d'expression supérieur.

La Méditation sonore de l'Æthos *est une méthode acoustique pour entrer dans un état de transe hautement dimensionnel et je dois ajouter que je la trouve très efficace.*

Cependant, comme le soulignent les Hathors, cette méditation sonore n'est qu'un moyen d'atteindre une fin. L'important, ici, c'est d'entrer dans un état d'esprit non duel, et non le moyen utilisé pour le faire.

Selon les Hathors, les états de conscience non duels peuvent s'employer très efficacement comme tremplin pour créer des résultats positifs. C'est là l'essentiel de ce message.

La non-dualité

*Les Hathors n'ont pas défini le concept de non-dualité depuis qu'ils l'ont abordé dans leur message précédent (*L'Æthos et les états de conscience non duels*). Sous sa forme la plus simple, la non-dualité est un état de conscience où disparaît la différenciation entre le sujet et l'objet. L'observateur qui perçoit n'est pas séparé de ce qui est perçu. Il s'agit là d'un état de conscience très inhabituel. Quand vous y entrez profondément, votre sens du soi se modifie, de sorte que vous devenez à tous égards une conscience pure n'étant consciente que d'elle-même, sans aucune trace de conscience temporelle ou sensorielle.*

Dans certaines traditions mystiques occidentales, on fait parfois référence à cet état transcendant en employant cette phrase énigmatique : « Je suis ce que je suis. » Dans les états d'éveil normal, où le sujet (vous) et l'objet sont claire-

ment perçus comme distincts, cette affirmation semble étrange, c'est le moins que l'on puisse dire. Elle est cependant évidente dans les états de contemplation mystique et elle décrit fidèlement le sentiment du Soi qui prévaut dans la non-dualité.

Tandis que la méthode pour entrer dans la non-dualité via l'Æthos est exclusive aux Hathors, l'idée de la non-dualité ne l'est aucunement. Les philosophies pérennes comme celles de l'Inde ancienne ou le taoïsme et le bouddhisme, y compris le Dozgchen du bouddhisme tibétain ainsi que le chamanisme Bönpo, qui, lui, est antérieur, parlent toutes de ce territoire de l'esprit, bien qu'en d'autres termes.

Le canal

Le canal dont parlent si souvent les Hathors comme du seuil à franchir pour passer de la conscience tridimensionnelle normale à un sens non localisé du soi est une métaphore pour exprimer un changement de conscience.

J'utilise cette méthode depuis plusieurs mois déjà et je n'ai jamais rencontré de véritable canal ou tunnel conduisant à des états d'être expansés. Toutefois, après avoir travaillé avec la méthode présentée dans ce message, il arrive parfois que le passage de la conscience tridimensionnelle normale à la conscience non localisée prenne la forme d'un trou de ver. Je trouve intéressant de ne pas avoir vécu ce changement sous la forme d'un canal ou d'un trou de ver avant que les Hathors ne le décrivent ainsi.

Le fait à retenir ici, c'est que vous pouvez percevoir ou non un canal ou un tunnel conduisant aux états expansés de votre être lorsque vous suivez cette méthode. Comme le moyen importe moins que la destination, je vous conseille simplement de suivre la méthode, que le changement vous apparaisse ou non sous la forme d'un canal.

La méditation sonore de l'Æthos

Ayant travaillé à maintes reprises et de plusieurs façons avec la Méditation sonore de l'Æthos *au cours des derniers mois, je crois important de souligner l'un des commentaires faits par les Hathors dans ce message :*

« Pour la plupart des gens actuellement incarnés, la vibration de l'Æthos est très élevée et il en résulte parfois une purification de la matière émotionnelle de basse fréquence. Il suffit de vous rythmer sur la méditation sonore et c'est pourquoi nous vous conseillons de travailler avec la version d'une durée de cinq minutes jusqu'à ce que vous compreniez parfaitement les transitions produites par l'Æthos dans votre conscience. »

J'appuie ce commentaire des Hathors. La Méditation sonore de l'Æthos *est un puissant catalyseur ouvrant les portes de la perception sur les états d'être expansés, y compris les états de conscience non duels. Toutefois, selon votre historique personnel et votre niveau vibratoire actuel, le cheminement vers la non-dualité peut s'avérer plus ou moins long. La ligne directrice à suivre ici consiste à écouter la méditation sonore à l'intérieur des limites de votre zone de confort, et c'est pourquoi les Hathors conseillent de l'écouter par périodes progressives de cinq minutes jusqu'à ce que vous compreniez comment elle vous affecte.*

Note : Vous trouverez des liens conduisant à la *Méditation sonore de l'Æthos* et à *L'Æthos et les états de conscience non duels* ainsi que dans la section d'écoute (*listening*) de notre site Internet.

Dialogue avec les Hathors

Le son : une onde porteuse d'intention

Hormis l'information actuellement disponible et quelques excellents ateliers, je suis d'avis qu'il n'existe pas de meilleur instrument ou mode de guérison que notre voix. Or, pour une raison quelconque, nous ne l'utilisons jamais. À ce jour, nous sommes toujours allés voir des instructeurs comme vous, Tom, pour entendre des sons issus des plans célestes et pour réactiver notre ADN, pour abolir nos distorsions ou pour découvrir notre propre potentiel sonore, mais cela ne vaut que pour les gens qui ont la chance de pouvoir assister à vos ateliers.

– *Puisque ce livre porte sur le potentiel humain, j'aimerais que nos lecteurs y apprennent comment utiliser leur voix pour élever leur conscience.*

Votre voix peut constituer votre plus puissante alliée pour la guérison, mais elle peut aussi être un obstacle. Comme en toutes choses, tout dépend des individus. Le son produit par la voix humaine est une onde porteuse d'une intention puissante, mais c'est l'intention qui crée la guérison et non la voix elle-même. Allons donc un peu plus loin pour bien comprendre toutes les subtilités en jeu ici.

Dans les mondes dont nous parlerons bientôt, la subtilité est une force, tout comme la clarté. Par subtilité, nous entendons le territoire le plus raffiné de la conscience. Prenons pour exemple les impressions visuelles. Si vous vous concentrez sur un objet autour de vous, des cascades de photons stimuleront vos nerfs optiques et seront ensuite traduites en impressions visuelles par le cerveau.

Si vous fermez les yeux, vous ne verrez plus l'objet, mais vous aurez l'impression de le voir encore mentalement. Ce phénomène a lieu à un niveau plus subtil. Les photons ne stimulent plus vos nerfs optiques, mais les réseaux neurologiques de votre cerveau créent cette impression visuelle en se fondant sur la mémoire.

Il s'agit là d'une autre catégorie d'énergie. Cette impression visuelle est produite intérieurement. Quand on descend plus profondément dans la conscience, chaque niveau possède sa propre subtilité et les niveaux les plus subtils sont les plus puissants.

Il en est de même dans votre monde extérieur. Si vous brûlez un morceau de bois, l'oxydation produite par le feu libère une certaine quantité d'énergie. Cependant, si vous descendez jusqu'au niveau atomique et provoquez une fission ou une fusion des atomes, vous libérerez une quantité d'énergie beaucoup plus grande.

Le principe, c'est que plus on descend dans la matière, plus l'énergie potentielle est grande. Ce même principe s'applique à la conscience.

Comme nous l'avons dit, le son de la voix humaine est une puissante onde porteuse, mais c'est l'intention et non la voix qui apporte la guérison. Le son de la voix provoque évidemment des réactions spécifiques dans votre système nerveux et dans votre corps énergétique, mais l'intention véhiculée par le son est encore plus puissante.

Si vous désirez effectuer une guérison au moyen de votre voix, que ce soit sur vous-même ou sur quelqu'un d'autre, vous devez entrer dans l'état de conscience vibratoire qui possède des propriétés curatives. Vous y accéderez par votre sensibilité. Dès que vous y serez, vous le saurez car vous ressentirez en quelque sorte un lâcher-prise, vous aurez l'impression de « savoir » que tout sera résolu.

Il s'agit d'une connaissance intuitive. Lorsque vous entrez dans l'état vibratoire de la guérison, vous « savez » que vous y êtes. C'est une reconnaissance intuitive viscérale et non verbale. Vous dégagez des ondes d'énergie guérisseuse pouvant vous affecter, ainsi que les autres.

La clé pour entrer dans d'innombrables mondes

– *Dans le livre* The Hathor Material, *vous affirmez ceci : « Le son même de votre voix contient des clés pour accéder à des mondes innombrables. » Pouvez-vous élaborer ?*

Nous parlons des diverses dimensions de votre conscience. Chacune comporte ses potentialités et ses aptitudes, qui sont différentes de celles que comportent les autres dimensions.

Soyons plus précis, mais en commençant simplement, car le sujet est très complexe.

L'une des meilleures façons d'aborder le concept des mondes innombrables est sans doute de le faire en passant par vos chakras (ou centres énergétiques). Si vous vous concentrez sur le chakra du cœur, puis que vous faites un « mmmmmmm » en trouvant la tonalité qui fait vibrer le centre de votre poitrine, vous aurez découvert la note qui vous convient. Le chakra du cœur est l'un des plus sûrs avec lesquels travailler et il produit de prodigieux résultats.

Le paradoxe des mondes intérieurs, c'est que ces derniers sont très vastes tout en occupant l'espace restreint de votre corps. Quand votre conscience ou votre auto-identité devient petite comme un grain de sable, l'espace du chakra du cœur est perçu comme immense. Si elle devient encore plus petite, de la taille d'un atome, l'espace du cœur est perçu comme encore plus grand.

Dans le chakra du cœur se trouvent des énergies et des souvenirs heureux ou tristes. En y entrant, vous pouvez explorer votre territoire intérieur et transcender/transformer les souvenirs ou les énergies selon vos besoins.

Supposons que vous travailliez avec le son « mmmmmmm » pendant quelques minutes en vous concentrant sur le chakra du cœur et qu'une vague de tristesse vous envahisse soudainement. Il s'agit d'une énergie libérée par un souvenir ou par un schème énergétique contenu dans le cœur.

Ce pourrait tout aussi bien être une vague de joie ou d'extase. Cependant, pour les besoins de cet exposé, tenons-nous-en aux émotions « négatives ». Quand vous prenez conscience de cette émotion surgie du chakra du cœur, quelle qu'elle soit, donnez-lui une voix. Produisez les sons qui l'expriment. Ce faisant, vous pouvez la transformer.

Si vous suivez cette méthode jusqu'au bout, vous finirez par entrer dans un état guérisseur où l'émotion ou l'énergie négative et désagréable sera résolue. Vous pourriez alors vous chanter ce son guérisseur en le dirigeant vers l'espace intérieur où se trouvait l'émotion « négative ».

Quand il est question d'une énergie ou d'une émotion indésirable, il est vital de comprendre que l'on ne peut pas la détruire, mais que l'on peut la transformer.

Entrer par le son dans un état de conscience altéré

– *S'agit-il d'un fait ou seulement d'une impression qu'une tonalité particulière ou le silence complet sont aussi efficaces que le travail avec les harmoniques ? Cela dépend-il de ce sur quoi nous désirons travailler ?*

Très franchement, cela dépend des individus. Certaines personnes sont très sensibles au son tandis que d'autres ne le sont pas beaucoup. Certaines préfèrent le silence et peuvent travailler en allant très profondément dans ces espaces silencieux, tandis que d'autres ont besoin d'un son pour diriger leur attention de manière à pouvoir entrer dans un état de conscience expansé. L'important, c'est d'y entrer. Le moyen utilisé importe moins que le fait d'explorer ces autres plans de votre être.

Votre ADN s'adapte constamment aux circonstances en réagissant autant à l'environnement externe qu'à l'environnement interne. Lorsque la réalité extérieure requiert une grande maîtrise spirituelle, il s'élève à la hauteur de la situation. Or, la plupart des gens mènent une existence où ils ne s'efforcent aucunement de s'élever.

L'ADN est hautement responsable de certains schèmes émotionnels et de certaines structures linguistiques. Vous pouvez donc l'affecter par la qualité des émotions que vous éprouvez habituellement. Si vous désirez créer des réactions émotionnelles cohérentes, votre ADN y réagira par l'autorégulation, et il fera alors un meilleur travail en infusant l'énergie et l'information provenant du monde de la lumière.

Si vous êtes dans un état émotionnel cohérent et que vous parlez à votre ADN en des mots simples et avec conviction, il réagira. Ce sera encore plus efficace si vous utilisez la triade sonore.

Si vous entrez dans l'état guérisseur évoqué plus haut (c'est-à-dire le sentiment d'être guéri) et que vous imaginez que vous entendez ce son en parlant à votre ADN en des termes simples, vous libérerez en vous-même une grande force. Il vaut la peine d'entreprendre cette expérience qui, à l'instar de toute aptitude, s'améliore progressivement dans la mesure où on l'exerce.

Pour clarifier ce que nous entendons par « émotions cohérentes », disons qu'il s'agit d'émotions qui vous procurent la sensation d'être centré et complet dans la cohérence. Les plus fréquentes sont la sérénité, la paix, l'appréciation et la gratitude.

Ces émotions relevant d'une création immatérielle sont une nourriture pour votre ADN. Elles sont un merveilleux territoire à explorer.

Les sirènes

– *Une dernière question au sujet du son. La légende des sirènes est l'une des plus mystérieuses de tous les temps. Si elles ont réellement existé, qui étaient-elles exactement, quelle était leur fonction et, surtout, comment produisaient-elles des sons sous l'eau ?*

Les sirènes ont existé et elles existent toujours. Les Lémuriens connaissaient leur existence, et les anciens Grecs également. Les sirènes sont des êtres résidant sur le plan astral, entre la matière et le monde de la lumière pure. Leur voix possède un pouvoir d'enchantement. Elles pouvaient produire des sons sous l'eau, mais elles pouvaient aussi en émettre dans l'air. Ceux qui les entendaient étaient attirés par eux comme le sont les papillons de nuit par la flamme d'une bougie.

Quand une entité astrale ou un être humain se trouvait dans leur voisinage, les sirènes se servaient de leur pouvoir enchanteur pour l'attirer près d'elles. Quand cet être se trouvait « à leur portée », elles se nourrissaient de son énergie. Elles étaient dangereusement parasitaires, en même temps que séduisantes.

Les sirènes existent encore dans ce monde et dans certaines dimensions de la conscience qui sont toujours accessibles, mais nous vous conseillons de les éviter. Elles apparaissent de temps à autre sous une forme humaine dans votre réalité. Elles se nourrissent de l'énergie des autres et cet aspect est parfois difficile à discerner car elles sont aussi séduisantes que mystérieuses.

La création et la manifestation

Dans l'information concernant la Sphère de toutes les possibilités, vous dites ceci : « Le sujet de l'appréciation et de l'acte créateur est très riche. »

– *Je ne vois pas comment nous pourrions avancer en toute conscience et pouvoir sans arriver à créer la vie que l'on désire. J'aimerais bien pousser au maximum cette réflexion car ces deux éléments ensemble me paraissent la clé de toute création positive.*

Nous avons déjà abordé cette question sous l'angle de la gratitude et de l'ingénierie des nouvelles réalités, mais nous allons l'approfondir de façon différente.

Examinons les principes d'ingénierie impliqués. Votre nature émotive produit des champs d'énergie harmoniques ou dysharmoniques, ce que nous appelons les émotions « cohérentes ou non cohérentes ». C'est comme pour la lumière, qui possède deux formes polarisées : la lumière aléatoire et la lumière cohérente ou laser.

Dans des conditions normales, les photons (particules de lumière) sont erratiques, chacun suivant sa propre direction. Un laser, cependant, force les photons à circuler d'une manière cohérente. Ils sont parfaitement alignés entre eux et peuvent être dirigés pour accomplir une fonction précise, comme traverser des objets pointus et denses ou créer de jolies œuvres d'art holographiques. Votre nature émotive peut se comparer à cette relation entre la lumière aléatoire et la lumière cohérente (laser).

Nous avons observé que la plupart des humains ont de la difficulté à maintenir une suite de pensées durant plus de quelques secondes ; en outre, ils ignorent comment créer un état émotionnel cohérent et le maintenir pendant une période de temps appréciable.

Votre conscience opère d'une manière assez semblable au laser, et pourtant la plupart des humains ne parviennent pas à maintenir la fonction laser de leur conscience. Ils peuvent garder une pensée ou une émotion cohérente pendant un court laps de temps, mais l'esprit se met ensuite à errer, comme des photons qui ne seraient plus alignés et qui se disperseraient.

Si nous évoquons si souvent l'appréciation et la gratitude, c'est parce que la nature humaine a, comme le laser, la capacité de produire des schèmes vibratoires. Ces derniers, générés émotionnellement, peuvent affecter la réalité au niveau quantique.

Autrement dit, votre nature émotive peut influencer l'organisation des particules et des forces subatomiques, ainsi que la naissance et la destruction des structures moléculaires, à la fois dans votre corps et, dans certaines conditions, dans votre environnement extérieur. Nous ne saurions trop insister sur ce pouvoir latent qui est en vous. Il réside dans votre capacité d'éprouver des émotions cohérentes. Quand vous produisez de telles émotions et que vous y joignez la pensée ou l'intention, vous créez une force similaire au laser, qui peut affecter le monde quantique et même votre réalité extérieure.

Quand vous éprouvez une émotion cohérente, comme l'appréciation ou la gratitude, vous créez un attracteur magnétique, comme nous l'avons dit précédemment. Les attracteurs magnétiques sont des structures fascinantes. Ils existent en technologie et aussi en dynamique humaine.

À ce stade-ci, nous désirons aborder un point plus précis, soit l'ingénierie des résultats positifs au moyen des émotions cohérentes. Il existe une relation dynamique entre la matière, qui compose votre corps, et la lumière, qui constitue un autre aspect de votre monde physique. Vous êtes à la fois matière et lumière. Même si vous n'en êtes pas conscients, la lumière se transforme sans cesse en matière à l'intérieur de votre corps et la matière s'y transforme continuellement en lumière.

L'exploitation de ces états transitoires entre la lumière et la matière comporte un immense potentiel. Il peut s'avérer trop complexe de provoquer cette transformation de la lumière en matière et inversement, mais elle se produit naturellement quand vous créez un attracteur magnétique.

Selon notre connaissance des principes énergétiques, vous auriez grandement avantage à développer et à maîtriser votre aptitude à produire des émotions cohérentes, car cela vous permettra d'améliorer votre environnement interne corporel et mental, et de manifester des résultats positifs avec une plus grande précision.

Nous mentionnons encore une fois que la *Méditation sonore de l'Æthos* est la meilleure ressource que nous puissions vous offrir pour entrer dans des états de conscience non duels et créer des résultats positifs. Cette méditation est également utile pour modifier les formes-pensées et les croyances. L'utilisation de cet outil libérera un énorme potentiel chez l'individu et lui procurera une remarquable aptitude à transcender/transformer les situations de sa vie.

Les fenêtres cosmiques

Nous entendons souvent parler de l'existence des «fenêtres» cosmiques où le potentiel humain peut être amplifié.

– *Selon les Hathors, quels seraient les meilleurs moments d'accéder à ces fenêtres cosmiques?*

Il existe de nombreuses fenêtres cosmiques (c'est-à-dire des moments où les voiles s'amincissent et où vous pouvez percevoir plus clairement les autres mondes de la conscience). L'une des plus grandes est celle que vous appelez le solstice d'hiver.

L'énergie de cette fenêtre particulière s'étend sur une période de trois jours au cours de laquelle le monde subtil de la lumière est plus facilement accessible. C'est le moment idéal pour la réflexion personnelle, la contemplation et le renouvellement.

Les deux autres fenêtres cosmiques qui sont très accessibles et très profitables aux humains sont la période qui précède immédiatement le lever du soleil et celle qui suit immédiatement son coucher. Les élémentaux sont moins actifs durant ces deux périodes. Si vous prenez le temps d'accéder à ces deux fenêtres ou, du moins, à l'une des deux, vous éprouverez un bien-être profond. Il suffit de faire une pause dans vos activités et de prêter attention à ce que vous ressentez en contemplant le déploiement de l'aube ou du crépuscule. Il s'agit d'une méthode très simple qui vous apportera beaucoup.

Les élémentaux sont des énergies conscientes subtiles associées aux cinq éléments fondamentaux : la terre, l'air, le feu, l'eau et l'espace. Ce sont des forces archétypales qui ne sont aucunement liées à votre classification périodique des éléments. Ce sont des êtres conscients.

Quand le soleil «se lève» ou «se couche», les élémentaux de votre planète sont enchantés du changement de lumière et d'énergie. Ils tombent sous un charme hypnotique et, dans cette quiétude, vous pouvez percevoir plus facilement les mondes subtils parce que ces êtres ne remuent pas les choses.

Compte tenu de la rotation terrestre, l'aube et le crépuscule se déplacent à la surface de la Terre, et c'est seulement à l'endroit où le soleil « se lève » et où il « se couche » que les élémentaux sont enchantés. Cet enchantement est temporaire.

Si vous faites une pause à l'aube ou au crépuscule pour observer le changement de lumière et d'énergie, vous ressentirez un bien-être particulier. Vous finirez par percevoir le flux de la grâce qui traverse tous les mondes et qui les unifie, des plus hauts domaines de la lumière jusqu'au monde le plus bas de la matière.

La grâce telle que nous la connaissons et la vivons est un sentiment d'harmonie entre des éléments divergents. Elle a également un aspect esthétique qui peut se communiquer par l'art, par la musique et par l'élévation spirituelle.

Elle pourra vous sembler étrange jusqu'à ce que vous en ayez fait plusieurs fois l'expérience. L'étrangeté dont nous parlons ici, c'est la sensation de bien-être qui vous envahit lorsque vous faites une pause à l'aube ou au crépuscule pour contempler par vos sens le changement de lumière et d'énergie. Ce bien-être n'est pas une expérience rationnelle. En effet, même si vous êtes très tourmentés avant de faire cette pause, le bien-être qu'elle vous procurera vous soustraira temporairement ou définitivement à votre tourment. Ce ne sera pas l'effet d'un pouvoir extérieur, mais du pouvoir du cosmos, qui est aussi le vôtre. En ce moment merveilleux où vous percevrez les relations harmoniques du cosmos, vous serez touchés par la grâce.

Les événements mondiaux

Puisque, dans cette énorme expérience, nous sommes tous des cocréateurs sur les plans individuel et collectif, nous cocréons des événements, bons ou mauvais, pour changer nos comportements, même si c'est inconscient. Or, ces événements sont toujours présentés comme négatifs, qu'il s'agisse des déversements de pétrole, des fusillades massives, etc. Bien sûr, pour ceux qui les vivent, il est difficile de les voir autrement à cause des émotions qui leur sont associées.

Pourtant, j'ai cru remarquer que ces événements rassemblent l'humanité et la rapprochent peut-être d'un changement potentiel car la Terre-Mère sait toujours se rééquilibrer.

– *En somme, ces événements ne sont-ils pas un tremplin pour créer le changement dans ce monde de dualité, ainsi qu'un déclencheur de compassion pour notre Soi supérieur ?*

L'accélération temporelle fait qu'il se produit davantage d'événements en moins de temps, ce qui crée une pression et un stress excessifs chez les individus. Nous appelons « points d'appui » le stress psychologique causé par l'adaptation à cette accélération du temps.

Ces points d'appui sont les points focaux de forces opposées. La bascule en est un parfait exemple : deux personnes sont assises chacune à l'un des deux bouts d'une planche soutenue au centre par un pivot. Quand l'une s'élève, l'autre s'abaisse. Au cours du processus d'alternance entre ces polarités, une pression s'exerce sur le pivot. Cette pression est proportionnelle au poids des deux personnes assises sur la bascule et elle s'accroît par la vitesse à laquelle ces deux personnes s'élèvent ou s'abaissent.

Extrapolons en appliquant cette comparaison aux événements mondiaux.

Pour vous, les humains, le point d'appui est votre organisme biologique. Les processus physiologiques qui ont lieu dans votre corps répondent au stress que vous subissez. Certains événements de votre vie sont neutres. Certaines expériences créent très peu de stress tandis que d'autres, comme une crise personnelle ou une crise collective, peuvent générer un stress considérable. Le point d'appui qu'est votre corps doit s'adapter au rythme accéléré du stress individuel et collectif.

Heureusement, l'organisme humain peut s'adapter très rapidement, et il est possible de vous ajuster plus facilement aux changements mondiaux ou personnels. Cette aptitude provient toutefois d'une connaissance du point d'appui et de votre potentiel humain. Nous entendons par là spécifiquement le potentiel de mieux réagir aux situations nouvelles et stressantes.

Votre point d'appui personnel est unique car vos réactions physiologiques le sont.

Vos réactions physiologiques au stress sont instinctives et largement inconscientes. Toutefois, malgré leur automatisme, elles sont un comportement acquis. Cette réaction unique au stress est fondée sur votre être biologique, votre historique personnel, vos croyances concernant la nature de la réalité, ainsi que sur les ressources physiques telles que la nourriture, l'eau et l'air.

Deux personnes qui vivent la même crise peuvent y réagir très différemment. Comme pour toutes les choses de la vie, le stress est fonction de l'individu.

Certains disent que les événements mondiaux sont orchestrés par un pouvoir supérieur pour inspirer ou forcer les humains à élever leur conscience. Nous ne sommes pas de cet avis. Il n'existe pas de pouvoir supérieur assurant l'évolution de l'humanité, car celle-ci crée elle-même son avenir.

Les choix que vous faites dans votre vie personnelle affectent directement la force et la souplesse de votre point d'appui. Ils affectent également la collectivité dans une certaine mesure, mais le changement le plus important et le plus difficile est celui qui doit survenir en vous.

À mesure qu'augmente l'accélération temporelle, le stress auquel vous êtes soumis individuellement et collectivement s'intensifie. Votre aptitude ou votre inaptitude à réagir aux pressions exercées sur le point d'appui a un effet direct sur ce que vous pouvez accomplir dans votre vie personnelle et sur ce que vous pouvez apporter à la collectivité. Vous ne pouvez pas donner ce que vous n'avez pas et vous ne pouvez pas contribuer à l'élévation collective si les forces s'exerçant sur votre point d'appui vous ont rendus fous.

À ce stade-ci de notre entretien, nous sommes à un carrefour. L'un des deux chemins mène à l'action dans le monde extérieur tandis que l'autre conduit au monde intérieur.

Il ne s'agit pas d'un dilemme, mais, en fait, la plupart des gens se concentrent sur l'un ou sur l'autre. Ou bien ils s'efforcent de changer le monde en posant des gestes extérieurs ou bien ils tentent de le modifier en changeant leur réalité intérieure. Dans certains cas, ils tentent d'échapper complètement à la réalité extérieure en se réfugiant dans leur monde intérieur.

Il ne s'agit pas là d'une solution ingénieuse pour gérer le stress car elle mène plutôt au déni et à la dégradation de l'histoire et de la destinée. Autrement dit, le déni d'une situation ne règle pas celle-ci. Il la perpétue insidieusement. S'il existe une situation de violence au sein d'une famille, d'un groupe social ou d'une civilisation, le fait de la nier ne change rien.

Les forces négatives responsables de cette violence peuvent ainsi continuer à s'exercer en toute liberté puisque personne ne leur dit « non ». La capacité de dire « non » à une situation est parfois la plus grande contribution évolutionnaire que l'on puisse faire.

Ce paradoxe est d'autant plus déchirant que les individus enclins à la spiritualité sont souvent d'une nature très sensible. En tentant de protéger leur sensibilité, ils détournent les yeux des situations qui les troublent. S'ils y sont habiles, ils peuvent se réfugier dans leur monde intérieur, laissant loin derrière eux les conflits extérieurs. Le désavantage, c'est qu'ils se sont déconnectés des réalités de leur expérience terrestre, c'est-à-dire de ce qui les gêne.

Si un trop grand nombre d'individus fuient les situations négatives du monde extérieur en se réfugiant en eux-mêmes, il ne restera plus personne pour dire NON. Les forces négatives auront alors toute la liberté de régner sur le destin du monde, c'est-à-dire sur l'expérience terrestre. C'est ainsi que se produit la dégradation de l'histoire et de la destinée.

L'histoire fourmille d'incidents où les forces négatives ont prévalu et ont façonné l'histoire selon leurs objectifs. Très souvent, quand l'histoire est niée, elle se répète.

C'est ce que nous entendions par la dégradation de l'histoire et de la destinée.

Voilà qui nous ramène au point d'appui concernant les événements mondiaux. Nul ne peut échapper à l'accélération du temps. Votre destinée, ainsi que celle des générations qui vous succéderont, dépendra de la manière dont votre civilisation aura composé avec ce phénomène.

Ce que nous vous conseillons, c'est de le faire en posant des actions dans le monde extérieur tout en vous réfugiant dans votre monde intérieur. Unissez les deux. Vivez vos valeurs. Trouvez le courage de dire NON aux situations extérieures que vous trouvez négatives. Réfugiez-vous en vous-mêmes pour vous régénérer, non pour échapper au monde extérieur. Faites-le pour vous fortifier en menant votre existence comme des êtres spirituels vivant une expérience humaine.

Il y a de très nombreuses façons de se réfugier en soi pour se fortifier. Par exemple, ceux d'entre vous qui sont sensibles aux pouvoirs guérisseurs du son peuvent écouter la *Méditation sonore de l'Æthos* et travailler comme nous l'avons expliqué plus haut.

Ce n'est là qu'une façon parmi d'autres. Toutefois, quelle que soit celle que vous choisirez, vous devrez trouver le moyen de vous rendre plus souples et plus forts.

Le compassion et le potentiel humain

Nous terminerons en disant que la compassion est la capacité de témoigner par empathie. C'est « se sentir avec » quelqu'un. La compassion en soi ne requiert aucune action. On n'a pas besoin de faire quoi que ce soit. C'est simplement l'acte de témoigner par empathie et par l'absence de jugement.

La bonté naît de la compassion, qui devient alors action. Vous allez vers les autres par des actes de bonté. Vous travaillez pour résoudre une situation de la façon la plus harmonieuse et la plus ingénieuse possible. Or, c'est ici qu'intervient la dualité, et nous devons l'aborder directement.

Comme nous l'avons dit, la compassion est l'acte de « témoigner ». Elle suscite la réaction empathique du cœur humain. Ce n'est pas de la sympathie, mais le sentiment « d'être avec » le ou les individus concernés. Son pouvoir transcende les circonstances. La véritable compassion transcende le monde et ses souffrances, tout en l'accompagnant par empathie.

Comme la compassion est transcendante, elle ne fait que témoigner. Elle n'agit pas. Il existe en effet des situations où l'on peut éprouver de la compassion envers une situation sans accomplir aucune action.

La bonté est la mobilisation de la compassion, qui devient alors action.

Voici le paradoxe et la difficulté : chaque fois que vous accomplissez une action dans ce monde de dualité, il existe une contre-force imprévue et invisible. C'est pourquoi la bonté doit s'exercer avec sagesse. Si vous vous précipitez pour aider quelqu'un ou pour régler une situation parce que vous éprouvez de la compassion, cela n'aura pas nécessairement l'effet désiré.

Paradoxalement, un acte de bonté peut créer une situation négative dans la vie des personnes concernées, particulièrement s'il est accompli sans réfléchir. Les actes de bonté tempérés par la réflexion, la sensibilité et la sagesse sont parmi les plus grandes contributions que vous puissiez faire dans votre vie. Sans la sensibilité, la réflexion et la sagesse, des actions bien intentionnées peuvent faire plus de mal que de bien.

Comme toujours, c'est une question d'équilibre.

Un dernier mot…

De notre point de vue, vous avez tous été handicapés par plusieurs de vos religions et philosophies spirituelles. Bien que ces considérations puissent sembler abstraites, ces formes-pensées influencent réellement la perception et limitent, par leur nature même, votre expérience dans le monde de la matière.

Certaines de vos religions et traditions spirituelles, mais pas toutes, se méfient du monde de la matière. Elles affirment qu'un paradis ou une forme quelconque d'existence meilleure existe hors de vos perceptions d'êtres humains incarnés.

Elles considèrent votre aspect physique comme une erreur ou un « péché », prétendant que vous êtes impurs du simple fait de posséder un corps. Même si vous vous êtes peut-être distanciés intellectuellement de ces croyances, ces formes-pensées *imprègnent* votre civilisation et influencent la vision d'elle-même qu'a l'humanité.

Si vous acceptez une telle forme-pensée, consciemment ou inconsciemment, vous êtes liés par elle et il se crée une tension entre votre aspect transcendant (c'est-à-dire votre multidimensionnalité) et votre existence incarnée. À notre avis, cette situation est déplorable.

Pour nous, la conscience est un continuum des plus hauts niveaux vibratoires où règne la non-dualité, jusqu'au monde matériel, en passant par le monde de la lumière. Il existe bien sûr des frontières vibratoires, mais le monde de la matière est tout aussi «sacré» que celui de la lumière ou de la conscience pure.

Nos chers amis Arcturiens

Même si nous travaillons avec vous, nous sommes originaires d'un autre univers que le vôtre.

Nous venons d'un univers parallèle contigu au vôtre. Les univers contigus sont disposés en rangées, comme des œufs dans un carton empilés les uns sur les autres. Des lignes énergétiques circulent entre eux, particulièrement entre les plus rapprochés. Sirius est un portail majeur, l'un des principaux points d'entrée vers votre univers.

Nous sommes entrés dans cet univers à la demande d'un maître ascensionné du nom de Sanat Kumara. Il nous a demandé d'y entrer parce que notre aspect féminin et notre aspect masculin sont équilibrés, et parce que notre civilisation a subi une ascension vibratoire et une transformation.

Nous aimons beaucoup Sanat Kumara, qui est un très bel esprit, un brillant stratège et un militant inflexible en faveur de la vie. En approfondissant notre relation avec ce maître unique, nous en sommes venus à reconnaître ses qualités chez d'autres Arcturiens rencontrés dans votre univers.

Pour nous, les Arcturiens possèdent un mélange de qualités qui est unique. Ils sont parmi les plus grandes intelligences de votre univers. Leur technologie dépasse celle de toutes les autres civilisations intergalactiques et, comme nous, ils posent naturellement sur l'existence un regard amusé.

Leur amusement est toutefois légèrement différent du nôtre car nous sommes de la cinquième à la douzième dimension. Nous résidons uniquement dans le monde de la lumière. Nous naviguons hors du temps et de l'espace, dans lesquels nous n'entrons jamais complètement. Quant aux Arcturiens, l'existence les amuse parce qu'ils trouvent exaltant de descendre dans les basses vibrations lorsque c'est nécessaire. Ils ne le font que très rarement car il leur faut une immense quantité d'énergie pour abaisser le taux vibratoire de leurs vaisseaux jusqu'à la troisième dimension. Ils préfèrent donc opérer dans les hautes fréquences, mais ne doutez pas qu'ils peuvent se matérialiser dans l'existence tridimensionnelle au besoin.

Cette caractéristique arcturienne consistant à voir l'existence avec un certain amusement provient de leur esprit résistant et aventureux. Ce sont de prodigieux stratèges et des maîtres logisticiens. Ils voient les situations sous un aspect multidimensionnel, les analysant simultanément du point de vue du passé, du présent et du futur. Cette vision holographique complexe des situations est une qualité inhérente à leur nature. Ce n'est pas un comportement acquis, mais plutôt inscrit dans leur ADN.

Sanat Kumara est le protecteur de votre planète, de votre système solaire et de votre galaxie. Sa première rencontre directe avec la Terre a eu lieu il y a environ dix millions d'années, dans la région du monde que vous appelez aujourd'hui le Japon.

Il est descendu de son vaisseau pour interagir avec un groupe d'êtres très évolués qui vivaient dans une région montagneuse isolée. Ce lieu est vénéré dans le Japon actuel, où il est marqué par la présence d'un sanctuaire sur le mont Kurama.

Étant un Arcturien très évolué lorsqu'il s'est posé sur votre planète, il en a vu holographiquement toute l'histoire jusqu'au présent d'alors, il y a dix millions d'années dans votre passé. Il a vu également tout le déroulement des événements du futur jusqu'à votre présent.

Le mont Kurama est vénéré non seulement par les Japonais, mais aussi par les Arcturiens.

Les Arcturiens ne rendent pas un culte à Sanat Kumara. Ils le reconnaissent comme l'un des leurs, l'une des plus hautes expressions du potentiel arcturien. Nous les laisserons parler pour eux-mêmes. Nous désirions uniquement leur ouvrir la porte et rendre ainsi hommage à un très vieil ami.

LE TROISIÈME LIVRE DES POTENTIELS

Les Arcturiens

L'une des premières tâches qui vous incombent
si vous désirez revendiquer votre potentiel
véritable, c'est de nettoyer votre cœur,
votre esprit et votre mémoire cellulaire
de tous les mensonges de vos religions.

Préface de Judi Sion

« Ma seule Église, c'est mon esprit. Toutes les institutions ecclésiales nationales, qu'elles soient juives, chrétiennes ou turques, ne sont pour moi rien d'autre que des inventions humaines destinées à terrifier l'humanité pour l'asservir, ainsi qu'à monopoliser le pouvoir et le profit. »
Thomas Paine, *L'Âge de raison.*

J'ai grandi en remettant en question la religion. Elle me semblait éminemment absurde, même quand j'étais enfant. Non seulement toute l'idée était-elle aberrante, mais elle faisait insulte à l'intelligence, à la logique, à la raison et à la liberté de pensée.

J'ai grandi en lisant plusieurs fois *L'Âge de raison* de Thomas Paine. C'était l'un des deux livres qui, telle une bénédiction du destin, avaient été laissés dans notre salle de bains par une auguste main conseillère qui n'était sûrement pas celle de ma mère.

Le raisonnement de Paine me semblait irréfutable, même si je divergeais d'opinion avec lui sur un point clé dont je ne parlerai pas ici car chacun de nous doit prendre cette décision finale dans le silence du cœur et de l'esprit.

Quand je fus assez âgée pour comprendre les idées de Thomas Paine, j'avais déjà observé les systèmes utilisés pour contrôler nos pensées et nos actions, et je les détestais. Dans le Sud où j'ai grandi, le comportement était régi par la honte et la culpabilité. Ces subtils moyens de contrôle constituent un système de torture de l'esprit et du cœur conçu par mes parents et par d'autres figures d'autorité qui avaient vraisemblablement été élevées aussi de cette façon-là ou qui ne pouvaient pas croire que l'humanité fût capable d'agir avec bonté. C'est pourquoi on instillait la « crainte de Dieu ».

Comment briser un cycle établi aussi fermement et aussi insidieusement ?

Au bout du compte, la plupart d'entre nous se laissent « briser » et finissent par accepter de porter des œillères. Nous ne *voyons* pas au-delà de ce que l'on nous a appris. Toute notre vie, nous portons le fardeau des croyances des autres.

Si j'avais considéré comme des dragons de vertu les gens qui croyaient aussi fermement à la religion, je me serais peut-être abreuvée plus longtemps à la fontaine du dogme. Or, j'ai bien vu que ceux qui prêchaient aux autres ne vivaient pas ce qu'ils prônaient, y compris certains des plus célèbres prédicateurs télévisuels que j'ai eu le déplaisir de connaître. Ils ne vivent pas selon la doctrine qu'ils prêchent et je ne peux le tolérer. Je n'ai jamais beaucoup toléré les imbéciles et les hypocrites.

Par ailleurs, j'ai vécu d'autres expériences dans mon enfance au milieu de nulle part. Je ne peux même pas dire que je viens d'une petite ville ou d'un village, ni même d'un hameau. J'ai grandi au milieu de rien, dans les plaines de tabac de la Virginie. Il n'y avait aucun autre enfant à quinze kilomètres à la ronde.

J'avais des amis dans tous les vents et la forêt me parlait, jusqu'à ce que l'on me dise qu'elle ne le pouvait pas. Un soir, alors que j'étais couchée, j'ai vu apparaître un orbe au pied de mon lit. Comme j'ai déjà raconté cette histoire dans *Le Manuscrit de Marie Madeleine*, je n'en mentionnerai ici que la signification. Il est difficile de suivre « la ligne du parti » quand on a eu d'autres expériences personnelles.

Je me suis toujours intéressée au paranormal. Ce qui me posait un problème, ce n'était donc pas l'existence de phénomènes dépassant notre compréhension, mais plutôt ce qui concernait Dieu. Quel Dieu ? De quoi ce Dieu pouvait-il donc être jaloux? Quelle connaissance pouvait-il bien vouloir interdire à « ses enfants » ? Et pourquoi blâmer une femme de désirer la sagesse et de manger une pomme pour l'obtenir? S'il y a là une allégorie, elle m'échappe totalement.

Et puis, il y a la question de la justice et de l'accès. Pourquoi un enfant d'un pays lointain brûlerait-il en enfer pour l'éternité parce qu'il n'a pas eu accès aux enseignements de Jésus-Christ? C'est pourtant là le message chrétien et l'excuse invoquée par les missionnaires pour imposer aux autres leur système de croyances!

Pourquoi un enfant ne pourrait-il pas mener une vie exemplaire par choix et non par peur, puis se retirer dans une existence de bonheur plutôt que de brûler dans la damnation parce qu'il n'a jamais entendu parler de Jésus? Quel est ce créateur aimant qui détruit des villes entières en y tuant tout le monde?

Je me souviens d'un évêque catholique français qui répondit, quand on lui demanda pourquoi il mettait le feu à une église remplie de bons catholiques et d'hérétiques cathares : « Qu'ils brûlent tous! Dieu reconnaîtra les siens. »

Quel est ce Dieu qui a besoin que ses créatures enlèvent volontiers la vie à leur progéniture pour prouver leur amour envers lui? Aucun psychothérapeute ne livrerait un diagnostic de bonne santé mentale à un être aussi paranoïaque, arrogant, orgueilleux, narcissique, et souffrant du trouble de la personnalité multiple.

Ma vie est un fait biologique et non théologique. Qu'on me comprenne bien : j'ai essayé de croire en Dieu. Puis, après plusieurs années de jonglage avec le concept, j'ai réussi à accepter l'option métaphysique : nous sommes tous Dieu!

J'ai néanmoins continué à chercher. J'ai lu beaucoup, me dissociant peu à peu du petit village aux esprits étroits qui voulaient absolument que mes croyances soient les leurs. Je n'ai jamais cessé de rechercher la pièce manquante du puzzle qui me fournirait les réponses aux questions fondamentales qui me hantaient.

Pourquoi ce besoin de vénérer?

Pourquoi nous inclinons-nous devant des autorités mal avisées?

Pourquoi appelons-nous « maîtres » certains êtres? Que cela fait-il de nous?

Qu'y a-t-il en nous qui nous fait rentrer aussi vite dans le rang et nous soumettre à l'esclavage de l'âme et du corps?

Pourquoi, quand nous entendons prononcer le mot « Dieu », pensons-nous à un mâle et imaginons-nous un vieil homme barbu, puis nous mettons-nous automatiquement dans une attitude de prière, ce qui veut dire inévitablement que nous nous inclinons et que nous nous considérons comme inférieurs?

Il manquait une pièce au puzzle, comme le chaînon manquant de l'évolution humaine.

* * * *

En 1986, j'ai quitté une entreprise de consultation qui fonctionnait très bien pour aller m'installer dans une petite île du Nord-Ouest parce que je voulais écrire un livre sur les âmes sœurs. À la place, j'ai rédigé sous le nom de Judi Pope Koteen un ouvrage canalisé que j'ai intitulé *La Dernière Valse des tyrans*, et un autre livre, *UFOs and the Nature of Reality* [Les ovnis et la nature de la réalité], qui constituait ma première incursion en territoire extraterrestre et dans lequel livre je présentais une autre histoire de la création. Il m'a fallu deux ans de promenades sous les vents océaniques pour ordonner tous les éléments avec logique et crédibilité, et pour admettre les implications possibles d'une telle histoire de la création.

Au bout de deux ans, ce fut comme si quelqu'un avait passé mon esprit au coupe-boulons. Finalement, la possibilité que l'humanité soit le fruit de manipulations génétiques opérées par une civilisation intergalactique avait pour moi plus de sens que l'histoire d'un vieil homme barbu et d'une côte manquante.

Si vous lisez ces messages arcturiens avec un esprit ouvert, ils pourront vous libérer. Tant que nous abandonnons notre pouvoir à une autorité « supérieure », nous nous abaissons.

Voici l'histoire de la création telle que nous l'ont livrée les Arcturiens et d'autres êtres. Ils ne sont pas les premiers à raconter cette histoire. La version arcturienne comporte toutefois de nouvelles données dont nous sommes ravis de vous faire part, dans l'espoir qu'elles enlèveront les œillères obstruant peut-être votre vision.

Il y a des lustres, les Annunakis, une race d'êtres intergalactiques possédant une haute technologic, se sont rendu compte que leur atmosphère se dégradait. Leurs scientifiques ont alors déclaré que l'or pourrait la stabiliser. Une imagerie de notre planète ayant révélé d'immenses gisements aurifères en Afrique, ils sont venus sur la Terre pour en extraire de l'or. Comme la science l'a déterminé, l'Afrique est donc le berceau de notre civilisation parce que c'est là que les généticiens annunakis ont concocté la mixture d'où nous sommes issus. Comme la gravitation de la Terre les empêchait d'y demeurer très longtemps et que leurs gens ne voulaient pas travailler dans les mines, ils ont cherché une solution pour extraire l'or sans employer leur propre peuple. Cette solution, ce fut la création de l'*Homo sapiens.* Les tablettes d'argile sumériennes racontent cette histoire telle qu'elle fut vécue à l'époque.

Plusieurs personnes ont déjà émis l'idée que l'homme descendrait du singe, mais les Arcturiens y ajoutent un éclairage inédit. Ils parlent d'êtres hautement vibratoires et de nature électromagnétique, dits éthérés.

Ces êtres éthérés ont toujours été ici et nous avons déjà été capables de les voir, même si leur fréquence vibratoire est beaucoup plus élevée que la nôtre. Ce sont les fées, les elfes et les gnomes de notre mythologie, et aussi les anges.

Les anges sont des êtres électromagnétiques, éthérés. Bien sûr, c'est comme pour tout le reste : ce qui est en haut est comme ce qui est en bas. Il existe des anges possédant une immense intelligence et un grand pouvoir, et il en existe des moins évolués qui ont peut-être de bonnes intentions, mais qui n'ont pas la technique nécessaire pour mettre celles-ci en pratique. Ce sont des êtres électromagnétiques d'une vibration inférieure.

Tous ces types d'êtres électromagnétiques existent encore, mais on nous a « entraînés » à ne pas les voir, tout comme les aborigènes d'Australie ne voyaient pas les gros navires du capitaine Cook parce qu'ils n'avaient aucun point de référence.

Certains de ces êtres éthérés se risquaient à entrer dans le corps des premiers primates, mais ils ne pouvaient y rester qu'un certain temps. S'ils passaient outre, ils y restaient piégés.

Plusieurs groupes intergalactiques racontent que les Annunakis auraient mélangé leur ADN avec celui des primates afin de créer une race d'esclaves pour extraire de l'or, mais je n'avais jamais entendu dire qu'ils avaient choisi des *primates spécifiques* pour cette expérience, en l'occurrence ceux dans lesquels des êtres éthérés se trouvaient piégés.

Selon les Arcturiens, les Annunakis ont choisi ces primates habités par des êtres éthérés parce qu'ils avaient dans les yeux une lueur d'intelligence qui les distinguait des autres. Autrement dit, ce n'étaient pas des singes ordinaires!

Nous ne sommes donc pas nés d'une côte d'Adam que Dieu aurait prise pour créer Ève. Nous sommes issus d'une expérience scientifique, d'un tripotage génétique semblable à celui que nous faisons maintenant avec les chevaux et d'autres animaux. Le chaînon biologique manquant de l'évolution humaine est donc d'intervention extraterrestre.

Voici cependant la partie la plus importante et la plus néfaste de cette histoire. J'en ai pris conscience il y a vingt ans quand j'ai écrit *UFOs and The Nature of Reality*, mais je n'avais jamais entendu personne souscrire à ma théorie avant que ne le fassent les Arcturiens.

Quel est l'un des principes fondamentaux de la métaphysique?

La pensée est créatrice.

Si l'on nous a créés avec l'intention de faire de nous une race d'esclaves, il n'est pas étonnant que nous retombions dans ce rôle devant ce qui semble supérieur à nous : les dieux/Dieu/les extraterrestres munis d'une technologie de pointe. Les Annunakis étaient des êtres intergalactiques peu évolués, mais très avancés technologiquement.

Au fait, cela répond aussi à une autre de mes grandes interrogations durant l'enfance. Si les « dieux » étaient si extraordinaires, pourquoi étaient-ils si ignorants, si jaloux et si dangereux ? On peut posséder un grand pouvoir sans être très évolué ! (George Bush me vient à l'esprit !)

L'évolution est une question de conscience. On peut acquérir du pouvoir par la technologie, mais le pouvoir que possèdent des êtres ne les rend ni grands ni dignes d'être servis. Ce n'est pas parce que les « premiers dieux » (spécifiquement Jéhovah, pour nommer une représentation divine cruelle) pouvaient détruire une ville entière qu'ils étaient grands et sacrés. Cela veut simplement dire qu'ils étaient puissants. À mon avis, Jéhovah était comme un enfant attardé muni d'un immense pouvoir.

Honnêtement, je préfère avoir la conscience plutôt que ce genre de pouvoir !

Et je ne choisis pas de « craindre Dieu/dieu ». S'il existait, si elle existait, je préfèrerais le/la respecter et l'aimer plutôt que de le/la craindre. Tout Dieu/dieu que j'honore mérite le respect et ne requiert pas qu'on le craigne ou qu'on rampe devant lui.

Revenons à l'histoire de la création présentée par les Arcturiens. Les premiers humains furent donc issus d'un croisement génétique entre des êtres éthérés piégés dans des corps de primates et l'ADN des Annunakis, qui *entretenaient la pensée* de créer une race d'esclaves.

J'ai raconté plus haut avoir passé deux ans à marcher sous les vents océaniques en tentant d'éclaircir les raisons de notre tendance à nous incliner, même devant de fausses autorités. Je travaillais alors à un livre sur les extraterrestres qui contenait cette même information sur les Annunakis, mais, avant que je ne comprenne (merci, Thomas Paine) que ces derniers entretenaient la pensée de créer une race d'esclaves en jouant avec notre ADN, cette information n'avait pas de sens. C'est ce que j'ai déduit il y a plus de vingt ans, mais je ne l'avais jamais entendu dire par quiconque avant aujourd'hui et je n'avais fait part de ma théorie qu'à quelques personnes.

Je soupçonne qu'une information ne nous est fournie que si nous sommes prêts à y réfléchir et à l'accepter. Il m'avait fallu des années pour donner un sens à ce que je rédigeais alors, il y a deux décennies.

La pensée est créatrice. L'espèce humaine est issue de la pensée de créer une race d'esclaves. Pour posséder pleinement notre pouvoir et réaliser notre grandeur, nous devons d'abord comprendre comment nous sommes devenus ce que nous sommes.

Le service envers nos maîtres est inscrit dans notre ADN mitochondrial et, selon les Arcturiens, avant que le sort n'en fût jeté, plus de vingt autres manipulations génétiques furent effectuées par diverses civilisations intergalactiques. Ils affirment que ce mélange d'informations génétiques fait de nous une royauté intergalactique.

Je pense que le dicton voulant que « le maître se présente quand l'élève est prêt » s'applique aussi à cette information. Quand l'esprit est ouvert, le savoir se révèle de lui-même.

Je ne saurais vous dire à quel point je me sens privilégiée de vous présenter ici mes amis arcturiens. J'espère ardemment que vous prendrez la peine de réfléchir à l'information livrée ici. En fait, quand nous avons été invités à participer à ce livre, Tom ne voulait pas le faire. Les concepts du Bouddha ou de Saraswati, du Maître Wu ou des divers panthéons des nombreuses traditions spirituelles ne lui posaient aucun problème, mais l'idée des extraterrestres l'avait toujours laissé froid.

Étant lui-même instructeur spirituel, il pouvait accepter les propos des grands maîtres de toutes les traditions mondiales, mais non le concept d'extraterrestres. Il appelait Dieu ces êtres sacrés et il les considérait comme divins.

Personnellement, j'ai banni le mot « Dieu/dieu » de mon vocabulaire et je ne parle maintenant que d'extraterrestres. Pour moi, tous les êtres qui furent pris pour des dieux étaient des visiteurs d'un autre monde, possiblement d'une autre dimension.

Tom travaille avec les Hathors depuis plus de vingt ans, et je travaille avec eux, par lui, depuis plus de quinze ans. Ce sont vraiment de vieux amis, mais Tom était très hésitant à faire un pas de plus dans la direction extraterrestre.

Or, quand le sujet de ce livre est apparu, l'être que nous respectons le plus lui a demandé de canaliser ces messages arcturiens. Lorsque cet être nous demande quelque chose, nous y prêtons tous les deux une attention particulière. Cet être s'appelait Marie Madeleine dans sa seule vie humaine. C'est elle qui a approché Tom en lui demandant de le faire.

Sachant que la qualité d'une information canalisée dépend toujours du niveau d'évolution du canalisateur, je ne pouvais imaginer personne d'autre que Tom à ce stade-ci pour transmettre l'information arcturienne car je connais bien son intégrité. Je connais sa vive intelligence. Je respecte le scientifique qu'il est également et je sais qu'il peut « harmoniser son cerveau » avec n'importe quelle fréquence pour transmettre une information de la plus haute qualité.

Je sais aussi qu'il déteste faire ça, mais qu'il ne refuserait jamais une demande de cet être que nous appelons Marie Madeleine. Par ailleurs, il s'avère que cette dernière est une Arcturienne, tout comme l'être magnifique que nous appelons Yeshua ben Joseph, ainsi que celui qui est pour plusieurs le maître ascensionné Sanat Kumara.

* * *

Mon premier contact conscient avec les Arcturiens a eu lieu à Zermatt, en Suisse, dans l'appartement d'une grande amie. Marie Madeleine proposa que nous profitions de notre séjour pour découvrir ma lignée. Ce serait mon cadeau d'anniversaire.

Il s'avéra que je ne suis pas d'ici, et c'est sans doute votre cas également. De plus, plusieurs d'entre nous portent une émanation, c'est-à-dire l'énergie d'un autre être. Autrement dit, plusieurs ne proviennent pas de cette planète. Mes origines semblent remonter au fin fond de l'espace. On m'a déjà dit : « Tu es issue d'une hybridation sélective afin de vivre ici maintenant. » (Cela veut sans doute dire que je ne viens pas réellement de la Virginie !)

Plusieurs fois par semaine au cours de notre séjour, Tom a soumis amoureusement sa conscience à la canalisation de ma généalogie. Ce fut l'un des plus magnifiques cadeaux de ma vie. Je me souviens à peine des êtres qui sont venus réclamer un aspect de ma personnalité, mais je n'oublierai jamais l'Arcturien. Audacieux et profondément intelligent, il ne disait pas de bêtises et il allait droit au but.

Une famille vivait à l'étage supérieur. Quand Tom s'est mis dans l'état d'esprit approprié pour canaliser cet Arcturien, les voisins du haut ont commencé à déplacer des meubles sur le plancher de tuiles de leur appartement, faisant un tapage d'enfer au-dessus de nos têtes. L'Arcturien a entendu ces horribles bruits et il a commencé son message par ces mots : «*Mais que font donc ces idiots là-haut?*» Je m'attendais presque à ce qu'il aille frapper à leur porte pour leur demander d'être un peu plus respectueux.

Je n'ai jamais cessé d'aimer les Arcturiens depuis. J'ai connu d'autres êtres lors de ce captivant séjour à Zermatt, mais celui-là a éveillé dans mon cœur des résonances que je n'avais jamais ressenties.

Chacun de nous est la combinaison d'un corps physique et d'une conscience. Le corps physique est peut-être le résultat d'un mélange génétique provenant de diverses parties du globe, mais l'étincelle qui l'habite et qui détermine la conscience est peut-être un mélange issu de plusieurs dimensions et galaxies.

Vous avez peut-être même l'émanation d'un être considéré comme une déesse ou comme un grand instructeur spirituel. Par ailleurs, selon Madeleine et les Hathors, une déité ne s'incarne *presque jamais* entièrement.

Peut-être portez-vous un brin de déité – une émanation –, ce qui expliquerait pourquoi vous vous reconnaissez dans un être particulier ou dans la religion de cette déité, mais il est très improbable que l'un ou l'une d'entre nous soit l'incarnation d'une déité. (J'imagine que c'est en raison de la confusion régnant à ce sujet que Madeleine l'a abordé dans sa section.)

On nous avait fourni une série de questions pour créer le texte de ce livre, mais les Arcturiens avaient leur propre idée de l'information à présenter. Il est évident que certains membres de leur civilisation ont été incités à divulguer de l'information. Après quelques jours de tentatives pour répondre aux questions de Martine [notre éditrice], nous avons décidé de regarder passer le défilé en les écoutant tous un à un.

Il était clair qu'ils désiraient profiter de l'occasion pour traiter d'un problème auquel fait face leur civilisation, en écho à notre propre dilemme du cœur et de l'esprit.

Ils ont exprimé leur profonde inquiétude envers notre manque de respect de l'environnement et nous ont offert des techniques de méditation. Ils nous ont aussi expliqué leur défense de la Terre et annoncé qu'ils contacteraient à l'avenir beaucoup plus de Terriens.

Ils ont aussi abordé l'un de mes sujets préférés : le danger des religions et du contrôle mental, très répandu aujourd'hui à mon avis. Ce fut pour moi un immense plaisir de transcrire les messages de ces êtres magnifiques, dont j'étais la première à prendre connaissance. Nous ne changeons jamais un seul mot aux messages canalisés. De plus, Tom et moi ne lisons jamais rien qui ait été écrit par quelqu'un d'autre au sujet des êtres avec lesquels nous travaillons, afin d'être sûrs de ne livrer que de la matière originale.

J'aimerais vous quitter sur une dernière réflexion avant que vous ne vous plongiez dans ces messages. Les religions et les gouvernements nous ont menti délibérément, nous enlisant dans un marais de honte et de servitude. L'abandon de l'ignorance ne signifie pas le renoncement à l'évolution et à l'ascension spirituelle. Vous n'avez pas à ramper devant quiconque pour vous élever.

Avec le recul, je peux dire que je reproche à la communauté ufologique de laisser de côté l'esprit et la conscience, et à la communauté du nouvel âge d'avoir tendance à renoncer à son pouvoir.

Nous pouvons tous être puissants, pleinement conscients et libres !

Mes rencontres arcturiennes

Une brève introduction

L'histoire que vous êtes sur le point de lire appartient vraiment *à un autre monde*, non seulement parce qu'on y trouve des êtres qui ne sont pas de la planète Terre, mais aussi parce qu'elle est tellement invraisemblable et que ses personnages sont si étranges qu'elle tient de la science-fiction. Évidemment, ce qui relève de la science-fiction pour les uns peut s'avérer bien réel pour les autres, puisque la perception est fonction du lecteur.

Comme je privilégie la vérité objective, je m'étonne moi-même d'écrire encore une fois une introduction à une série de messages canalisés. Personnellement, je préfère les données plus fiables qui résultent d'une enquête scientifique et d'une approche rationnelle, car on peut les vérifier objectivement. Ou bien une information est vraie ou bien elle ne l'est pas. Il n'y a pas de moyen terme. Sauf évidemment en physique quantique, où les choses sont parfois imprévisibles et incertaines.

Comme je le mentionne ailleurs dans ce chapitre, l'information canalisée diffère des autres formes d'information. On peut parfois la vérifier objectivement, mais ce n'est pas toujours le cas. Tout dépend de sa nature.

Dans le cas présent, il s'agit de messages d'un groupe de voyageurs intergalactiques nommés Arcturiens. Toute vérification objective de leur existence serait à tout le moins problématique. Par ailleurs, le moment où une occasion se présente compte toujours pour beaucoup dans le choix que l'on fait ou la décision que l'on prend. Si notre éditrice québécoise, Martine, m'avait approché il y a quelques années pour canaliser les Arcturiens, j'aurais décliné son offre. Or, j'ai rencontré moi-même les Arcturiens depuis et j'ai pu constater leur extraordinaire intelligence ainsi que leurs intentions bienveillantes.

Je relaterai brièvement ces rencontres. Toutefois, avant de vous raconter comment mon scepticisme s'est changé en acceptation, je vous incite fortement à placer tout près de vous la *boîte imaginaire.* Cette «boîte» est un dispositif mental par lequel vous mettrez de côté les éléments d'information qui vous sembleront trop bizarres pour être véridiques. En général, particulièrement quand il est question d'états de conscience altérés, je crois qu'il est vital de ne pas considérer comme vraie une information simplement parce que quelqu'un a dit qu'elle l'était ou parce que vous croyez qu'elle l'est.

Si certains de mes propos ou de ceux des Arcturiens vous paraissent insensés, jetez-les dans la *boîte imaginaire.* Ne les acceptez pas comme des vérités. Examinez-les rationnellement selon vos expériences personnelles et vos propres valeurs. Comme je l'ai souvent répété, avaler des idées sans les mastiquer peut conduire à une indigestion mentale pour laquelle il n'existe aucun antiacide instantané.

Donc, si vous êtes armé de votre *boîte imaginaire,* nous sommes maintenant prêts à entrer dans ce labyrinthe intergalactique. Bien que les personnages de cette histoire soient d'un autre monde, je les ai d'abord rencontrés dans le Languedoc, une région du sud de la France à portée de vue du Bugarach, une mystérieuse montagne.

Un contact réticent

Ce jour-là, lorsque j'ai commencé à gravir lentement une crête des Pyrénées françaises, il faisait un grand vent et d'épais nuages recouvraient la vallée. J'allais souvent en randonnée pédestre de ce côté parce que des sentiers conduisent à un haut plateau d'où la vue est ahurissante. C'est très exaltant d'aller sur ces hauteurs.

Comme souvent auparavant, le dédale des pistes sinueuses m'envoûta et les heures passèrent très rapidement. En fin d'après-midi, le soleil était obscurci par une sombre couche de nuages au moment où je me dirigeais lentement vers le sentier qui me ramènerait dans la vallée. En chemin, je me suis assis sur une formation rocheuse pour contempler le panorama qui s'offrait à mes yeux. Au loin, le mont Bugarach était recouvert d'épais nuages noirs. En bas, des bancs de brouillard flottaient dans toute la vallée tandis que le vent rugissait sur la crête où je me trouvais.

C'est alors que ma rêverie fut interrompue par la nette impression de sentir une présence devant moi. Même si je ne le voyais pas avec mes yeux physiques, j'ai « su », sans comprendre comment, qu'il s'agissait d'un Arcturien. Je lui ai aussitôt demandé d'où il venait.

Il m'a répondu qu'il venait d'un vaisseau arcturien temporairement stationné à l'intérieur du mont Bugarach, dont il m'indiqua l'austère silhouette de l'autre côté de la vallée. Je l'entendais me « parler » dans ma tête, non avec mes oreilles physiques. Comme pour l'impression visuelle, cette impression auditive provenait de mon esprit. Sur fond de vent rugissant, ses paroles semblèrent ensuite empreintes d'une urgence et d'une profondeur transcendant les mots : « Un vent de changement souffle sur vous. »

Agacé par l'imprécision de cette affirmation, je lui ai alors demandé ce qu'il voulait dire exactement. Il m'a répondu assez sèchement : « Vous et votre monde subissez une métamorphose. » J'en fus agacé davantage.

À ce stade de mon récit, je dois mentionner que je n'avais toujours pas résolu mon embarras concernant mes nombreuses rencontres avec des êtres non corporels, dont des anges, des protecteurs de la Terre, des esprits de la nature, des êtres interdimensionnels comme les Hathors, et maintenant, semblait-il, un extraterrestre.

Plusieurs de ces êtres (d'autres mondes perceptuels) ont tendance à parler en des termes vagues et métaphoriques, et leurs propos sont souvent empreints d'une certaine urgence ou d'une grande profondeur. J'étais déjà familiarisé avec ce *ton archétypal* qui semble transcender la vie et dont j'avais fini par me méfier. Après de si nombreux contacts avec des êtres de plusieurs autres dimensions, je trouvais que ces *messages mentaux d'origine cosmique* relevaient du cliché.

Nullement découragé par mon agacement, l'Arcturien me dit alors des choses précises sur ma vie et sur ma « mission ». Il ne pouvait le faire à un pire moment car j'étais alors en plein questionnement intellectuel. Même si ses propos me semblaient pleins de vérité, l'idée même de « mission » m'irritait vraiment, tout comme ses affirmations précises sur moi-même. Ce qu'il m'a dit à mon sujet n'a toutefois aucune importance dans le contexte de cette histoire.

Qu'est-il arrivé ensuite ? J'étais livide... et je lui ai dit très clairement qu'il devait m'apparaître sous une forme physique s'il voulait que nous poursuivions cette conversation ridicule. Il répliqua en des termes *alambiqués* qu'il lui faudrait beaucoup trop d'énergie pour descendre à mon niveau vibratoire, mais qu'il pourrait modifier la couche de nuages afin de me prouver qu'il n'existait pas seulement dans mon esprit.

J'ai alors regardé le ciel obscurci par d'épais nuages noirs. Agacé encore plus par son esquive, je lui demandai ce qu'il proposait et il me répondit ceci : « Je vais séparer les nuages pour rendre le soleil visible. »

Je ripostai que je lui accorderais autant de temps que j'en mettrais à redescendre dans la vallée et à marcher jusqu'aux Labadous, mais pas plus. Très indisposé par toute cette affaire, je me dirigeai alors rapidement vers le sentier. Au bout de quelques pas, je jetai un coup d'œil au ciel et je vis apparaître un vague cercle dans une partie de la couche de nuages. Je n'en croyais pas mes yeux. Cette portion du ciel semblait d'un gris légèrement plus pâle que le reste. Le soleil pouvait-il vraiment se trouver de l'autre côté de ce cercle qui s'agrandissait peu à peu ?

Pour une raison que j'ignore encore à ce jour, j'ai accéléré le pas. S'il s'agissait vraiment d'une démonstration de pouvoirs de ce soi-disant Arcturien, je n'allais lui donner aucun répit. J'étais toujours contrarié par son imprécision archétypale et par ses commentaires sur ma mission en cette phase de ma vie.

Ma réaction me laissait toutefois perplexe. En atteignant le premier tournant du sentier, je regardai le ciel de nouveau. La vallée entière était couverte d'une épaisse couche de nuages s'étendant dans toutes les directions, mais le cercle se précisait, ainsi que sa luminosité.

Je me suis alors mis à courir vers le bas de la crête, ce qui était à la fois une réaction ridicule de ma part et un acte dangereux en raison des roches qui jonchaient le sol. Au moindre faux pas, j'aurais pu trébucher et dévaler la pente. Rendu au bout du sentier, je n'ai pas regardé derrière moi et je suis entré dans le grand pré qui me séparait des Labadous. Normalement, j'aurais plutôt suivi le sentier longeant le pré, puis tourné à gauche sur une « route » qui servait autrefois aux piétons et aux chariots circulant entre Les Labadous et l'ancienne ville de Rennes-les-Bains, mais la plus courte distance entre deux points est la ligne droite et non le triangle.

Le temps était précieux. J'ai donc traversé le pré en courant, me dirigeant tout droit vers les arbres qui encerclent Les Labadous. En atteignant le petit pont séparant le pré du territoire des Labadous, j'ai de nouveau regardé le ciel.

Le cercle s'était aminci et la pâle silhouette du soleil y était clairement visible.

Je ne savais plus quoi penser. L'Arcturien m'avait dit qu'il dégagerait le ciel pour rendre le soleil clairement visible, ce qui impliquait que celui-ci ne soit pas voilé du tout. M'accrochant à ce mince argument en ma faveur, je traversai le pont à toute vitesse et montai aussitôt l'escalier extérieur conduisant à l'appartement que j'occupais avec Judi.

En atteignant les portes-fenêtres permettant de passer du balcon à nos quartiers, je regardai le ciel encore une fois. Les nuages s'étaient amincis davantage à l'intérieur du cercle. Je voyais clairement le soleil, maintenant couvert d'un très léger voile gris pâle. Le reste de la vallée était toujours obscurci par de sombres nuages s'étendant dans toutes les directions.

Des années plus tard, j'apprendrais que cet Arcturien s'appelait *Frephios*, mais je m'en fichais éperdument au moment de cette première rencontre. J'avais régressé au stade de la tortue qui préfère rentrer la tête sous sa carapace plutôt que de sortir de ses habitudes perceptuelles bien définies.

Des sons tournoyants

Peu après ma rencontre inattendue avec l'Arcturien Frephios sur la crête surplombant Les Labadous, j'ai commencé à entendre d'étranges sons tourbillonnants. Comme pour la voix de l'Arcturien, je ne les entendais pas avec mes oreilles physiques. Il s'agissait d'une impression psychique que l'on qualifie parfois de *clairaudience*. Ces sons étranges affectaient mon esprit. Je les entendais souvent pendant une promenade ou une méditation. Quelques jours après le début de ces impressions psychiques, j'ai « su » que ces sons provenaient du vaisseau arcturien stationné temporairement à l'intérieur du mont Bugarach.

Quand je dis que « j'ai su », je fais référence à une sorte de révélation psychique. Je ne savais pas alors et je ne sais toujours pas comment faire entrer ce type de *savoir intuitif* dans la même catégorie que l'information objective vérifiable.

L'intuition est une magnifique faculté humaine qui suscite l'émerveillement. Or, selon mon expérience, cette réaction émotionnelle ne garantit aucunement l'exactitude de l'information ainsi reçue. Il m'est arrivé d'avoir des intuitions qui se sont révélées fausses. L'obtention d'une information par notre faculté intuitive est un phénomène fascinant, mais ici je serai bref afin de ne pas trop m'écarter de mon sujet.

L'information objective est vérifiable par nos cinq sens ou, dans le cas d'une expérience scientifique, par une analyse précise des données. L'information intuitive peut parfois se vérifier objectivement, mais pas toujours.

Si je perds mes clés de voiture et que j'ai l'impression psychique de les avoir laissées dans un endroit inhabituel, cette *révélation intuitive* peut se vérifier en allant voir à l'endroit en question. Par contre, c'est une tout autre affaire que de vérifier l'existence d'un vaisseau arcturien par des moyens objectifs. L'existence d'un tel objet est essentiellement invérifiable sur le plan objectif. Ou, pour être plus précis, elle était invérifiable pour moi au moment de cette première rencontre. Personnellement, je fais entrer ce type de révélation psychique invérifiable dans une sorte de limbes rationnels, sous l'étiquette « Peut-être vrai, peut-être pas ».

L'une des difficultés que posent les fortes impressions psychiques, c'est qu'elles sont imprégnées d'une profondeur émotionnelle et mentale, comme je l'ai mentionné plus haut. Or, ce sentiment n'est pas un gage de vérité.

Je rapporterai ici un étrange incident qui s'est produit il y a une trentaine d'années.

L'une de mes connaissances était obsédée par les extraterrestres. Elle en parlait comme elle respirait. Un soir où elle observait le ciel étoilé, elle pria ses frères et sœurs cosmiques de venir la chercher. Au même moment, une météorite s'enflamma en pénétrant dans l'atmosphère. Cette personne eut soudain la forte certitude psychique que sa prière avait été entendue, ce qui lui fut confirmé par le fait qu'elle avait reçu mentalement les coordonnées exactes du lieu où l'on viendrait la cueillir.

Elle quitta son emploi et vendit tous ses biens car il allait de soi qu'elle n'en aurait plus besoin dans sa nouvelle vie parmi les étoiles. Elle se rendit en voiture dans le désert du Nouveau-Mexique, où elle attendit ses frères et sœurs cosmiques pendant des jours, jusqu'à ce qu'elle n'ait plus rien à boire ni à manger. Ils ne sont jamais venus la chercher.

Déprimée et presque sans le sou, elle réussit néanmoins à rejoindre ses amis et sa famille, qui la regardèrent avec méfiance comme si elle avait perdu la raison. Elle avait été involontairement dupée par ce que j'appelle le *facteur d'illusion*. Ce type d'inexactitude mentale peut s'insinuer en nous dès que nous entrons dans un champ de connaissance inconnu. Les individus qui sont dans un état de conscience modifié sont particulièrement sujets à ce facteur s'ils ne font pas la part des choses entre leurs impressions intuitives et la raison. Comme dans bien des choses de la vie, l'équilibre est essentiel.

Ce besoin d'équilibre apparaît d'ailleurs dans l'organisation même de notre cerveau. Le néocortex, qui est le siège de la pensée, comporte une partie rationnelle et une partie intuitive. Le fait de vivre dans le monde sans accéder à notre potentiel intuitif serait nous appauvrir mentalement, mais ce le serait également de ne pas accéder à notre potentiel rationnel. Dans certains cas, ce serait même insensé et dangereux. Ma position en cette matière, c'est d'être ouvert aux impressions intuitives et psychiques, et de les évaluer à partir de faits et d'informations vérifiables.

Mais revenons aux sons tourbillonnants que j'entendais dans ma tête. Ils me fascinaient. J'étais transporté dans un état de conscience très expansé si je les écoutais attentivement. Cet état était parfois exaltant, mais aussi parfois difficile à supporter car il semblait me faire dépasser mes limites énergétiques.

J'étais intrigué. J'éprouvais également le désir intense de transposer ces impressions psychiques dans un enregistrement, ce qui représentait tout un défi puisqu'ils ne se trouvaient pas du tout dans la gamme de fréquences audibles.

J'ai néanmoins installé mon studio d'enregistrement portatif et je me suis mis à enregistrer des sons vocaux semblables à ceux que j'entendais. Je m'y livrais tard le soir, quand les oiseaux s'étaient endormis dans les arbres encerclant Les Labadous. Je travaillais fiévreusement de trois heures jusqu'à l'aube, avant que les oiseaux ne sortent de leur sommeil pour chanter l'arrivée du jour nouveau.

J'ai superposé ainsi ces sons pendant plusieurs nuits. Je ne sais plus combien exactement, mais cela dura au moins deux semaines. Parfois, durant cette odyssée sonore et particulièrement vers la fin, j'avais l'impression que l'Arcturien me guidait pour que mes sons vocaux soient plus conformes à mes impressions psychiques auditives.

Quand j'eus fini d'enregistrer les pistes, il y en avait vingt-quatre. Lors de la phase finale du mixage, j'eus la forte impression que l'Arcturien se tenait à mes côtés. Après son approbation de la version finale, j'ai écouté tout l'enregistrement, d'une soixantaine de minutes. Les sons étaient très proches de ceux que j'avais entendus.

J'ai intitulé la pièce *Vaisseau de lumière.*

Encore aujourd'hui, quand je la réécoute, j'ai la même réaction que lorsque j'ai reçu pour la première fois ces impressions psychiques sonores provenant du vaisseau arcturien.

Je trouve intéressant que plusieurs personnes réagissent à cet enregistrement de la même façon que moi. Certaines disent qu'elles l'aiment tandis que d'autres ont de la difficulté à l'écouter. Même aujourd'hui, quand je l'écoute, il m'arrive d'être transporté dans un état mental et corporel expansé, mais il m'arrive aussi de couper le son au bout d'une minute ou deux.

Je crois que ces réactions divergentes sont dues à des *différences vibratoires.* En d'autres mots, certaines tonalités et certains timbres sonores sont séduisants pour certaines personnes et rebutants pour d'autres. De plus, je suis attiré par certaines tonalités musicales quand je suis dans un certain état mental/émotionnel, mais les mêmes tonalités ne me séduisent pas du tout si je suis dans un autre état. En fait, c'est alors la dernière chose que j'ai envie d'entendre. J'attribue tout cela à la relativité de la perception, à la fois entre les gens et entre mes différents états vibratoires (états d'esprit).

Ayant complété ce projet d'enregistrement, je sentis que j'avais exécuté une sorte de contrat avec les Arcturiens et je laissai tout cela derrière moi, sans savoir que mon aventure en compagnie de ces êtres énigmatiques ne faisait que commencer.

Un transport inattendu

Ma rencontre suivante avec les Arcturiens a également eu lieu dans Les Labadous, un an plus tard. Avec le recul, je peux encore dire que ce fut une expérience extrêmement bizarre.

Elle ne fut ni préméditée ni souhaitée. Autrement dit, je m'occupais de mes propres affaires. C'était le début du printemps et le ciel était en proie à des forces opposées. Les vents soufflaient dans des directions contraires en déchirant furieusement les nuages. Des orages se profilaient au nord tandis qu'au-dessus de ma tête le ciel passait d'un bleu radieux à une pluie battante. Je m'émerveillais de ce contraste car la pluie ne provenait pas d'au-dessus de moi. Elle tombait des gros nuages menaçants que j'apercevais à environ un kilomètre au nord.

Cet après-midi-là, j'avais fait une longue randonnée sur l'ancienne voie reliant Les Labadous à la lointaine ville de Rennes-les-Bains. J'aimais beaucoup cette voie même si elle ne conduisait pas à la crête où j'allais souvent.

J'arrivai à un tournant de la « route » où un vieux panneau indicateur dégradé par les intempéries pointait dans la direction de Rennes-les-Bains. Si je continuais tout droit, je passerais devant une ferme dont les terres donnaient sur une large crête rocheuse jouxtant une extrémité de la vallée. Si je tournais à gauche, prenant ainsi la direction de Rennes-les-Bains, je rejoindrais une longue piste qui serpentait dans une épaisse forêt d'arbres rabougris s'étendant à perte de vue. J'ai tourné à gauche et je suis entré dans cette forêt. Au bout d'un moment, la piste a commencé à monter en pente raide et je me suis arrêté pour regarder derrière moi. Je fus frappé par le spectacle offert par la nature dans la vallée.

Je ne sais trop s'il s'agissait d'une illusion d'optique, mais j'avais l'impression d'être plus haut que le petit village de Rennes-le-Château. Le ciel était d'un bleu lumineux, parsemé de morceaux de nuages déchirés par le vent. Au nord, les gros nuages noirs prenaient de l'ampleur et la foudre ébranlait la vallée. Soudain, la pluie cessa. L'air était imprégné de l'odeur de l'eau fraîche tombée du ciel. Le monde semblait parfait. En redescendant la colline vers la vallée et Les Labadous, je vis le soleil enflammer l'horizon de teintes rouge et or. Quand j'atteignis notre petit appartement, l'astre du jour avait disparu et la vallée était plongée dans l'étrange magie du crépuscule.

Après un repas constitué de pommes de terre et d'un restant de ratatouille, Judi et moi avons lu un peu, puis nous sommes allés au lit. Épuisé par ma randonnée de l'après-midi, je tombai rapidement dans un sommeil lourd et sans rêve. Puis, sans raison apparente, je me réveillai brusquement juste avant cinq heures. Je vis alors le chiffre changer exactement à cinq heures sur le réveil posé sur la table de chevet de Judi. C'est à ce moment précis que le phénomène s'est produit. Une « partie » de moi fut attirée dans la direction du mont Bugarach. Si je n'avais jamais eu ce genre d'impression psychique auparavant, j'aurais eu peur, mais je suis resté calme. Je « savais » que j'étais transporté à bord du vaisseau arcturien et que je n'étais pas en danger.

J'étais également en possession de toutes mes facultés mentales. Je me suis demandé si je subissais une décompensation psychotique ou peut-être une anomalie mentale causée par la fatigue. Ces pensées n'ont pas empêché les impressions psychiques de se poursuivre en se succédant plus rapidement.

J'aurais pu interrompre cet état si je l'avais vraiment voulu, mais les impressions psychiques s'intensifiaient lorsque je me détendais. Le transport fut instantané : j'étais au lit, déboussolé par ce torrent d'impressions psychiques qui m'envahissaient, et, l'instant d'après, j'avais perdu conscience de la chambre à coucher pour me retrouver à l'intérieur du vaisseau. Du moins, c'était là ce que je percevais dans mon état mental altéré.

Je fus accueilli par l'Arcturien que j'avais déjà rencontré, celui qui m'avait parlé sur la crête et qui m'avait ensuite aidé à enregistrer les sons du *Vaisseau de lumière*. Ce Frephios me parla alors d'un ton neutre, comme s'il ne se passait rien d'inhabituel.

« *Suivez-moi* », me dit-il.

Sur ces mots, il me précéda dans un long couloir d'un genre que je n'avais jamais vu de ma vie. C'était un long tube dont les murs courbes étaient ornés de mystérieux glyphes. Ces inscriptions m'intriguaient et je fis le geste d'en toucher une.

L'Arcturien me saisit le bras en disant : « *Ne touchez pas.* » Au bout de quelques minutes, il s'arrêta et tendit la main pour effleurer une série de glyphes sur le mur. Semblable à l'œil d'une caméra, une porte ronde apparut et s'ouvrit devant nous. Frephios me fit signe de la franchir. Elle se referma et redevint invisible dès que nous fûmes de l'autre côté.

Je me retrouvai alors dans une sorte de cantine, en présence de personnages tellement divers qu'ils me rappelaient la scène du bar du film *Star Wars*. Mon hôte arcturien me fit signe de m'asseoir à une table inoccupée, puis il marcha jusqu'à un comptoir, où il fit sortir une tasse d'un appareil.

« *Buvez* », me dit-il. « *Cela stabilisera votre champ énergétique.* »

J'ai dû le regarder d'un air inexpressif car il a poursuivi : « *Si vous n'absorbez pas quelque chose du même taux vibratoire que ce vaisseau, vous ne pourrez pas rester ici longtemps.* » Il me fit signe de boire et j'avalai donc ce liquide qui avait un goût étrangement sucré, mais sans autre saveur perceptible. Au même moment, je remarquai quelqu'un, ou peut-être devrais-je plutôt dire « quelque chose », assis à l'une des tables voisines.

Il me faisait penser à un homard géant croisé d'humain. Il avait des caractéristiques typiquement humaines, sauf que sa tête était chauve et bulbeuse, avec un seul œil au centre. « Une sorte de cyclope », me suis-je dit. L'un de ses bras ressemblait à une pince de crustacé. Je ne pouvais plus le quitter des yeux.

Il se leva et s'approcha de moi. Il était énorme, mesurant environ trois mètres, et semblait un peu agité. Il me parla d'une voix grinçante et tonitruante : « *Vous trouvez donc que j'ai l'air étrange ?* » Il se fit un silence feutré dans la pièce. Tous les regards étaient dirigés sur moi. « Eh bien oui, répondis-je, mais j'imagine bien que vous me trouvez étrange aussi ! »

Il sourit, puis toute la pièce éclata de rire. Frephios me dit alors : « *Le moment est venu de vous emmener voir le capitaine.* »

Je le suivis jusqu'à l'autre côté de la pièce, où il toucha quelques glyphes muraux. Une porte ronde s'ouvrit et nous suivîmes ensuite un autre long couloir. Tout en marchant, je lui demandai qui était le type que je venais de rencontrer. « *Oh ! c'est le navigateur* », me répondit-il. « Le navigateur ? » répétai-je, incrédule. « *Oui, le navigateur. Il y a plusieurs membres d'équipage sur ce vaisseau et quelques-uns ne sont pas des Arcturiens.* »

Quand nous fûmes rendus au bout du couloir, mon hôte toucha une autre série de glyphes muraux et une nouvelle porte ronde apparut. Nous sommes alors entrés dans une petite salle de conférences meublée d'une longue table étroite et d'une douzaine de chaises. Je ne me souviens pas du nombre exact car un autre Arcturien, de toute évidence le capitaine, entra alors dans la salle, accompagné d'un entourage réduit.

– « *Je vois que la boisson stabilisante fait son effet,* dit le capitaine.
– Vous parlez de ce que l'on m'a fait boire dans la cantine ?
– *Oui. Comme votre corps énergétique est maintenant stabilisé à la même fréquence vibratoire que ce vaisseau, vous pourrez demeurer ici un peu plus longtemps. Quand l'effet du liquide se dissipera, vous ne*

pourrez plus rester sur le vaisseau. D'ici là, je vous invite à visiter le pont pour voir un peu comment nous faisons les choses ici, mais je veux d'abord vous poser une question.

– Quoi donc?

– *Je crois que nous avons tous les deux une conception différente de la compassion. J'aimerais vous décrire un acte que j'ai posé à titre de capitaine de ce vaisseau, pour que vous me disiez si pour vous c'est de la compassion ou non.* »

J'étais un peu perplexe, mais j'ai dit : « D'accord. »

Il commença : « *Il y a quelques mois, selon votre mesure du temps, nous patrouillions dans votre système solaire. Notre mission dans ce secteur consiste à protéger la Terre contre d'infâmes voyageurs intergalactiques. Nous avons alors découvert un vaisseau provenant d'une autre galaxie et se cachant dans l'espace de la cinquième dimension. J'en ai conclu qu'il constituait une menace directe pour votre planète car il appartenait à des "Mangeurs".*

– Des "Mangeurs"?

– *Oui. Ces entités se nourrissent des émotions négatives des humains et de tous les autres êtres sensibles. De plus, non seulement ils se nourrissent d'émotions négatives, comme la peur, mais ils aiment créer des conflits. Votre planète est déjà en proie à suffisamment d'interférences intergalactiques sans que ces sales types viennent empirer les choses.*

– Alors, qu'est-il arrivé?

– *Dès que nous les avons découverts, ils ont tiré sur nous sans avoir été provoqués.*

– Et qu'avez-vous fait?

– *J'ai contre-attaqué. Grâce à notre puissance de feu supérieure, je les ai réduits en bouillie. Pour m'assurer qu'il n'y aurait pas de survivants susceptibles d'infecter votre monde, j'ai pulvérisé leur vaisseau, le réduisant à des particules subatomiques.* »

Voyant mon dégoût, il me regarda droit dans les yeux. « *Trouvez-vous que c'était de ma part un acte de compassion?*» me demanda-t-il sur un ton de défi.

– Je n'en suis pas sûr.
– *Eh bien, moi je le suis. La compassion est toujours relative à la situation. C'était pour moi beaucoup plus compatissant de détruire cette menace intergalactique que de laisser ces êtres infecter votre planète.*
– Je vais y réfléchir.
– *Excellente idée! dit-il sur le même ton de défi. Veuillez maintenant m'excuser car j'ai du travail. Votre hôte va vous faire visiter le pont avant que vous repartiez. Je pense que vous le trouverez très intéressant.* »

Frephios me conduisit sur le pont. Le navigateur que j'avais rencontré plus tôt y était assis; il nous regarda entrer. Il semblait plus détendu et j'ai même cru le voir esquisser un sourire. Mon guide me murmura : « *C'était une bonne réaction de votre part dans la cantine quand vous avez reconnu que vous aviez l'air aussi étrange pour lui qu'il avait l'air étrange pour vous.* »

Avec l'assistance du navigateur, il me montra le système de navigation du vaisseau. L'élément central était un grand écran où figuraient des symboles indiquant à la fois l'emplacement du vaisseau dans l'espace tridimensionnel et son emplacement dans sa propre dimension.

On me conduisit ensuite au poste de pilotage. Le pilote contrôlait le vaisseau mentalement. Une interface entre son esprit et l'intelligence du vaisseau lui permettait de diriger ce dernier à son gré. Je n'ai vu aucun instrument de pilotage.

J'avais l'impression d'avoir passé plusieurs heures sur ce vaisseau arcturien et je sentais la fatigue me gagner. L'effet de la boisson stabilisante s'estompait sans doute petit à petit. Pour une raison ou pour une autre, j'étais épuisé.

Je ne me souviens pas de la transition entre le vaisseau et ma chambre à coucher, mais je sais qu'elle fut rapide. Je me trouvais sur le vaisseau et, l'instant d'après, j'étais de retour dans mon lit. Même si mon esprit essayait de rationaliser l'expérience, j'étais émerveillé par la clarté de celle-ci. Je regardai le cadran posé sur la table de chevet de Judi. Il marquait cinq heures. J'ai continué à le regarder jusqu'à ce que je sois certain qu'il s'était arrêté, puis je me suis rendormi. Quand je me suis réveillé, il marquait encore cinq heures. J'ai réussi à le remettre en marche, mais j'ai dû réinitialiser l'heure.

Les séances de canalisation

Vous êtes sur le point de lire la transcription de plusieurs séances de canalisation qui se sont étalées sur quelques semaines. Comme vous le verrez en prenant connaissance de leurs « propos », chacun de ces Arcturiens a sa propre personnalité et son point de vue particulier sur la nature de la réalité ainsi que sur le potentiel humain et le potentiel arcturien.

Avant que vous vous plongiez dans ces textes, je vous invite néanmoins à placer près de vous la *boîte imaginaire*. Sachez également que les mots ne sont pas le moyen préféré des Arcturiens pour communiquer leurs idées. Ils préfèrent *l'holographie télépathique*, un intéressant médium par lequel ils transmettent psychiquement un ensemble d'informations contenant tout le savoir lié au sujet.

Au cours de ces séances, divers Arcturiens ont souligné le primitivisme de notre langage. Ces commentaires concernaient surtout la vitesse à laquelle l'information est véhiculée. Un Arcturien met une nanoseconde à transmettre à un autre Arcturien ce que nous mettrions au moins une heure à communiquer par la parole. De plus, les mots ne peuvent jamais porter tout le sens d'un message.

Un autre paradoxe intéressant concernant la communication arcturienne est lié au temps. Notre langage est fondé sur l'emploi des temps grammaticaux : le présent, le passé et le futur. Nous relatons tout événement ou toute situation selon son orientation dans le temps, c'est-à-dire s'il s'est produit dans le passé, s'il se produit dans le présent ou s'il se produira dans le futur. Les Arcturiens, quant à eux, voient les événements sous plusieurs points de vue simultanément.

S'il est question d'un événement ayant lieu dans le présent, ils le *voient* en relation avec le passé et le futur, en incluant toutes les variables. Ils voient tout cela en même temps puisque leur nature hautement dimensionnelle leur fait *percevoir* le présent, le passé et le futur comme s'ils s'écoulaient en même temps. C'est seulement quand on descend dans la troisième dimension (celle où nous vivons) que la progression linéaire du temps prend un sens.

Au cours de l'une des séances, il y eut un moment amusant où Ektara, directeur scientifique, nous livra son point de vue. Il a éclaté de rire tout à coup en découvrant la raison d'être de notre syntaxe, c'est-à-dire l'ordre des mots dans la phrase, ainsi que la nécessité de la ponctuation pour délimiter de petites sections d'information. Il s'est même mis à me dicter la ponctuation, plaçant une virgule par-ci et une parenthèse par-là, et ainsi de suite.

L'un des moments les plus intenses est survenu durant la séance de canalisation de l'Arcturien Sanat Kumara. Il livra son point de vue avec passion et éloquence, mais c'est son énergie personnelle qui a retenu mon attention. Je fais de la canalisation spirituelle depuis deux décennies et j'ai l'habitude de m'allonger pour être dans l'état de transe le plus réceptif possible. Or, quand Sanat est entré dans mon champ énergétique, j'ai été surchargé d'énergie et j'ai dû m'asseoir. Plus d'une fois, j'ai arpenté la pièce en dictant ses paroles. C'était vraiment exaltant de baigner dans l'énergie d'un tel être. Après la séance, je devais toutefois m'étendre pour me reposer.

Comme chacun des Arcturiens participant à cette anthologie y livre un point de vue unique, j'imagine que chaque lecteur ou lectrice aura son préféré. Pour ma part, l'un des plus fascinants est Frephios, celui qui m'a contacté en premier sur la crête surplombant Les Labadous. J'ai souvent été fasciné par le fait que les gens peuvent percevoir différemment un même événement. Dans le cas de Frephios, ce fut à la fois pathétique et amusant.

Dernières réflexions

Quelle que soit leur origine, certaines idées peuvent servir de catalyseur à la croissance et l'évolution personnelles. Je pense également que certaines idées sont radicales en soi, c'est-à-dire qu'elles ont le pouvoir de changer notre perception de la réalité.

Prenons pour exemple l'histoire de la physique, où l'on est passé d'une perception exclusivement newtonienne à l'inclusion de la théorie radicale de la physique quantique. D'un seul coup, ce fut comme si les «lois» sous-jacentes à notre monde quotidien (c'est-à-dire la physique newtonienne) étaient renversées. Remettant en question la prévisibilité et la rationalité de la réalité newtonienne, une jeune arriviste (la mécanique quantique) nous a fait remarquer que la réalité subatomique n'était ni prévisible ni rationnelle.

En fait, ces deux mondes (newtonien et quantique) existent côte à côte. Il a fallu néanmoins plusieurs décennies aux physiciens pour démontrer que les deux théories étaient exactes, selon la réalité (macrocosme ou microcosme) observée, et pour incorporer dans leur pensée les concepts révolutionnaires de la physique quantique.

Les idées radicales mettent toujours du temps à s'intégrer dans la société en général. Certaines sont de nature purement scientifique, comme la théorie quantique, mais d'autres ont davantage de conséquences sociales. L'idée que tous les humains sont nés avec des droits inaliénables était radicale il y a quelques siècles. Certaines idées radicales impliquent une révision de l'histoire, par exemple la reconnaissance du fait que Christophe Colomb n'a pas vraiment découvert les Amériques puisque les deux continents et leurs peuples indigènes existaient bien avant les expéditions européennes de la fin du XVe siècle.

En ce début du XXIe siècle, les progrès scientifiques et technologiques introduisent de plus en plus rapidement de nouvelles idées radicales dans notre collectivité. Plusieurs d'entre nous vivent ce que le futuriste Alvin Toffler appelle «le choc du futur» : nous subissons trop de changements en trop peu de temps. Cependant, que nous soyons étonnés ou non psychologiquement par les changements qui ont lieu partout autour de nous, notre perception collective de la réalité et de notre avenir sera, pour le meilleur et pour le pire, de plus en plus dépendante de la science et de la technologie.

C'est dans ce contexte que je trouve le point de vue des Arcturiens très intéressant. Si l'on accepte l'idée que la civilisation arcturienne est hautement dimensionnelle et technologiquement avancée, leur perception de nous-mêmes et de notre potentiel peut alors s'avérer très utile.

Leurs idées pourraient tout au moins nous aider à sortir des ornières de notre perception conditionnée. En écrivant cette dernière partie de mon introduction, j'ai fait une rencontre intéressante. J'avais organisé un dîner entre amis à Manhattan. Ils ont pris un taxi à Brooklyn et nous ont ensuite cueillis, Judi et moi. En route vers le restaurant, nous avons eu une conversation avec le chauffeur. Nous étions stupéfaits qu'il sache où se trouvait exactement ce restaurant et par quelle ruelle y accéder.

Il nous expliqua qu'il conduisait un taxi depuis dix-huit ans et qu'au début il ne voulait pas aller à Manhattan. Si un client lui demandait de l'y emmener, il refusait. Il avait peur de rouler dans cette grande ville. Puis, un jour, une femme le héla et lui demanda de l'emmener à Manhattan, mais il refusa. Elle lui demanda pourquoi et il lui répondit qu'il craignait de s'égarer.

Elle lui dit alors qu'elle vivait juste de l'autre côté du pont et qu'il n'aurait qu'à la laisser au bout, puis à faire demi-tour pour revenir à Brooklyn. Ce jour-là, il fit donc son premier voyage de Brooklyn à Manhattan. Ce qui m'a impressionné le plus dans son histoire, c'est sa réflexion sur ce moment de son passé. Il nous a dit, et je cite : « Quand je l'ai emmenée au bout du pont, je suis sorti de mes ornières mentales et tout à coup ce n'était plus un problème pour moi de conduire dans Manhattan. »

Je pense donc que pour certains d'entre nous, sinon plusieurs, le point de vue arcturien n'est pas une zone familière ni confortable. Si c'est votre cas, je vous conseille de lire ces textes par petites portions, puis de faire demi-tour mentalement pour retourner à votre réalité familière. Réfléchissez alors à ce que vous aurez lu. Retenez ce qui vous semble avoir une certaine valeur et jetez dans votre *boîte imaginaire* ce que vous trouvez invraisemblable ou trop étrange.

Le voyage de la transformation personnelle peut prendre plusieurs formes. Pour moi, les messages arcturiens que vous êtes sur le point de lire sont les plus énigmatiques et les plus « ouvreurs d'esprit » que je connaisse.

Je vous souhaite un vrai bon voyage.

Tom

Sanat Kumara

Commandant de vaisseau

Salutations à mes frères et sœurs terriens. Vous me connaissez sous le nom de Sanat Kumara.

Si je suis le premier à vous parler au nom de mes congénères arcturiens, ce n'est pas parce que je suis doté d'une conscience supérieure, mais simplement parce que je suis très, très vieux et que j'ai donc une vision complète de l'histoire intergalactique. De plus, je porte en moi depuis très longtemps la passion et l'engagement ainsi que la bienveillance commune à tous les Arcturiens.

Je réside dans plusieurs dimensions de la conscience simultanément. En ce moment, afin de communiquer avec vous par des mots, j'active mon aspect de la cinquième dimension, mais je préfère rester dans la neuvième, où je jouis d'une perspective plus expansée. J'y conserve ma forme physique lumineuse, à la limite de la lumière informe. Cette juxtaposition de la forme et de l'informe est paradoxale et crée une dichotomie intéressante. Notre civilisation est d'ailleurs fascinée par les paradoxes et les dichotomies.

En tant qu'êtres intergalactiques, nous résidons principalement entre la cinquième dimension et la neuvième. Quand nous ascensionnons au-delà de la neuvième, notre identité change et nous devenons davantage des formes *lumineuses*. Cependant, la plupart d'entre nous préfèrent conserver intacte leur identité.

Pourquoi ? Parce que nous aimons le bonheur de l'autonomie individuelle face aux forces qui œuvrent continuellement à la dégradation ou à l'élimination de l'identité personnelle. C'est une forme d'art qui nous plaît énormément. Le plaisir de notre existence est l'un des fleurons de la conscience arcturienne.

Un autre de nos fleurons est le besoin d'avoir une mission à accomplir. Nous ne sommes guère belliqueux, mais nous sommes toutefois intrépides. Quand nous devons affronter des forces qui semblent dépasser la nôtre, nous trouvons toujours un moyen de composer avec elles ou de les contourner. Notre expérience en tant que civilisation intergalactique s'étend sur des millions d'années humaines et nous savons que cet univers regorge d'énergies et d'êtres extraordinaires. Certaines de ces entités possèdent une forme, mais ne vous y trompez pas : tous les êtres intergalactiques ne sont pas aimables. Certains sont bienveillants, mais d'autres sont malveillants.

C'est en raison de notre nature, des circonstances et de nos technologies de pointe qu'on nous a confié le rôle de gardiens/protecteurs de la Terre et de cette galaxie qui constitue votre foyer et que vous appelez la Voie lactée. D'ailleurs, ce nom nous amuse ! (Le lait semblait très important pour les concepteurs du cosmos.)

Comme ce sont les Hathors qui nous ont présentés dans le cadre de ce livre, j'aimerais vous raconter le lointain souvenir de notre rencontre avec eux.

Il y a des milliards d'années de temps terrestre, quand cet univers est né sous l'effet d'une grande explosion, sa nature même fut dictée par des forces opposées. Lorsque notre civilisation intergalactique a entrepris son cheminement, il y a environ cent millions d'années, nous avons été fascinés par l'opposition des forces car notre technologie est axée sur l'exploitation des énergies latentes entre ces forces.

Il y a quelque quatre-vingt-dix millions d'années, je suis devenu, selon vos termes terrestres, un commandant de vaisseau. Comment je suis parvenu à ce poste et je suis ensuite devenu responsable de la Voie lactée ne présente aucun intérêt; c'est plutôt la mission qui importe. Je suis donc chargé de la protection de la vie, de l'intelligence et de la liberté dans toute la Voie lactée, et je suis engagé au plus haut point dans mon devoir, dans mes responsabilités et dans ma mission.

Dès mon entrée en fonction, j'ai été fasciné par plusieurs mondes ou planètes de votre galaxie, ce qui m'a conduit à lancer une invitation à un univers parallèle. Votre univers n'en est qu'un parmi d'autres qu'il est possible de connaître en entrant dans l'hyperespace. Dans un état de conscience profond que vous appelleriez la méditation, j'ai réfléchi aux ressources nécessaires pour contrer les déséquilibres inhérents à cet univers, c'est-à-dire la guerre entre des forces opposées.

Existait-il un moyen d'amener ces forces à entretenir une meilleure relation? C'est ce que j'ai recherché pendant plusieurs séances de méditation, lesquelles avaient lieu quand je n'étais pas en devoir. Au cours d'une telle séance, j'ai voyagé jusqu'à Sirius dans l'hyperespace. Quand j'affirme que je me suis rendu jusqu'à Sirius, je ne veux pas dire que j'ai traversé ce portail avec mon vaisseau. J'y ai plutôt envoyé un aspect de moi-même, une sphère de conscience pure. Pour un Arcturien, il est tout naturel d'envoyer un aspect de soi-même sous la forme d'une sphère de conscience pure. Cette aptitude reste encore à développer et à affiner, mais elle nous est inhérente.

En résumé, j'ai exploré plusieurs univers contigus afin de voir s'il y existait une ressource pouvant équilibrer la Voie lactée. (Ce nom ne manque jamais de m'amuser!) C'est lors d'une telle incursion que j'ai rencontré les Hathors, dont j'ai immédiatement reconnu les qualités et aptitudes uniques. Ils sont très différents de nous.

Leur énergie est androgyne. Chez eux, les polarités sont intrinsèquement en harmonie, leurs aspects féminin et masculin étant presque parfaitement équilibrés. Le plus intéressant, c'est qu'ils ont ascensionné collectivement, alors que les Arcturiens ascensionnent individuellement.

Durant l'une de mes incursions cosmiques dans leur univers, j'ai invité quelques Hathors de la huitième ou de la neuvième dimension à se joindre à nous dans notre vaisseau. À l'époque, celui-ci se trouvait dans la cinquième dimension et ce fut donc très amusant pour mon équipage et moi de les voir se «comprimer» pour entrer dans la cinquième dimension.

Sous leur forme anthropomorphe, c'est-à-dire humanoïde, les Hathors sont généralement plus grands que nous : ils mesurent de trois mètres et demi à quatre mètres. Dépendamment où vous êtes situés dans notre vaisseau, les couloirs ont environ trois mètres de hauteur. Les Hathors devaient donc se pencher quand ils abaissaient leur vibration jusqu'à la cinquième dimension. C'est pourquoi ils préfèrent rester dans la huitième et la neuvième.

Nous avons fait ensemble une tournée du secteur, c'est-à-dire que nous avons parcouru la galaxie de long en large et observé la fournaise cosmique où naissent et meurent les planètes, les étoiles et les innombrables autres objets composant cette galaxie. Comme moi, les Hathors ont été fascinés par une petite planète bleue et primitive. C'était la Terre à ses tout premiers stades de développement. Ils se postaient souvent sur le pont du vaisseau, séduits par votre soleil, par ses planètes et particulièrement par la vôtre.

Ils se trouvaient dans notre vaisseau depuis une centaine d'années terrestres quand je leur ai demandé s'ils souhaitaient travailler avec nous. Je leur ai expliqué que la présence de leur énergie équilibrée exercerait une influence positive sur ce secteur dont j'étais responsable. Ils m'ont dit qu'ils rentreraient chez eux pour en discuter avec leurs aînés. C'est ainsi qu'a débuté la collaboration entre les Hathors et les Arcturiens. Je parlerai davantage de notre relation plus loin.

C'est à ce moment de ma carrière de commandant de secteur que mon choix personnel est intervenu dans le cours de l'histoire. Je m'éloignerai brièvement du sujet pour vous faire part d'un événement qui s'est produit il y a environ dix millions d'années.

Après que la Terre eut traversé divers soubresauts liés à sa naissance, une stabilité géologique relative s'est installée dans certaines régions. J'ai alors décidé de poser mon vaisseau – une version réduite du vaisseau mère – dans une région que vous appelez aujourd'hui le Japon, plus précisément au sommet d'une montagne nommée Kurama. Si vous allez à cet endroit, vous y trouverez un sanctuaire marquant le lieu de ma descente et de mon envol.

J'y ai développé des rapports avec la population, qui en était à ses premiers stades de formation. Comme c'est souvent le cas pour les voyageurs intergalactiques qui arrivent dans d'autres mondes, je suis tombé amoureux d'une femme extraordinaire, une chamane qui savait voyager dans les mondes interdimensionnels. Comme elle pouvait ainsi changer d'identité pour entrer dans la cinquième dimension même si elle appartenait à la troisième, elle a clairement perçu ma présence et celle de mon équipage. Elle est devenue notre guide dans cette région. Finalement, nous avons conçu un enfant dans la cinquième dimension, mais elle lui a donné naissance dans la troisième. J'ai dû malheureusement m'en aller avant la naissance de ma fille, en raison de mes obligations envers la galaxie. Je pouvais néanmoins entrer en contact avec elle quand j'étais en contemplation cosmique. Le commandement d'un vaisseau responsable d'un vaste secteur requiert un sacrifice personnel exceptionnel. Cette femme se prénommait Esura et mon amour pour elle s'étend sur des millions d'années. Nous sommes toujours en communion dans d'autres dimensions même si nous sommes séparés physiquement.

N'ayant pas prévu cette relation, j'en fus donc le premier surpris. Cet être m'a touché profondément et ce fut donc difficile pour moi de quitter le mont Kurama, Esura et ma fille, mais ma mission m'apparaissait alors plus importante.

Je sens qu'en ce moment plusieurs Arcturiens m'écoutent en retenant leur souffle, comme vous dites.

Si je devais tout recommencer, ferais-je la même chose ? Je n'en suis pas sûr.

Mes devoirs de commandant étaient – et sont toujours – la motivation première de mes actions, mais j'ai éprouvé une grande tristesse quand ma mission a éclipsé mes sentiments. Je pense que *l'appel* et les besoins du cœur doivent tempérer notre nature arcturienne qui nous porte à remplir notre mission en priorité.

Voilà qui est dit. C'est consigné dans les archives.

À ce jour, je suis toujours commandant de secteur pour la Voie lactée et je continuerai de l'être encore très longtemps. Toutefois, quand cette mission sera terminée, je n'en accepterai plus et je rejoindrai Esura pour que nous vivions ce que nous aurions vécu si j'étais resté au mont Kurama. (En tant qu'êtres de lumière, mais seulement jusqu'à la neuvième dimension.) Elle me manque.

Revenons maintenant à ma mission et à notre aventure inattendue en compagnie des Hathors.

Ils sont revenus de leur univers parallèle par le portail de Sirius et sont rentrés directement à bord de mon vaisseau. Ils m'ont alors annoncé qu'ils acceptaient mon offre et qu'ils enverraient une équipe diversement qualifiée ainsi que l'un de leurs vaisseaux interdimensionnels. Nous avons convenu d'un lieu de rendez-vous situé près de Sirius, où quatre vaisseaux de notre flotte iraient à leur rencontre pour les protéger. Ils étaient nos invités dans cet étrange univers très différent du leur.

Quand leur vaisseau a émergé du portail de Sirius, je fus témoin d'une scène fascinante. Je savais déjà que leurs vaisseaux possédaient diverses configurations, et celui-là était en forme de nautile! Pour autant que je pusse voir, il n'était muni d'aucun armement, ce que je trouvai absurde, mais pas du tout étonnant. La défense des Hathors résidant dans leur aptitude à traverser tout le spectre énergétique, ils ne s'engagent jamais dans un combat. Ils disparaissent simplement de l'espace où la rencontre pourrait se produire. Cette stratégie diffère grandement de celle des Arcturiens.

Nos vaisseaux sont équipés d'un ensemble complexe d'armements technologiques. Ce sont les mieux équipés de tout cet univers, du moins par rapport à ceux que nous avons rencontrés.

La dualité de cette alliance entre les Arcturiens et les Hathors est particulièrement intéressante : les Hathors sont des non-interventionnistes tandis que nous n'hésitons pas à intervenir au besoin. Ils évitent l'affrontement tandis que nous ne nous y soustrayons pas s'il s'avère nécessaire. Ils sont dans l'état vibratoire de l'amour et de l'extase, et c'est là le don qu'ils font à ceux qui ont la chance de se trouver en leur présence.

Leur vaisseau demeura un certain temps dans la Voie lactée et ils furent irrésistiblement attirés par l'orbe bleu qu'était votre planète. Leur première halte fut cependant Vénus. L'énergie brute et la nature gazeuse de l'atmosphère de cette planète étaient pour eux très fertiles, mais c'est surtout la Terre qui les intéressait. Pendant peut-être deux millions d'années, leur vaisseau a recueilli des données, puis ils ont fait savoir au groupe principal qu'il pouvait les rejoindre sans danger.

Quatre de nos vaisseaux ont alors repris leur poste près du portail de Sirius et c'est ainsi que treize vaisseaux en forme de nautiles sont entrés dans notre univers. Nous les avons escortés jusqu'à Vénus, puis, au cours d'un conciliabule, ils nous ont divulgué leur plan pour exercer une influence positive. Ce plan consistait à implanter des traditions spirituelles sur la Terre. Ils ont établi un contact avec les Atlantes, mais leur principal contact fut avec les Lémuriens car les Atlantes étaient beaucoup plus dans leur tête tandis que les Lémuriens avaient développé leur cœur, c'est-à-dire leur capacité de ressentir. Ces derniers leur convenaient donc plus naturellement.

Après la disparition de l'Atlantide et de la Lémurie, les initiés des diverses traditions se sont dispersés sur tout le globe. Les Hathors ont conduit les leurs, qui avaient appris à recevoir des communications dans un état de méditation particulier appelé « le temps du rêve », dans le lieu devenu par la suite l'Égypte. En fait, ils les ont conduits en Afrique du Nord, mais leur influence s'est centrée sur l'Égypte.

C'est là qu'ils ont semé leurs graines, pour ainsi dire, au cours de la première période de formation de la culture égyptienne, en œuvrant au moyen des temples de la déesse Hathor. Comme ils vous en ont déjà parlé dans divers écrits, je ne m'étendrai pas davantage sur le sujet, mais ce que je trouve intéressant et paradoxal, c'est cette alliance entre eux et nous.

Chaque fois que les Hathors ressentent le besoin de libérer l'énergie de l'amour – un amour impersonnel, soit dit en passant – ou bien une énergie harmonieuse parce qu'ils l'estiment nécessaire au déroulement de leur mission, ils font appel à nous afin que nos vaisseaux les protègent quand ils s'aventurent dans une certaine fréquence vibratoire. Autrement dit, si leur tâche consistant à introduire une énergie équilibrante requiert qu'ils demeurent dans la cinquième dimension pendant un certain temps, ils sont vulnérables à une attaque de ceux qui ne désirent pas qu'une telle action se produise.

Comme le temps est crucial lors d'une telle activité, nous les protégeons pendant qu'ils s'y livrent. Autrement, s'ils subissaient une attaque en libérant cette énergie, ils devraient aller dans une autre dimension puisqu'ils n'ont pas d'armes pour se défendre. Nous en avons, cependant, et c'est l'une des raisons pour lesquelles notre alliance est fascinante.

Ils sont ici pour semer l'harmonie et l'équilibre afin qu'il en résulte un espace où personne n'attaquera plus personne, mais ils doivent être protégés durant l'accomplissement de cette tâche. Dans cette alliance, nous sommes leurs protecteurs. Je considère ce rôle comme ma responsabilité personnelle et professionnelle puisque c'est moi qui leur ai lancé l'invitation.

En unissant leurs consciences, ils créent une sphère d'énergie qu'ils libèrent ensuite. Ils n'utilisent pas une technologie au sens où nous l'entendons. La leur consiste en l'application directe de l'intention aux rayons de lumière. Ils dirigent ensuite cette énergie vers la dimension où ils œuvrent.

Tout cela nous mène inexorablement à ce moment-ci de votre histoire, alors que vous êtes les témoins et, jusqu'à un certain point, les cocréateurs d'un monde en transition.

Comment réaliserez-vous votre plein potentiel d'êtres humains à ce stade-ci ? Vous êtes au sein d'un combat entre ceux qui désirent vous libérer et ceux qui veulent vous emprisonner. Certains espèrent une intervention et elle a bien lieu, sauf que je dois vous expliquer en quoi consiste la technologie arcturienne. Transporter un vaisseau d'une dimension à une autre nécessite une énergie considérable. Ce serait un exploit d'ingénierie très exigeant que de faire passer de la cinquième dimension à la troisième la structure atomique de nos vaisseaux. Nous en serions capables, mais nous ne le ferions qu'en des circonstances très graves. Autrement dit, si nous le faisions, vous pourriez nous voir et entrer en interaction avec nous avec votre corps physique, mais ce serait extrêmement difficile à supporter pour le système énergétique de nos vaisseaux. Nous avons des moyens d'intervention plus subtils.

L'un de ces moyens est «le temps du rêve», un état où toute activité mentale est suspendue. Certains pourraient l'appeler «méditation», mais ce type de méditation n'est ni une évasion de la réalité ni un séjour planant dans la sérénité. C'est plutôt une harmonisation de l'esprit et du cœur avec la bande passante de communication entre vous et nous. Plus tard, un maître de la méditation nommé Esu vous en instruira.

Voici maintenant l'essentiel de notre message.

On vous a menti et on vous a manipulés pour vous faire croire que vous étiez beaucoup plus petits que vous ne l'êtes en réalité. On a voilé vos yeux, de sorte que vous ne voyez pas la richesse de l'univers où vous vivez. On a coupé la communication des esprits et des cœurs entre vous et vos frères et sœurs intergalactiques. Nous ne parlons pas seulement des Arcturiens et des Hathors, car il existe de très nombreuses civilisations intergalactiques en interaction avec l'humanité.

En tant qu'Arcturien, je trouve absurde que les humains se croient si petits et se considèrent avec autant de dédain. Vos religions en sont responsables! Les mensonges perpétrés par plusieurs de vos religions sont une insulte à l'élévation de la vie, à l'intelligence et à la liberté. C'est pourquoi, à mon avis, l'une des premières tâches qui vous incombent si vous désirez revendiquer votre potentiel véritable, c'est de nettoyer votre cœur, votre esprit et votre mémoire cellulaire de tous les mensonges de vos religions.

La technologie arcturienne

Parlons maintenant de notre technologie, qui comporte plusieurs niveaux et divers aspects, dont l'un est lié à la durée de la vie. J'imagine qu'il est inconcevable pour vous qu'un être puisse vivre des millions d'années. Comme je l'ai dit plus haut, les Arcturiens résident entre la cinquième dimension et la neuvième. La plus grande partie de notre civilisation se trouve dans la cinquième et notre technologie utilise les propriétés uniques de la lumière. Comme je l'ai précisé antérieurement, nous maîtrisons les forces opposées, et j'entends par là les forces subatomiques et la dynamique quantique.

Dans notre corps quinquadimensionnel, notre durée de vie naturelle est de plusieurs milliers d'années de temps terrestre. Avant de devenir une civilisation intergalactique, nous avons maîtrisé l'art de la régénération du corps physique, une technologie qui nous a permis d'explorer l'univers sans devoir nous soumettre à la cryogénisation. La chambre de régénération consiste en un tube arrondi aux deux extrémités et dans lequel nous entrons aux divers cycles de notre vie. Plus une situation est exigeante et épuisante pour notre force vitale, plus nous entrons souvent dans ce tube.

Cette technologie m'a permis de vivre pendant des millions d'années et d'explorer les dimensions de la conscience pour développer des aptitudes que je n'aurais jamais pu acquérir si j'avais été limité à la durée de vie naturelle limitée à quelques milliers d'années.

Un paradoxe perceptuel

Au cours de mes explorations, j'ai observé les états corporels propres à chacune des dimensions et j'ai préféré l'énergie de la neuvième. L'existence dans cette réalité me confère une présence lumineuse et c'est pourquoi certaines personnes me considèrent comme un maître « ascensionné ».

À propos, je ne porte pas de robe blanche!

Je porte habituellement mon costume de commandant de secteur, mais mon champ énergétique scintille d'une lumière blanche, ce qui est un simple effet physique. Étant dans un état de basse énergie, même les Arcturiens de la cinquième dimension me perçoivent comme une lueur. Un être de la troisième dimension peut se sentir dépassé par ma présence. Comme je peux me déplacer entre la cinquième et la neuvième dimension, certains êtres qui m'ont rencontré ont mal interprété leur expérience.

De plus, quiconque me rencontre me perçoit en fonction de son propre degré de développement. Un être qui ne connaît pas la mécanique quantique ni les technologies des formes de lumière risque de me prendre pour un dieu. Je peux apparaître dans la dimension où réside un être, puis disparaître, grâce à un changement de fréquence vibratoire qui se produit par une interface entre mon intention et un dispositif arcturien. Sans celui-ci, que j'ai toujours sur moi, je serais incapable de passer d'une dimension à une autre. Il s'agit d'une version réduite du dispositif qui se trouve dans le vaisseau et au moyen duquel ce dernier peut donner à sa structure moléculaire une fréquence vibratoire supérieure ou inférieure.

Je crains qu'il existe un malentendu au sujet des maîtres ascensionnés en général, et à mon sujet en particulier. Quand un être de basse vibration, disons un humain et soyons ici très précis, me rencontre dans le tunnel de la perception limitée et de la compréhension intellectuelle, il s'illusionne facilement sur mes capacités, à moins d'être particulièrement intelligent ou expérimenté en la matière.

Comme je possède une énergie charismatique et que la lumière composant mon corps d'une dimension supérieure est très intense, et comme j'ai des aptitudes qui semblent surnaturelles, un humain peut tomber dans l'un des pièges les plus grands et les plus insidieux de la conscience humaine : l'adoration d'un autre être.

Sachez que j'ai aussi mes limites et mes faiblesses. Certaines de mes limites, comme celles de tout Arcturien et de tout être intergalactique, sont contournées par une technologie de pointe et par la connaissance des potentialités existantes. C'est ici qu'intervient l'interaction entre la personnalité de l'être et la technologie afin d'exercer une action bienveillante ou malveillante.

Il existe des êtres que vous appelleriez des intelligences extraterrestres et qui possèdent une technologie très puissante, mais dont la personnalité est très suspecte. Certains de ces êtres sont incroyablement arrogants. De notre point de vue, la haute technologie et l'arrogance forment une très mauvaise combinaison. Les « dieux » vengeurs de vos religions appartiennent à cette catégorie. D'autres religions parlent de dieux bienveillants qui nous conviennent mieux comme description.

Je vous dirai toutefois qu'ils ne sont pas plus des «dieux» que moi. C'est simplement qu'ils furent perçus comme tels par des peuples primitifs aux connaissances limitées. Il est difficile, sinon impossible, de comprendre la vraie nature d'une réalité supérieure quand on réside dans une dimension inférieure. Par rapport à un être hautement dimensionnel, on ne peut y faire l'expérience que des séquelles de la rencontre énergétique ainsi que des limites perceptuelles spécifiques à la dimension où l'on réside.

Je mentionnerai ici l'un de ces êtres bienveillants. Je vais simplement le nommer et je reviendrai plus loin sur le sujet. Vous l'appelez Jésus de Nazareth. Pour moi, c'est un Arcturien. De tous les Arcturiens que j'ai connus, il est vraiment le plus bienveillant et le plus compatissant. Il a su appliquer notre technologie comme aucun autre ne l'a fait. Il vous en parlera lui-même en temps venu.

Le potentiel de ce temps

Attendre l'harmonisation de l'humanité par son uniformisation n'est pas la meilleure façon de relever le défi du conflit planétaire.

Ce serait beaucoup mieux – et dans le meilleur intérêt de l'humanité – si la vérité sur les interventions extraterrestres et les civilisations intergalactiques était complètement divulguée. Si les humains connaissaient leurs origines intergalactiques et les différences culturelles qui leur ont été imposées non seulement par l'histoire, mais aussi par leurs racines génétiques extraterrestres, ils s'en porteraient mieux. La solution la plus intelligente dans ces circonstances est de tout dévoiler. Il n'est pas utile de cacher à l'humanité la vérité sur ses origines cosmiques.

Les individus découragés par l'absence de paix dans le monde auraient avantage à examiner de plus près les différences entre les divers peuples et leurs cultures respectives. La vérité concernant cette situation, c'est que la résolution du conflit planétaire serait plus facile à réaliser si toutes les parties impliquées connaissaient leurs origines intergalactiques particulières. Par exemple, l'actuel conflit entre l'Occident et le Moyen-Orient n'est pas seulement une divergence de cultures, de points de vue, de langues, de valeurs et de religions. D'une certaine façon, les racines génétiques intergalactiques de ces deux civilisations sont mutuellement opposées. La reconnaissance de cette réalité permettra l'émergence d'une résolution intelligente.

Prétendre qu'il n'existe pas de différences fondamentales n'est guère une solution. Toutefois, comme je l'ai souligné plus haut, les Arcturiens sont intrigués par les dichotomies et ne se laissent pas décourager devant des forces qui s'opposent l'une à l'autre. En fait, la synthèse de deux forces opposées conduit souvent à des solutions créatives et cela peut s'appliquer aux conflits culturels sévissant sur votre planète.

À ce stade de l'histoire terrestre, l'humanité dispose de plusieurs occasions d'évoluer. Des énergies cosmiques affectent votre ADN et vos processus psychoneurologiques. Une activité solaire intense provoque des anomalies dans la magnétosphère terrestre. En outre, des énergies provenant du centre de la galaxie activent de nouvelles potentialités. Tout cela est synchronisé par les mécanismes du cosmos et non par une force ou une intelligence extérieure.

Une autre occasion d'évolution est liée à la situation unique qui prévaut concernant le contact intergalactique. D'un point de vue intergalactique, par suite des changements solaires et des progrès technologiques qui vous permettront de modifier vos gènes et d'explorer d'autres planètes, votre espèce est au seuil d'une renaissance historique ou d'une catastrophe.

Il s'ensuit que votre situation actuelle intéresse grandement plusieurs intelligences intergalactiques et que votre système solaire regorge de visiteurs.

Reste à voir si la vérité concernant vos racines intergalactiques deviendra une réalité consensuelle. Les forces contrôleuses et manipulatrices ne désirent pas que cette information soit publiquement acceptée. Elles croient que cette connaissance saperait leur pouvoir et causerait l'effondrement de leurs institutions car il faudrait récrire toute l'histoire. Que la communauté mondiale accepte cette vérité ou non, celle-ci peut se vérifier par déduction logique et par un examen plus poussé des mensonges et des contradictions de vos religions.

Pour ceux d'entre vous qui sont suffisamment aventuriers, un contact direct avec des êtres intergalactiques constituerait un bon départ.

Si vous voulez essayer, un ciel nocturne dégagé est la meilleure situation pour percevoir directement des extraterrestres et leurs vaisseaux. Dans ce cas, je vous conseille de fixer une étoile de votre choix. Celle-ci sera vraisemblablement associée à une lignée génétique présente en vous, mais, que ce soit le cas ou non, c'est une excellente façon de commencer.

Ouvrant bien les yeux, regardez d'abord dans l'espace en fixant une étoile.

Remarquez ensuite l'écart entre vos inspirations et vos expirations, mais sans fermer les yeux. Continuez à regarder l'étoile et, à mesure que s'allongera l'écart entre vos inspirations et vos expirations, votre respiration deviendra superficielle. Ce sera le signe que vous êtes entré dans un état mental plus réceptif à des perceptions alternes.

Concentrez-vous maintenant sur la glande pinéale, au centre de votre tête. Continuez à remarquer vos écarts respiratoires et à fixer l'étoile tout en maintenant votre attention sur le centre de votre tête.

Enfin, envoyez simplement dans l'espace l'intention de voir vos visiteurs extraterrestres et d'établir un contact avec eux.

Si vous utilisez cette méthode simple suffisamment longtemps, vous commencerez à apercevoir dans le ciel des choses que vous n'y avez jamais vues. Vous vous éveillerez et vous verrez à travers le voile planétaire un univers beaucoup plus riche et plus complexe que vous ne pouvez l'imaginer.

Je dois simplement vous mettre en garde de nouveau. Les êtres provenant d'autres dimensions peuvent sembler des dieux dotés de pouvoirs surnaturels. Soyez vigilants car certaines intelligences extraterrestres aiment se faire vénérer. Il ne vaut pas la peine de frayer avec elles. Ne cédez pas à la tentation de la vénération et ne pensez pas que ces êtres sont venus vous sauver. La plupart du temps, ils ont voyagé jusqu'à votre planète par simple curiosité de voir ce qui s'y passe.

Préparez-vous à assister à un déploiement extraordinaire lorsque vous aurez retiré le voile maintenu par vos habitudes perceptuelles renforcées par des contraintes culturelles. C'est en les dépassant que vous lèverez ce voile!

Je laisse maintenant les autres vous livrer leur savoir. Je reviendrai un peu plus tard.

Ektara

Directeur scientifique

Je me nomme Ektara et je suis directeur scientifique sur le vaisseau arcturien responsable de la sécurité dans le secteur de la Voie lactée où se trouve votre système solaire. Les mots sont un moyen de communication limité. Dans la cinquième dimension, où résident la plupart des Arcturiens, nous transmettons la plupart de nos communications par holographie télépathique. Ce type d'imagerie mentale contient une plus grande quantité d'information que les « fragments sonores » de vos langages verbaux. Néanmoins, comme nous sommes des gens pratiques, je me servirai du langage qui m'est disponible, malgré son primitivisme.

En général, la neuvième dimension est notre plus haute résidence vibratoire, celle où se trouve à ce jour l'un des plus grands personnages de notre civilisation, Sanat Kumara, que vous avez rencontré précédemment.

À l'instar des humains, les Arcturiens ont chacun leur point de vue individuel. Ainsi, alors que je vous parle en des termes généraux s'appliquant à tous les Arcturiens, ma perception, tout comme la vôtre, est filtrée par ma conscience individualisée. Lorsque nous sommes devenus une civilisation intergalactique, nous avions déjà établi notre engagement culturel envers la vie, l'intelligence et la liberté. Par conséquent, nous sommes enclins à considérer toutes les situations en fonction de cette vision.

Quand nous sommes devenus des explorateurs galactiques, il y a environ un million d'années de temps terrestre, nous avions déjà en nous cette philosophie fondamentale. Lorsque nous avons rencontré d'autres espèces, c'est selon cette éthique que nous avons réagi.

Je suis directeur scientifique depuis 700 000 années terrestres. Durant toute cette période, je me suis trouvé dans le secteur de votre système solaire. Notre tâche consiste à protéger la vie (quand elle le mérite), l'intelligence et la liberté. La durée de vie des humains étant très limitée, vous avez sans doute de la difficulté à concevoir qu'un être puisse vivre aussi longtemps, mais sachez que je suis très jeune pour un Arcturien.

Je ferai ici une brève digression pour mentionner l'une de nos grandes alliées : la technologie régénératrice, qui nous permet de poursuivre plus longtemps notre existence dans la cinquième dimension. Sur le plan scientifique, mon domaine est celui de l'évolution biologique, des intelligences électromagnétiques et des variantes culturelles existant sur votre planète et ailleurs. En observant votre évolution, j'ai été intrigué et fasciné par votre espèce.

Vous savez, vous n'êtes pas seuls dans l'univers! Ce dernier fourmille d'intelligences et d'entités incarnées et désincarnées. Si vous n'êtes pas conscients de la complexité de la vie et de l'intelligence présentes dans le cosmos, c'est parce que vous percevez le monde au moyen d'un système nerveux primitif, que vous êtes enclavés dans vos cinq sens et que vous êtes emprisonnés biologiquement dans le puits gravitationnel de votre planète et du soleil.

Et pourtant vous possédez déjà à divers degrés une réalité hautement dimensionnelle, mais vous n'en êtes pas conscients. En regardant votre trajectoire évolutionnaire, je dirais que votre potentiel consiste à passer collectivement à la réalité quinquadimensionnelle. J'entends toutefois par là autre chose que ce que vous imaginez.

La courbe en cloche de l'humanité

Votre science illustre très précisément par la courbe en cloche la montée et la chute de l'information. De mon point de vue, la question fondamentale est double : comment et quand? Traitons d'abord du «comment» car c'est l'aspect le plus facile.

Si vous tracez mentalement une ligne en dessinant le contour d'une cloche, vous verrez un très petit espace entre chacun des rebords et la ligne de base. En suivant la forme de la cloche vers le haut, vous verrez cet espace s'élargir de plus en plus jusqu'à ce que vous atteigniez la hauteur maximale, puis se rétrécir symétriquement en redescendant jusqu'au bas de la deuxième moitié de la cloche, qui forme une image miroir parfaite de la première moitié.

En biologie, la plupart des populations d'organismes, depuis les plus minuscules virus et bactéries, augmentent selon la courbe en cloche. Le même modèle s'applique aux êtres humains, y compris l'accroissement des populations, la montée et la chute des maladies, et les épisodes éclairés de l'histoire de l'humanité.

Par «épisode éclairé», j'entends le sommet d'une courbe en cloche. Dans ce cas-ci, je l'applique à votre histoire, qui a comporté plusieurs civilisations dont la plupart sont oubliées depuis longtemps.

Ces civilisations se trouvaient géographiquement dans les lieux où vivaient des populations spécifiques, qui augmentaient leurs connaissances tandis que les populations voisines restaient ignorantes. Par exemple, la période de la Renaissance fut un épisode éclairé. Elle s'est développée à partir de petits groupes d'humains vivant en Italie et elle a atteint un crescendo, comme une courbe en cloche, avant de s'estomper.

Toutes les périodes glorieuses de votre histoire sont des épisodes éclairés et elles ont toutes suivi ce principe. Je vois à présent dans votre trajectoire évolutionnaire une situation des plus fascinantes. Elle me fascine parce que je l'observe depuis la cinquième dimension, mais elle est souvent troublante pour vous qui la vivez, particulièrement si votre perception est confinée dans la réalité tridimensionnelle.

Votre civilisation se mondialise. Reste à savoir si ce sera bénéfique ou non. Il existe cependant une civilisation humaine émergente qui est de nature planétaire; elle ne s'identifie à aucune nation ni à aucun pays en particulier, mais à toute la planète. Les individus qui ont adopté cette réalité en plein essor se considèrent comme des citoyens planétaires.

Si vous avez adopté cette réalité, le jeu n'est plus du tout le même. Pourtant, au moment même où je vous parle, il existe des groupes d'humains vivant dans des siècles très différents sur le plan perceptuel. Certains prennent conscience de leur état de citoyens planétaires et acceptent la responsabilité d'un nouveau service à la planète, tandis que d'autres exploitent par cupidité non seulement la planète, mais aussi les autres humains.

Parmi vous, certains reconnaissent l'exquise beauté et la grande intelligence de l'évolution, tandis que d'autres croient que le monde a été créé en sept jours. Certains savent que le soleil ne se lève ni ne se couche, mais que ce sont là deux illusions dues à la rotation de la Terre, tandis que d'autres croient qu'il se lève et se couche parce que c'est ce que voient leurs yeux. Il y en a même qui croient encore que la Terre est plate. Il existe donc simultanément sur votre planète des gens qui montent dans la courbe en cloche de la conscience et de la responsabilité planétaires, tandis qu'une portion de l'humanité n'est même pas encore entrée dans cette courbe.

Ceux qui sont dans le haut de la courbe et qui voient l'émergence d'une humanité planétaire ainsi que les questions d'éthique suscitées par cette prise de conscience sont des précurseurs et des visionnaires. Par contre, ceux qui ne sont pas encore entrés dans la courbe de cette conscience ne sont pas dignes de confiance. On peut les considérer comme dangereux car ils voient le monde et le potentiel humain autrement.

Si vous avez lu ce livre jusqu'ici, je suis porté à croire que vous êtes un précurseur ou un visionnaire qui perçoit l'émergence d'une nouvelle humanité. Je vous félicite tout d'abord d'avoir atteint un niveau d'intelligence supérieur et de concevoir la possibilité d'une nouvelle réalité, mais je sympathise aussi avec vous car tous, vous vous sentez souvent seuls au sommet de la cloche. Un certain nombre d'entre vous ont sans doute l'impression de se retrouver dans l'un de vos romans de science-fiction : *En terre étrangère.* En fait, quand vous entrez dans la courbe en cloche ascendante, vous vous déconnectez de plus en plus de la collectivité qui se trouve dans la partie inférieure. Ce qui est clair pour vous peut s'avérer obscur pour les autres. Vous vivez dans un univers dualiste où chaque point de vue, quelle que soit son élévation, possède son antithèse.

J'ai observé une autre situation malheureuse concernant la nature humaine : la tendance à l'étroitesse d'esprit. Paradoxalement, plus un individu ou un groupe d'humains a l'esprit étroit, plus il réagit violemment aux nouvelles possibilités.

Plus les humains sont nombreux à s'éveiller de leur hypnose et de leur manipulation par les religions et les gouvernements, plus la courbe en cloche se renforce. On dirait qu'un grand nombre d'humains qui étaient complètement inconscients deviennent maintenant à demi-conscients, tout en ayant la vague impression d'avoir été trompés par ceux qu'on leur avait appris à écouter.

Cette perte de naïveté est très difficile à gérer pour la plupart des humains. Il existe un territoire vierge lié au rééquilibrage de la polarité masculin/féminin sur votre planète. Ce territoire est une période de développement où l'être humain perd son identité nationale et religieuse au profit d'une identité cosmique et planétaire. Durant cette période difficile, il n'a pas encore atteint le point de résolution et il reste en conflit avec les mensonges et la manipulation remontant aux origines de l'humanité.

Quand un humain devient citoyen planétaire, il oublie les conflits historiques et œuvre à la nouvelle réalité en vivant selon les valeurs privilégiant la vie et l'éthique.

De mon point de vue d'observateur scientifique, un très grand nombre d'humains quittent le bateau à l'heure actuelle et abandonnent la vieille réalité, y compris ses institutions désuètes, pour créer une nouvelle humanité planétaire et une nouvelle destinée.

Mon message est celui-ci : vous n'êtes pas seuls. D'autres humains rejoignent vos rangs. L'histoire bascule. J'ai confiance que ceux d'entre vous qui sont au sommet de la courbe en cloche en seront un peu réconfortés.

Votre potentiel humain

Votre potentiel humain est enraciné dans votre ascendance intergalactique. Les obstacles à son développement sont créés par la manipulation territoriale.

Parlons d'abord de votre héritage, qui est intergalactique et non simplement planétaire. Durant la période sumérienne de votre histoire, une civilisation intergalactique a établi un contact avec vos prédécesseurs. Comme on vous l'a dit, ces êtres, les Annunakis, étaient en mission : ils cherchaient de l'or car il n'y en avait plus dans leur atmosphère, laquelle était composée de particules d'or à l'état gazeux mélangées à d'autres gaz.

Malheureusement pour eux, la rotation de votre planète autour du Soleil les a détériorés biologiquement et a réduit leur durée de vie. Leurs vaisseaux miniers robots ne pouvaient pas tout faire. Cherchant une solution, ils ont engagé les services d'humains plus évolués que les autres. Ils ont manipulé votre ADN pour créer des esclaves qui effectueraient la partie terrestre de l'opération minière. Quand ils eurent extrait suffisamment d'or pour leurs besoins, ils quittèrent votre planète. Les humains qu'ils ont abandonnés ont alors parlé de dieux venus des étoiles. Un être de la troisième dimension, surtout s'il est primitif, peut facilement attribuer des dons surnaturels à un être de la cinquième dimension ou d'une dimension supérieure qui possède une technologie avancée, comme c'était le cas des Annunakis.

Après l'expérience de ces derniers, d'autres civilisations intergalactiques ont exploré votre système solaire et sont entrées en contact avec les humains. C'était au cours de votre période préhistorique, et il n'existe pas d'autres textes à ce sujet que ceux des Sumériens.

Selon notre méthode de classification de l'ADN intergalactique, on peut affirmer sans risque d'erreur que plus de vingt civilisations intergalactiques vous ont fait cadeau de certains aspects de leur ADN. Un cadeau n'est évidemment tel qu'en fonction du donneur et du receveur. Un don considéré comme un cadeau par le donneur peut se révéler un fardeau pour son destinataire. C'est le paradoxe de la réalité.

De ce point de vue, vous constituez une royauté intergalactique, une race hybride unique issue de la combinaison de l'ADN d'un primate avec celui d'êtres très évolués. Les codons de votre spirale d'ADN fonctionnent comme des interrupteurs actionnés intérieurement et extérieurement.

Certains s'activent sous l'effet de processus biologiques internes et d'autres réagissent à des signaux externes de l'environnement. L'héritage intergalactique encodé dans votre ADN sous forme de codons réagit aux déclencheurs cosmiques. C'est comme si ces êtres intergalactiques avancés qui vous ont fait cadeau d'une partie de leur ADN avaient programmé les codons pour qu'ils réagissent à de futurs déclencheurs environnementaux et cosmiques.

Quand ces codons furent introduits dans votre ADN, ces forces cosmiques se trouvaient dans votre futur. Elles sont maintenant dans votre présent et vous êtes donc activés par des forces cosmiques qui dépassent votre imagination. Ces déclencheurs cosmiques parcourent votre système solaire depuis le centre de votre galaxie et l'espace profond. De plus, vos codons réagissent aux changements solaires. Toute cette activité cosmique stimule vos codons d'origine intergalactique.

Votre présent est devenu votre futur. Votre futur est devenu votre présent.

Cette activation massive de l'humanité par des déclencheurs cosmiques libère en l'être humain d'extraordinaires potentiels latents. Or, vous êtes sans doute incapables de vous rendre compte que vous êtes au stade crucial d'un changement évolutionnaire.

L'un des obstacles à votre potentiel humain réside dans une perspective étroite de l'histoire. Plusieurs de vos religions ont déifié des êtres qui n'avaient rien de surnaturel et qui étaient simplement des extraterrestres évolués. Leur déification a eu des effets insidieux sur l'humanité. Quand on déifie un être, on le place au-dessus de soi. Vous cherchez à servir la Déité car le service a été encodé dans votre ADN par les Annunakis. Si vous vous élevez intellectuellement pour comprendre que vous constituez une royauté intergalactique, vous réaliserez que vous n'avez pas besoin de vous incliner devant d'autres. Vous êtes leurs égaux.

Votre compréhension est peut-être encore limitée, mais votre potentiel ne l'est aucunement. La démystification de la religion dissipera l'obscurité de vos origines intergalactiques. Dans la mesure où vous réussirez à accomplir cette tâche intellectuelle, il vous sera beaucoup plus facile d'échapper à ces déclencheurs cosmiques.

Avant d'aborder le sujet du corridor arcturien, j'aimerais clarifier nos intentions et notre mode d'opération. Comme je l'ai dit plus haut, les Arcturiens ont développé la valorisation de la vie, de l'intelligence et de la liberté. Nous sommes présents dans votre galaxie à titre de protecteurs bienveillants de votre planète. Cependant, la situation est multidimensionnelle et très complexe. Nous croyons que les êtres ont la liberté de faire leurs propres choix à condition de ne pas emprisonner ni limiter les autres.

En tant qu'observateur de votre planète depuis plusieurs siècles, je suis lié par l'entente arcturienne. Il s'agit d'une entente culturelle entre tous les Arcturiens et particulièrement ceux d'entre nous qui sont des explorateurs ou des protecteurs intergalactiques. Nous n'intervenons pas directement dans les affaires terrestres, sauf en de très rares occasions. Même si vous n'en êtes pas conscients, nos vaisseaux parcourent votre système solaire et votre galaxie dans la cinquième dimension. Nous avons arrêté plusieurs intrus malveillants et nous continuerons à le faire.

Vous ne le savez sans doute pas, mais des batailles intergalactiques font rage actuellement entre ceux qui veulent vous emprisonner par de nouvelles technologies avancées et ceux qui, comme nous, cherchent à vous protéger. Nous ne sommes pas les seuls à patrouiller dans ce secteur de l'espace.

Nous voulons préserver la zone de libre arbitre de l'humanité mutante, vous protéger depuis une dimension supérieure, en vous laissant la liberté d'effectuer vos propres choix. Nous espérons que ces choix serviront la vie, l'intelligence et la liberté, mais c'est à vous de les faire, non à nous.

Nous nous rendons bien compte que, ayant été historiquement contraints et manipulés, vous avez l'impression de ne pas avoir de choix en cette matière et que les conséquences dépassent de loin votre pouvoir d'influence. Je vais aborder ce problème par une métaphore biologique.

L'humain est comme le pin

Il existe une variété de pin dont les graines ne germent qu'après une activation par le feu, laquelle est produite généralement par la foudre ou par une sécheresse. La forêt de pins devient très sèche par manque de précipitations, des orages se forment dans l'air chaud, et ces conditions atmosphériques sont souvent accompagnées d'éclairs. La foudre frappe alors un arbre, qui s'enflamme parce qu'il est très sec, puis toute la forêt prend feu.

Pour un observateur, la foudre semble provenir du ciel, mais, en réalité, elle provient de la terre. Lorsque le feu dévore la forêt en brûlant les pins, les graines de cette espèce particulière sont activées. Elles ne sont pas détruites par le feu. Avec le temps, de nouveaux arbustes apparaîtront sur le sol dévasté.

On peut comparer vos codons intergalactiques aux graines de cette espèce particulière. Les forces qui les activent échappent à votre contrôle. Les déclencheurs cosmiques que j'ai évoqués plus haut sont comme la foudre. Votre civilisation est en feu, littéralement dans certains cas et symboliquement dans d'autres.

Vos manipulateurs terrestres n'ont aucun pouvoir sur ces déclencheurs cosmiques car ceux-ci ne proviennent pas de cette planète, et vos autres manipulateurs, ceux qui cherchent des renforts auprès de leurs voyous intergalactiques, sont déçus. Pourquoi ? Parce que ces renforts sont bloqués par nos vaisseaux et ceux de nos alliés intergalactiques.

Il ne fait aucun doute que la situation est très complexe. Les humains qui s'attendent à nous voir arriver dans des vaisseaux tridimensionnels s'illusionnent. Il faut une énergie énorme pour abaisser le taux vibratoire de nos vaisseaux jusqu'à la troisième dimension. Nous pouvons le faire au besoin par une technologie de la lumière, mais ce serait en dernier recours.

Ce que je tiens à vous dire à ce moment de notre entretien, c'est que vos codons intergalactiques sont activés par les déclencheurs cosmiques dont j'ai parlé plus haut et que cette activation se poursuivra.

Le développement de nouvelles aptitudes humaines au cours du prochain siècle éclipsera tous les sauts évolutionnaires que votre espèce a connus jusqu'ici.

Les intelligences terrestres et les intelligences extraterrestres

Les intelligences terrestres

Historiquement, nous considérons les entreprises spatiales de l'humanité, dont les premières photographies de la Terre prises de l'espace, comme le point marquant d'une expansion de conscience. Quelque chose s'est alors passé dans l'imagination des humains qui ont vu ces photographies. La précarité et la fragilité de la Terre, comme sa grande beauté, sont devenues évidentes pour tous, sauf pour les individus les moins doués intellectuellement ou d'une grande étroitesse d'esprit. Ce simple changement de point de vue (la Terre vue de l'espace) a augmenté la conscience planétaire. Ce fut un pas en avant, mais cette nouvelle perspective demeure tridimensionnelle.

La difficulté de l'être humain réside dans une sorte d'hypnose due au fonctionnement de son cerveau et de son système nerveux. Vous croyez que votre expérience sensorielle du monde englobe toute la réalité, mais ce n'est pas le cas. Vous vivez dans un univers beaucoup plus complexe, mystérieux et diversifié que vous ne pourriez jamais l'imaginer.

Votre vision physique résulte du développement de vos nerfs optiques et des centres visuels de votre cerveau. Or, ces structures neurologiques complexes ne perçoivent qu'une très mince bande passante du spectre énergétique. Vous ne pouvez voir sans aide la lumière ultraviolette, les rayons X ou gamma, et encore moins le spectre supérieur que votre science n'a pas encore découvert. Vous croyez réelle votre expérience sensorielle du monde parce qu'elle est très vaste, mais ce que perçoivent vos cinq sens n'est qu'une infime partie de ce qui existe.

Dans d'autres portions du spectre électromagnétique, il existe des êtres que vous ne pouvez pas percevoir et qui pourtant se trouvent parmi vous sur cette planète. Nous ne parlons pas ici des extraterrestres, un sujet que nous aborderons dans un instant. Nous parlons plutôt des cohabitants de votre planète. Si vous vous entraînez à mieux percevoir l'univers, vous découvrirez que nous disons vrai.

Toutes les traditions chamaniques du monde connaissent l'existence de ces êtres qui vivent dans d'autres portions du spectre électromagnétique. Les chamans les appellent souvent « esprits », mais, pour nous, ils sont simplement dans le champ d'existence d'une vibration différente, une autre forme de conscience ayant des espoirs, des rêves et des aspirations tout comme les humains. Il est possible de communiquer avec ces intelligences hautement vibratoires qui vivent sur votre planète et à l'intérieur de celle-ci.

Certaines vivent à haute altitude dans votre atmosphère. Si vous entrez en contact avec une telle intelligence, prenez conscience qu'elle peut être bienveillante ou malveillante, ou, dans certains cas, neutre, c'est-à-dire ni contre vous ni avec vous. Certains de ces êtres associés à la Terre possèdent une technologie limitée, mais plus avancée que la vôtre, et d'autres voyagent dans des appareils en forme de disque, lesquels peuvent passer du spectre électromagnétique supérieur à la périphérie du temps et de l'espace tridimensionnels.

Autrement dit, quand vous apercevez un ovni, il peut venir de l'espace, mais aussi de la Terre. Comme vous ne voyez qu'une infime partie du monde qui se trouve sous vos yeux, vous êtes portés à croire que votre espèce est la plus intelligente. Évidemment, nous le contestons. Nous dirions que, sous certains aspects, les cétacés sont plus évolués, et il ne fait aucun doute dans notre esprit que, dans plusieurs cas, l'intelligence de ces êtres hautement vibratoires qui habitent la Terre surpasse grandement la vôtre.

Commencez-vous à réaliser que vous vivez dans un univers beaucoup plus étrange et mystérieux que vous ne pourriez jamais l'imaginer ?

Lors de nos premières explorations de la Terre, qui ont précédé l'émergence de l'*Homo sapiens*, nous y avons rencontré ces intelligences du spectre supérieur. Leur espèce était là avant vous.

Au cours de votre préhistoire, c'est-à-dire la période qui n'a pas été consignée sous une forme que vous pouvez reconnaître, plusieurs humains ont perçu la présence de ces intelligences supérieures. Ceux-là sont devenus des chamans, et les traditions chamaniques se sont alors développées sur toute la planète, certaines étant marquées par leur emplacement géographique. Ces êtres hautement vibratoires existaient dans toutes les parties du monde.

De notre point de vue, les différences entre les traditions chamaniques ne sont pas dues uniquement à l'emplacement, à la culture et à l'histoire. Certaines sont dues au fait que les chamans vivant à tel ou tel endroit rencontraient de hautes intelligences différentes. Ajoutez à leur présence celle d'intelligences extraterrestres et vous obtiendrez un tableau extrêmement complexe.

Voici maintenant une information qui va vous sembler très étrange : certains de ces vaisseaux appartiennent à des visiteurs humains provenant de votre futur ! Ils voyagent dans le temps à des fins d'exploration et de connaissance. Certains de ces voyageurs du futur reviennent dans votre présent pour tenter de corriger des « déséquilibres ».

Nous savons que la plupart de ces visiteurs humains du futur voyagent dans des vaisseaux en forme de disque parce que c'est la principale technologie qu'ils ont développée. Pour être exact, je devrais plutôt dire « que vous avez développée », puisque ce sont vos descendants. C'est là une situation très étrange, aussi difficile à comprendre qu'elle soit. Admettre la possibilité que l'humanité future revienne à votre époque dans des vaisseaux en forme de disque relève simplement d'une expansion de la conscience. Autrement dit, non seulement votre connaissance de la réalité tridimensionnelle est très étroite, mais votre connaissance du temps est tout aussi limitée.

Quand une espèce a atteint un certain stade de développement, il lui est aussi facile de voyager dans le passé ou dans le futur que ce l'est pour vous de prendre le métro. Imaginez comment l'humanité future voit son histoire et ses ancêtres, c'est-à-dire vous, à travers la lentille élargie de la mécanique temporelle. Vous pensez que le temps s'écoule en ligne droite, mais il s'agit d'une perception limitée par vos sens. Encore une fois, vous vivez dans une réalité tridimensionnelle beaucoup plus complexe que vous ne pouvez l'imaginer. Vous êtes à un point du temps où de futurs explorateurs reviennent pour voir ce qui a dérapé. Vous faites l'objet d'une observation intense. Pour les humains du futur, vous êtes comme des Néandertaliens.

C'est là un niveau de complexité. Ajoutons-en un autre.

Les intelligences extraterrestres

Je dois décrire ici un organigramme. Commençons par trois catégories d'êtres extraterrestres et nous irons ensuite plus loin.

Il y a d'abord ceux que vous appelleriez des intelligences étrangères, simplement parce que vous ne connaissez pas leur nature. (Croyez-moi quand je vous dis que vous leur êtes tout aussi étrangers.)

La première catégorie, non par préférence, mais arbitrairement, comprend les extraterrestres qui possèdent des vaisseaux concrets. Certains ont la capacité de modifier la structure moléculaire de leurs vaisseaux de manière à voyager entre les dimensions, de la troisième en montant.

Nous, les Arcturiens, possédons une forme très avancée de cette technologie qui permet à nos vaisseaux de voyager facilement entre les dimensions. Nos vaisseaux résident principalement dans la cinquième, mais ils peuvent aller plus haut. En de très rares occasions, nous les avons conduits jusque dans la troisième dimension, mais cette opération nécessite beaucoup d'énergie et nous ne la faisons donc pas à la légère.

La deuxième catégorie de visiteurs extraterrestres comprend les intelligences hautement vibratoires. Comparables aux intelligences hautement électromagnétiques qui vivent sur la Terre, ces êtres n'ont pas de vaisseaux. Ils voyagent dans l'espace sous la forme de champs électromagnétiques distincts et ils peuvent se déplacer collectivement.

La troisième catégorie est très étrange, bien que tout ce que je vous livre ici le soit à vos yeux. Ces intelligences extraterrestres sont la projection d'esprits appartenant à de très lointaines civilisations. Elles sont des points d'énergie qui ne visent qu'à observer ce qui se passe sur votre planète et dans votre système solaire. Elles ne sont pas en interaction avec vous.

Les anges

Puisque nous parlons de ce sujet, je vous fais part de notre point de vue sur le phénomène des anges.

Les anges existent. Ce sont des intelligences hautement vibratoires, bienveillantes et bien intentionnées. Quand un humain en rencontre un, il peut très facilement interpréter l'expérience selon ses attentes ou ses croyances. De plus, je dois préciser que certains anges sont plus intelligents que d'autres ou plus habiles à créer des résultats.

À mon avis, la difficulté que pose la question des anges, c'est que le concept est alourdi et déformé par les dogmes religieux et les fausses idées spirituelles.

C'est une merveilleuse expérience que de rencontrer une haute intelligence puissante et bienveillante. Et cette expérience peut se révéler enrichissante autant pour l'entité que pour l'humain. Ce dernier doit toutefois être conscient qu'il doit assumer la responsabilité de ce qu'il en retire. Ainsi, si vous êtes en interaction avec un « ange », soyez vigilants. Si cet « ange » vous dit que vous *devez faire* quelque chose, vous êtes alors en contact avec un idiot ou avec une entité malveillante déguisée en entité bienveillante. Tout être, humain ou autre, qui voudrait porter atteinte à votre souveraineté est à éviter.

Par exemple, Lilith résidait dans un autre spectre vibratoire. On a raconté plusieurs histoires à son sujet, mais la véritable rencontre entre elle et d'autres intelligences électromagnétiques a eu lieu dans le monde astral, où résident la plupart des intelligences supérieures. À l'instar des humains, ces êtres vibratoires peuvent se rendre dans l'astral supérieur et même au-delà, dans ce que certains appellent le plan éthéré, mais que nous appelons simplement la cinquième dimension.

Encore une fois, votre univers est beaucoup plus étrange que vous ne pouvez l'imaginer.

Le Corridor arcturien

Certains ont dit qu'il existait entre Arcturus et la Terre un pont dimensionnel qu'ils appellent le Corridor arcturien. Pour nous, c'est un simple portail interdimensionnel de l'hyperespace permettant à nos vaisseaux d'entrer, à une vitesse plus grande que celle de la lumière, non seulement dans la zone de votre planète, mais dans tout le système solaire. Cette vitesse est nécessaire pour parcourir de si grandes distances. Ce portail ou tunnel interdimensionnel permet à nos vaisseaux de se positionner rapidement, comme nous jugeons nécessaire qu'ils le fassent. Il sert uniquement à nos vaisseaux.

Il ne s'agit pas d'un moyen de communiquer avec nous, sauf pour de rares individus. Quand quelqu'un a atteint un niveau de connaissance où il est prêt et disposé à prendre contact avec un Arcturien, celui-ci crée un microtunnel, un petit portail, pourrait-on dire, permettant au corps hautement dimensionnel de l'individu de transiter jusqu'à l'Arcturien, ou inversement dans certains cas. C'est également le moyen par lequel les individus peuvent accéder à un vaisseau arcturien.

Ce portail que certains nomment le Corridor arcturien n'est pas un vortex naturel. Nous l'avons créé et nous l'entretenons pour accomplir notre mission, qui consiste à protéger la vie, l'intelligence et la liberté dans ce secteur de l'univers. Il est à l'usage exclusif des vaisseaux de la cinquième dimension qui voyagent entre Arcturus et votre système solaire.

Il existe aussi d'autres portails et tunnels arcturiens ; ils conduisent à d'autres points de votre galaxie.

Les microtunnels de communication

Je parlerai cette fois des microtunnels de communication à l'usage des humains. Quand un humain est prêt et disposé à établir un contact, c'est par l'un de ces microtunnels que ce contact a lieu dans la plupart des cas. Ces microtunnels relient les corps hautement dimensionnels, particulièrement le corps quinquadimensionnel de l'humain, à celui de l'Arcturien ou au vaisseau arcturien par lequel le contact est établi.

Je désire aborder ici deux aspects concernant ces microtunnels :

- la zone corporelle et le champ énergétique où ces microtunnels permettent le contact,
- le niveau d'activité corps/esprit requis pour un contact conscient.

D'abord le premier aspect. Le contact entre un humain et un Arcturien se limite habituellement à un changement de perception chez l'humain. Il serait très inhabituel et improbable qu'un être humain rencontre un Arcturien dans la troisième dimension car il nous faut employer une énorme quantité d'énergie pour changer de dimension. Il est donc plus opportun et plus efficace d'adapter le complexe corps/esprit de l'humain afin d'établir un microtunnel de communication. Les Arcturiens sont des êtres pratiques qui n'aiment pas gaspiller l'énergie ni les ressources.

Quand un microtunnel de communication est établi, il modifie l'état cérébral et l'activité physiologique de l'humain. Dans votre langage scientifique, on parlerait d'une augmentation de l'activité alpha, mais celle-ci n'est que l'un des nombreux états qui se produisent durant ces communications. Le cerveau humain est très complexe et de multiples fréquences y ont lieu simultanément. Il serait simpliste et inexact d'affirmer que les états de conscience supérieurs sont liés à de plus hautes fréquences cérébrales. Cela démontrerait une grossière méconnaissance de la physiologie et du potentiel humains.

Quand un microtunnel est établi entre un humain et un Arcturien ou un vaisseau arcturien, la perception de l'humain change spontanément. Elle devient fluide. L'individu est alors conscient d'au moins deux réalités à la fois, soit la réalité humaine et la réalité hautement dimensionnelle où a lieu l'interaction avec l'Arcturien. En de très rares cas, l'individu perd contact avec sa réalité dimensionnelle. Le monde semble disparaître et la réalité arcturienne devient son seul point de focalisation.

C'est dans de tels moments que l'humain peut conclure qu'il a été amené dans un vaisseau arcturien, mais ce n'est pas le cas. C'est simplement que son cerveau a été dépassé par la multidimensionnalité de la rencontre et qu'il a cessé de percevoir la réalité tridimensionnelle.

Pour l'individu, cela signifie que son cerveau et son esprit ne reçoivent plus l'apport de ses cinq sens. Il reçoit uniquement l'apport de ce qui se passe dans la dimension où la rencontre a lieu.

Dans certains cas, un Arcturien établit un microtunnel afin de communiquer avec un humain en particulier, et parfois c'est l'inverse. Ces microtunnels sont des voies à double sens. Il est possible de prendre contact avec un Arcturien ou avec un aspect de la réalité arcturienne par un changement conscient du cerveau et de l'esprit. J'y reviendrai dans un instant.

Ces microtunnels traversent l'hyperespace et se connectent à votre champ énergétique, que vos anciennes traditions appellent l'aura, mais plus spécifiquement à l'un ou à plusieurs de vos chakras. La plupart des humains qui prennent contact avec des Arcturiens le font par leur troisième œil ou par le chakra couronne. Le microtunnel entre dans l'un ou plusieurs des chakras et affecte l'énergie subtile générée par ces vortex (vos chakras).

Quand se produit ce changement dans le corps énergétique subtil, il s'ensuit un même changement dans le cerveau et l'esprit, qui sont contraints de s'adapter. Comme je l'ai mentionné, ce changement dans le corps énergétique subtil crée une augmentation de l'activité alpha, un état de conscience où le corps est détendu.

Lorsque s'accroît l'influence du microtunnel dans la zone des chakras, il y a des pointes de haute fréquence cérébrale non seulement gamma, mais au-delà, jusqu'au plus haut seuil d'activité cérébrale (plus de 120 hertz).

Quand un individu s'imagine qu'il a été emmené à bord d'un vaisseau arcturien, c'est que le microtunnel s'est connecté interdimensionnellement au chakra du nombril de l'individu, ce qui fait entrer en résonance tout le corps énergétique subtil avec la réalité vibratoire du vaisseau. Lorsque cela survient, l'humain vit deux expériences parallèles : il est à la fois dans son corps et dans le vaisseau. À un certain point de la communication, il peut avoir l'impression de se trouver uniquement dans le vaisseau, la conscience ayant quitté l'apport du corps physique pour celui du corps hautement dimensionnel, lequel est dans le vaisseau. Dans cet état, l'individu peut recevoir beaucoup d'informations et acquérir d'énormes connaissances en très peu de temps puisque le principal moyen de communication est la télépathie holographique et non les mots.

Ainsi, un individu peut se sentir dans un vaisseau pendant quelques instants seulement selon le temps de la réalité tridimensionnelle, mais d'immenses quantités d'informations peuvent se télécharger dans la réalité hautement dimensionnelle du vaisseau arcturien.

Créer ce qu'on désire

Je me rends compte que plusieurs lecteurs désirent manifester dans leur vie des réalités et des situations plus évoluées. C'est votre façon de relever ce défi qui déterminera votre qualité de vie, votre niveau d'intelligence et celui de votre liberté. Chaque être, humain ou autre, doit relever ce défi pour lui-même.

En espérant que cela vous sera utile, je vais vous expliquer comment la plupart des Arcturiens accomplissent cette tâche.

En premier lieu, nous croyons au pouvoir de l'innovation. Toutes nos actions sont entreprises avec une conscience claire de vivre dans un univers étrange et paradoxal. Nous sommes des êtres d'action. Notre premier mouvement fondamental est donc d'agir. Notre première action consiste toujours à évaluer intellectuellement la situation sous le plus d'aspects possible, et cela, pour deux raisons : d'abord pour la comprendre le mieux possible et agir efficacement, et ensuite pour nous éviter l'illusion de la suffisance.

Tous les êtres, sauf les plus conscients, ont tendance à penser que le monde entier est centré sur leurs choix. Donc, quand nous considérons notre action sous le plus d'aspects possible, nous voyons les qualités et les défauts de notre projet.

Nous évaluons très rapidement notre plan d'action. Nous ne restons pas suspendus dans la considération de toutes les options. Une fois que nous avons choisi, ce choix devient une mission et nous employons toutes nos ressources à la réalisation de nos désirs, en surveillant la situation, en nous y adaptant au besoin et en la menant à terme.

Durant tout ce processus, quelle qu'en soit la durée, nous continuons à observer la situation sous plusieurs aspects. Toute nouvelle information peut nous faire modifier notre plan d'action. Nous savons aussi que nous affectons le monde quantique par notre détermination. Nous ne sommes pas enclins à hésiter ni à changer d'idée. Nous pouvons modifier notre approche, mais par un discernement intelligent et non par un affaiblissement de la volonté.

Si j'avais quelque chose à dire au sujet des humains qui veulent créer une nouvelle réalité, ce serait que la plupart ne persistent pas assez longtemps dans leur action pour en voir les résultats. Sur le plan quantique, ils sont incapables de maintenir les pensées magnétisantes qui favorisent le résultat désiré.

Les réalités alternes

Certains individus classent les phénomènes dans la catégorie des réalités alternes. Ils entendent par là que des aspects de la personnalité créent des réalités alternes. Nous ne classons pas les phénomènes ainsi.

Les humains ont plusieurs *soi*. Certains ont une intention positive, mais d'autres sont très négatifs. Voyons les choses comme suit. S'il fait beau, vous avez tendance à être de bonne humeur, ce qui influence votre perception des autres et du monde. Cela affecte également vos actions. Si, par contre, vous avez connu une journée difficile, vous êtes peut-être de mauvaise humeur. Vous voyez le monde différemment lorsque vous êtes mécontents. Il n'a pas changé, mais votre filtre émotionnel, lui, a changé. Comment gérer leurs émotions et leurs filtres émotionnels est donc l'une des principales difficultés de croissance des humains.

De ce point de vue, il existe plusieurs «je». Chacun possède sa tonalité émotionnelle et son taux vibratoire. Il crée une certaine réalité mentale/émotionnelle, laquelle affecte la perception, les actions et finalement la réalité concrète.

Je dirais que vos filtres émotionnels sont des habitudes acquises et que la maîtrise requise à ce niveau de votre être consiste à choisir celui par lequel vous verrez le monde.

Comparons ces filtres émotionnels, ces humeurs, à un attelage de chevaux. Si ces derniers ne vont pas tous dans la même direction, ils n'iront pas très loin, mais si vous les unissez, vous pourrez avancer avec puissance dans un état vibratoire constant et vous affecterez alors la réalité.

Les réalités multidimensionnelles sont le dernier élément de ce système. De ce point de vue, la multidimensionnalité est simplement la somme de toutes les dimensions dans lesquelles vous vivez. La tâche ou plutôt «l'occasion» qui se présente aux humains consiste pour eux à prendre conscience de leur réalité multidimensionnelle. En fait, ils la possèdent déjà. Vous avez déjà une nature multidimensionnelle, mais on a limité votre perception, vous habituant à croire que la troisième dimension est la seule réalité.

Tout cela fut l'œuvre de vos religions, de vos gouvernements et de certaines forces qui vous sont inconnues.

Si l'on a pu vous faire croire à tort que rien n'existe d'autre que votre vie physique et que même s'il y a une vie après la mort biologique, vous y êtes soumis à la volonté d'une puissance supérieure, vous avez alors été coupés de la perception directe de vous-mêmes, c'est-à-dire de votre nature multidimensionnelle.

La vie humaine est à la fois terrestre et cosmique. Elle transcende tout. Cette réalité est vaste : elle est multidimensionnelle comme vous.

Pour la plupart des humains, la première étape consiste à se défaire des mensonges qui leur ont été inculqués. L'étape suivante consiste à découvrir leur multidimensionnalité, qui n'est plus alors une question de foi, mais plutôt une certitude intellectuelle.

Je reviendrai plus tard pour vous parler plus longuement de notre mission planétaire.

Frephios

Guerrier arcturien

Je suis Frephios, guerrier arcturien. J'étais présent quand les Hathors sont entrés dans cet univers par le portail de Sirius et j'ai entretenu ensuite une longue relation avec ces êtres de lumière énigmatiques. Comme je suis un guerrier, mon approche des situations est très différente de la leur, mais je fus néanmoins affecté à leur protection sous la direction de Sanat Kumara. Leur univers étant très distinct du nôtre, il leur a fallu un certain temps, soit des millions d'années, pour s'adapter à la dualité.

J'ai aussi aidé notre canalisateur spirituel (Tom) à créer la pièce sonore *Lightship* («Vaisseau de lumière»), qui reproduit le bruit tourbillonnant des moteurs de notre vaisseau, un son qui peut se révéler assez transformationnel pour les humains.

J'ai également escorté Tom sur notre vaisseau, alors stationné sur une crête du mont Bugarach surplombant Les Labadous. J'ai dû séparer les nuages pour que le soleil soit bien visible, mais il n'en croyait pas ses yeux… car c'était là une chose impossible pour son esprit sceptique. Même s'il en fut témoin, il la nia, prétendant par une pirouette intellectuelle que le soleil était encore voilé d'un léger brouillard. Tel est le paradoxe de la nature humaine.

Lors de mes rencontres avec lui, j'ai activé un microtunnel de communication que d'autres pourraient appeler un micro-trou de ver. C'est notre moyen de communiquer avec les êtres d'autres dimensions que la nôtre. En ce moment même, j'utilise ce microtunnel pour livrer cette information. Tous les Arcturiens emploient cette méthode pour communiquer avec les êtres des autres dimensions.

Ektara, le directeur scientifique, a expliqué précédemment la double stratégie que nous avons mise en place pour protéger votre planète contre d'autres manipulations négatives. Il vous a dit en substance : « Pour le meilleur et pour le pire, c'est notre stratégie. » Je suis d'accord. Par nature, toute action effectuée dans cet univers suscite une contre-force. Notre stratégie consiste donc à vous assister d'une façon qui n'entraîne pas une contre-force aussi puissante que si nous agissions directement dans votre dimension.

Comme Ektara vous l'a expliqué, notre stratégie consiste à patrouiller dans ce secteur de votre système solaire pour empêcher des voyageurs interstellaires malintentionnés d'infecter davantage votre planète. L'autre volet de notre stratégie consiste à ouvrir davantage de microtunnels de communication avec vous. La publication de cette affirmation constitue, pour ainsi dire, l'annonce officielle de notre intention. Nous contacterons plusieurs autres humains réceptifs afin d'élargir leur vision du cosmos et de leur potentiel.

Je désire donc traiter ici de la connexion arcturienne à l'humanité. Certaines de mes observations porteront sur la nature humaine et sur les obstacles à l'expansion de votre perspective.

Prenons pour exemple ce canal spirituel. Il n'est supérieur à aucun d'entre vous et sa résistance aux microtunnels de communication est typique des réactions humaines. Si vous désirez nous contacter ou vous ouvrir à nos communications, vous devrez trouver le moyen de vous déconditionner de la vision contraignante de la réalité que l'on vous a imposée. Vous devez tous vous en affranchir individuellement.

Dans la plupart des cas, quand un Arcturien ouvre un microtunnel de communication, celui-ci entre dans la glande pinéale du champ énergétique humain. La structure cristalline de la glande pinéale étant éminemment réceptive aux impressions subtiles provenant des dimensions supérieures, il faut diriger votre conscience sur le centre de votre tête si vous désirez ouvrir la porte aux communications arcturiennes.

Selon votre sensibilité, vous sentirez ou non un mouvement énergétique dans cette région. Que vous le perceviez ou non, restez focalisé sur cet endroit, ce qui stabilisera votre concentration et vous aidera à échapper aux pensées et à l'analyse des impressions que vous recevrez. Je vous encourage toutefois à analyser l'information après l'avoir reçue. Vous jugerez vous-même de sa valeur.

Comme nous ouvrirons plusieurs microtunnels de communication avec vous, je dois mentionner quelques pièges qui peuvent surgir. Hormis les croyances personnelles qui sont grandement susceptibles de faire obstacle aux communications provenant d'un être se trouvant hors du champ gravitationnel de votre planète, il existe d'autres difficultés potentielles.

Attardons-nous un instant sur vos systèmes de croyances. Je vous conseille de créer un espace mental qui vous permettra de recevoir nos communications. Cela facilitera la neutralité mentale. Vous placerez dans cette zone les nouvelles informations et les nouveaux points de vue sur la nature de la réalité. Ce moyen très simple vous aidera beaucoup.

Une autre difficulté rencontrée par les humains quand les communications sont ouvertes concerne l'exactitude de l'information et la réalité de l'être qui l'envoie. Il est vital pour vous de faire cette vérification.

Je dirai tout d'abord qu'à l'instar des Hathors nous considérons votre volonté personnelle comme un domaine souverain. Comme vous l'ont déjà déclaré mes collègues arcturiens : *notre mission consiste à protéger la vie, l'intelligence et la liberté; nous ajoutons cette précision : l'intelligence quand elle vaut la peine d'être sauvée, et la liberté tant qu'elle n'empiète pas sur celle d'un autre être.*

Par conséquent, comme les Hathors, nous ne vous dirons jamais quoi faire. Ce n'est pas dans notre nature et nous violerions notre propre volonté si nous tentions de manipuler la vôtre. Pour nous, ce n'est pas une simple valeur culturelle; elle est inscrite dans les filaments de lumière de notre corps et de notre esprit.

Voici quelle est la difficulté technique. Le microtunnel de communication créé entre un Arcturien et un être humain est sujet à dégradation puisque toutes les formes de communication sont susceptibles d'être perturbées. Par exemple, votre téléphone cellulaire. Vous pouvez voyager sur une route et obtenir une communication claire, puis entrer dans une zone où vous n'entendrez qu'un mot sur deux. Il peut soudain y avoir des parasites ou bien la communication peut s'interrompre.

Ce genre de problème est lié à la puissance du signal, à l'emplacement du récepteur et à la puissance de ce dernier. Ainsi, en raison de différences énergétiques, certains humains sont plus aptes que d'autres à recevoir ce type de communication et à le maintenir.

Quand une communication est dirigée vers un individu, il faut savoir que le message envoyé n'est pas nécessairement reçu correctement. Plusieurs problèmes peuvent surgir lors de la transmission d'une information. Pour vous, les deux meilleurs moyens de maintenir un microtunnel de communication sont les suivants :

- libérez votre esprit pour qu'il y soit disponible ;
- gardez votre concentration mentale sur la région de la glande pinéale.

J'ai mentionné un peu plus haut que les Hathors et nous-mêmes considérions votre volonté comme un domaine souverain et que nous n'interviendrions pas dans vos choix personnels (lors des communications entre nous).

Vous devez toutefois comprendre que pour recevoir adéquatement l'information, votre conscience – certains diraient votre champ énergétique – doit vibrer à la même fréquence que la communication elle-même. C'est ce qui verrouille le tunnel, le stabilise et réduit grandement les possibilités d'interférence.

Si toutefois votre conscience ou votre corps énergétique ne correspond pas au taux vibratoire de la communication, il se peut que d'autres êtres contaminent celle-ci. C'est pourquoi j'ai insisté sur le fait que les Hathors et nous-mêmes respectons votre volonté souveraine.

Nous ne vous dirons pas quoi faire. Si jamais, au cours de vos communications avec un Arcturien, on vous demande de faire quelque chose qui est contraire à votre volonté, vous n'êtes pas en communication avec un Arcturien. Je vous conseille alors fortement de fermer le canal.

J'aimerais revenir maintenant sur les premiers mots que j'ai dits à Tom sur la crête surplombant Les Labadous. Ces paroles l'ont grandement contrarié. Il est malheureux que la vérité soit parfois irritante. Or, dans ce cas-ci, il a mal interprété mes propos en les prenant, selon son expression, pour un « cafouillis cosmique ». Mes paroles étaient toutefois justes, autant pour lui que pour le reste de l'humanité.

Je lui ai dit ceci : « Un vent de changement souffle sur vous et vous n'y échapperez pas. »

Comme pour toutes les communications arcturiennes, cette simple phrase se rapportait à une réalité multidimensionnelle. Si vous étiez des Arcturiens, je pourrais vous communiquer très rapidement ce qui suit. Je pourrais transférer dans votre esprit, par holographie télépathique, toute l'histoire de votre espèce, les circonstances présentes auxquelles vous faites face ainsi que les possibilités futures. Je pourrais vous communiquer tout cela simultanément, mais je suis présentement limité à l'emploi de mots rattachés ensemble par la syntaxe et par des marqueurs primitifs que vous appelez la ponctuation. Néanmoins, sans cette dernière, le sens serait difficile à saisir.

De mon point de vue, la ponctuation ressemble aux frontières vibratoires de nos hologrammes télépathiques. Elle s'apparente à vos panneaux de signalisation. Elle vous fournit de l'information sur le territoire que vous venez de quitter ou sur celui où vous allez entrer.

Ayant été témoin de l'évolution de l'humanité, je suis fasciné par l'histoire de vos langues planétaires et par leur capacité ou leur incapacité à transmettre l'information adéquatement.

Dans la conscience humaine, le langage filtre la réalité et détermine ce que vous estimez possible ou non. Ainsi, dans votre langage, s'il s'agit d'une langue indo-européenne, il y a le passé, le présent et le futur. Vous définissez ces trois temps, ces zones temporelles, de sorte que les choses se trouvent dans le présent, dans le passé ou dans le futur. Elles ne peuvent pas se trouver dans les trois en même temps. C'est pourtant exactement ainsi que nous les voyons, nous les Arcturiens.

C'est que notre point de vue temporel est différent du vôtre. Comme nous résidons dans la cinquième dimension et au-delà, selon notre niveau d'évolution nous voyons le temps de l'extérieur. Pour nous, tous les événements de votre passé, de votre présent et de votre futur se produisent simultanément. Je me rends compte qu'il est très difficile pour quelqu'un qui vit dans le temps linéaire de considérer ce point de vue.

Donc, quand j'ai dit à Tom qu'un vent de changement soufflait sur vous, j'entreprenais la tâche fastidieuse de communiquer un hologramme télépathique au moyen d'une langue primitive que vous appelez l'anglais. En raison de sa difficulté personnelle à élargir son point de vue sur les intelligences extraterrestres, il s'est regimbé dès les premiers mots et je n'ai même pas pu terminer ma communication. Ah! les humains! J'entendais « vent de changement » autant au sens littéral qu'au sens figuré. Au moment de cette communication avec Tom, le vent physique s'est levé tout à coup. J'ai trouvé la chose très amusante puisque je ne parlais pas de ce vent-là, même si le mot est le même en anglais. Je parlais plutôt du vent solaire.

C'est l'augmentation du vent solaire qui active l'humanité et qui la transforme sous vos yeux. L'autre élément de cette affirmation est le mot « vous ». Encore une fois, j'étais contraint par les limites d'une langue primitive et je ne pouvais pas exprimer l'hologramme télépathique intégralement et dans toute sa majesté.

Il se trouve qu'en anglais le mot « vous » s'adresse à la fois à l'individu et à la collectivité. Sur le plan holographique, je communiquais les deux concepts simultanément parce que l'individu ensemence la collectivité, et réciproquement. Je veux dire par là que l'individu affecte l'humanité d'une façon qui ne vous est peut-être pas évidente, mais que cette influence existe, que vous en soyez conscients ou non, et qu'en même temps la collectivité affecte l'individu. Ainsi, quand j'ai déclaré qu'un vent de changement soufflait sur vous, je voulais dire que les changements produits par le vent solaire touchaient à la fois Tom et l'humanité entière.

De notre point de vue, vous portez en vous, en tant qu'individus humains, l'histoire future potentielle de toute votre espèce. Les réalités passée, présente et future existent simultanément en vous. C'est pourquoi, quand vous effectuez un changement majeur dans votre réalité personnelle – c'est-à-dire dans votre façon de voir le monde et d'y vivre –, cela touche aussi la collectivité.

Lorsque suffisamment d'individus changeront leur façon de voir le monde et d'y vivre, une révolution de la conscience se produira. Cette révolution est une probabilité future qui existe simultanément dans votre présent. Si vous pouviez modifier juste un peu votre point de vue mental, vous basculeriez joyeusement dans votre futur. Par « joyeusement », j'entends ici l'euphorie d'acquérir un grand sentiment de liberté : celle de créer de nouvelles réalités.

Vous subissez une accélération temporelle à la fois individuellement et collectivement, et votre société planétaire se transforme de plus en plus rapidement. Vous êtes sur le point de découvrir d'extraordinaires technologies qui pourront améliorer ou décimer la vie sur votre planète. Il s'agit à la fois d'une très belle occasion évolutionnaire et d'un immense défi. En établissant des communications plus directes avec un plus grand nombre d'individus, nous espérons vous inspirer une vision plus large du cosmos et de la place qu'y occupe l'humanité.

La libre circulation de l'information est l'un des signes d'une société libre et intelligente. C'est l'un des fleurons de la civilisation arcturienne et c'est la norme selon laquelle nous mesurons toutes choses. Par le développement des télécommunications, le réseau Internet a grandement rempli cette fonction. Bien sûr, il véhicule un mélange d'informations précieuses et de déchets. Comme en toutes choses, il vous incombe de distinguer le vrai du faux, de faire le tri entre ce qui a de la valeur et ce qui n'en a pas. L'individu est le seul à pouvoir assumer sa responsabilité en cette matière. Sachez que les puissances qui contrôlaient le monde ancien s'adaptent au monde nouveau et qu'elles utiliseront aussi la technologie à leur profit.

La désinformation et la restriction de l'information au service de leur programme remontent au début de la civilisation humaine. Ces gens-là ont le plus souvent utilisé leur pouvoir pour eux-mêmes. Il est rare que des gens de pouvoir se servent de leur influence pour le bien de la société. Et pourtant, aux yeux des Arcturiens, c'est là une nécessité pour une gouvernance intelligente.

De notre point de vue, vous vivez entre autres un paradoxe évolutionnaire. Vos technologies évolueront-elles dans le sens de l'affirmation de la vie ou deviendront-elles de plus puissants instruments aux mains des hommes d'influence qui manipulent dans les coulisses les événements mondiaux à leurs propres fins ? Comme nous l'avons souligné auparavant, notre stratégie, pour le meilleur et pour le pire, consiste à ouvrir davantage de microtunnels de communication avec les humains, dans l'espoir de leur inspirer la vision de nouvelles possibilités.

J'ai commencé cet entretien en affirmant que j'étais l'Arcturien rencontré par Tom sur la crête surplombant Les Labadous lors de la création de la pièce sonore *Lightship* et que j'avais escorté Tom sur le vaisseau stationné sur le mont Bugarach. Je désire conclure cette section par quelques observations au sujet de sa première visite sur le vaisseau et de sa rencontre avec notre navigateur. C'est devenu un sujet de conversation parmi l'équipage, car Tom a trouvé le navigateur très étrange. Ce « membre d'équipage substitut » est un extraterrestre d'une race qui vous est inconnue, les Ahktuls. Ce sont des individus uniques dans une collectivité unique. Ils mesurent généralement trois mètres, ils n'ont qu'un œil situé au milieu du front, et l'un de leurs deux bras a la forme d'une pince de homard. C'est du moins ainsi que Tom a interprété ses impressions visuelles.

Les Ahktuls sont particulièrement fiers de leur apparence et ils sont souvent agressifs envers ceux qui ne partagent pas cette admiration qu'ils ont pour eux-mêmes. Quand le navigateur s'est approché de Tom en le mettant ainsi au défi de l'admirer, leur réaction mutuelle fut aussi ingénieuse qu'appropriée. Chacun était étrange aux yeux de l'autre. Et pourtant, quand j'ai escorté Tom sur le pont, le navigateur était présent ; il semblait tout à fait à l'aise et saisissait l'humour de la situation.

Votre univers est rempli d'intelligences extraterrestres dont certaines ressemblent aux humains. Cependant, plusieurs de ces êtres ne vous ressemblent pas et vous auriez de la difficulté à les imaginer, tellement ils sont étranges. Je vous conseille toutefois de ne pas juger un extraterrestre sur son apparence. Il faut aller sous la surface pour trouver la qualité de l'individu et les valeurs culturelles de sa civilisation, même si cette dernière diffère beaucoup de la vôtre.

Puisqu'il est question d'impressions visuelles, je parlerai un peu de l'apparence générale des Arcturiens. Nos caractéristiques sont nettement humanoïdes. Nous avons deux yeux, un nez, une bouche, deux oreilles, deux bras et deux mains, des pouces symétriquement opposés et deux jambes, tout comme vous. Par contre, nous avons la tête plutôt carrée et, dans certains états énergétiques, notre visage ressemble à celui des chevaux.

Notre apparence individuelle change selon notre état énergétique et celui de l'être qui nous perçoit. Elle est un mélange des deux. Puisque nous existons dans une réalité quinquadimensionnelle ou supérieure et que votre cerveau est structuré en fonction de la réalité tridimensionnelle, la plupart des humains nous voient à travers le filtre de leurs attentes. Il en est ainsi pour la plupart des rencontres entre des êtres hautement dimensionnels et ceux d'un niveau inférieur.

En terminant, j'aimerais vous dire que vous êtes la royauté intergalactique. Votre ADN est issu d'une myriade de civilisations intergalactiques et vous êtes maintenant sur une voie rapide conduisant à votre grand potentiel évolutionnaire.

Vous vivez dans le présent, vous rachetez le passé et vous créez un futur glorieux si c'est là votre choix. Si vous ne choisissez pas les plus hautes fréquences de votre potentiel, vous serez maudits par votre passé et il ne vaudra pas la peine de vivre dans le futur.

De tels défis ne rebutent pas les Arcturiens. Au contraire, ils nous inspirent à aller plus loin.

La nature humaine renferme les semences de la véritable grandeur. Je désire vous transmettre la plénitude de mon hologramme télépathique, le futur probable de l'humanité masculine et féminine que je tiens pour véritable.

Votre futur vaudra la peine d'être vécu et votre destinée sera acclamée dans tout le cosmos.

Esu

Maître de méditation arcturien

La réception de l'holographie télépathique arcturienne
Comment communiquer avec un Arcturien

On m'appelle Esu, mais je suis Esutokoruo, maître de méditation arcturien. La technologie arcturienne utilise à la fois la réalité extérieure et la réalité intérieure. Elle fonctionne par interface entre notre esprit et une technologie s'apparentant à votre informatique, mais elle traite de l'information lumineuse car nous sommes des êtres de la cinquième dimension et des dimensions supérieures. Nos appareils vous paraîtraient irréels et sans substance, mais nous pouvons les toucher tout autant que vous pouvez toucher vos ordinateurs.

La technologie de traitement exploite les fluctuations de la lumière. D'autres Arcturiens aborderont peut-être le sujet au cours de cet échange, mais mon domaine d'expertise est celui de l'esprit.

Comme mon prédécesseur l'a mentionné plusieurs fois au cours de cet entretien, les Arcturiens ont choisi, pour le meilleur et pour le pire, une double stratégie pour assister la Terre.

La première consiste à protéger l'espace interdimensionnel entourant votre planète : nos vaisseaux patrouillent donc dans votre système solaire afin d'empêcher d'infâmes voyageurs interstellaires de pénétrer dans votre espace. La seconde consiste à ouvrir des microtunnels de communication avec les humains afin de les éveiller à la grande réalité cosmique.

C'est de cette seconde stratégie que je veux vous entretenir. En tant que maître de méditation, j'entraîne des guerriers arcturiens à maîtriser leur esprit afin qu'ils remplissent leur mission plus efficacement.

C'est pour moi un grand honneur et un immense plaisir de présenter un programme de développement destiné aux humains. J'espère que l'information que je vais vous fournir vous permettra de maintenir les microtunnels de communication avec la civilisation arcturienne.

Les lecteurs de ce message ne sont pas tous en mesure d'entreprendre le programme de méditation que je vais vous proposer, mais ceux qui sont prêts sauront intuitivement qu'ils le sont.

Je dois tout d'abord vous apprendre à recevoir des hologrammes télépathiques, lesquels constituent le principal moyen de communication entre les Arcturiens. Ektara et Frephios vous les ont très bien décrits, et je me servirai de leurs commentaires comme tremplin pour effectuer une expérience directe.

Ce que je m'apprête à vous expliquer est beaucoup plus complexe que tout ce qui existe dans votre réalité tridimensionnelle. Lorsque vous accéderez à ces hologrammes télépathiques, vous aurez l'impression de changer de vitesse, pour ainsi dire. Vous percevrez toutes choses avec une facilité que vous n'avez jamais connue en tant qu'êtres incarnés dans un corps.

Il vaut mieux aborder cette approche par vos souvenirs puisque ceux-ci sont emmagasinés holographiquement, même si vous ne vous en rendez peut-être pas compte. Les réseaux neuronaux de votre cerveau forment le matériel de base, si l'on veut, pour que les blocs d'information holographique puissent exister.

Commençons l'entraînement en choisissant l'un de vos souvenirs. Comme l'ont déjà mentionné certains de mes collègues arcturiens, nous percevons votre temporalité différemment de vous car nous sommes hors du temps. Pour nous, votre passé, votre présent et votre futur existent simultanément dans une matrice de possibilités. J'entends par là que des futurs possibles ou probables découlent de votre passé et de votre présent.

Dans votre esprit, vous séparez le passé du présent et du futur. Pour des êtres incarnés dans une réalité tridimensionnelle, cette séparation est avantageuse pour la survie. Quand vous communiquerez avec des Arcturiens, vous devrez oublier cette séparation et percevoir la situation simultanément du point de vue du passé, du présent et des possibilités futures.

C'est ici qu'apparaît pour moi une difficulté. Au cours de leur éducation, les enfants arcturiens apprennent à manipuler les hologrammes télépathiques, mais ils en possèdent déjà l'aptitude innée. Les enfants humains apprennent le langage de leur environnement, qui s'imprime dans leurs neurones et devient un réflexe.

Quand ils entreprennent leur éducation, les enfants arcturiens savent déjà communiquer par hologrammes télépathiques et nous leur enseignons simplement à le faire plus efficacement. Ils ont toutefois un avantage sur vous : ils sont déjà des êtres non linéaires, des êtres quinquadimensionnels vivant hors du temps et de l'espace.

Comme vous êtes des êtres linéaires et que cette réalité est imprimée dans vos neurones, la perception du temps est un réflexe automatique sur lequel vous n'exercez aucun contrôle, mais ce ne sera bientôt plus le cas.

Pour entreprendre votre entraînement, veuillez faire émerger dans votre conscience trois éléments appartenant respectivement à votre passé, à votre présent et à votre futur potentiel.

Première phase

Commençons par le moment présent puisqu'il est le plus accessible. Voici ce que nous vous demandons de faire.

– La première étape consiste à enregistrer l'information disponible en ce moment à vos cinq sens. Observez l'espace dans lequel vous lisez ce livre. Regardez bien tout ce qui vous entoure et séparez mentalement les objets qui se trouvent à votre gauche, à votre droite, devant vous, derrière vous, au-dessus de vous et au-dessous.

Vous disposerez ainsi de six zones de référence pour l'information visuelle. Qu'est-ce qui se trouve à votre gauche? À votre droite? Devant vous? Derrière vous? Au-dessus de vous? Au-dessous de vous?

- Ensuite, après avoir enregistré mentalement ces zones d'information visuelle, fermez les yeux et rappelez-vous ce que vous avez observé dans chacune de ces zones, une par une, avec le plus de détails possible, à votre gauche, à votre droite, devant vous, derrière vous, au-dessus de vous, au-dessous de vous. Plus les détails seront nombreux, plus l'entraînement sera efficace.
- La dernière étape consiste à vous rappeler le contenu des six zones simultanément : à votre gauche, à votre droite, devant vous, derrière vous, au-dessus de vous, au-dessous de vous. Ce faisant, vous sentirez un changement de conscience. En fait, vous sortirez de la pensée linéaire pour entrer dans la multidimensionnalité.

Sur le plan du système nerveux, lorsque vous vous rappellerez le contenu de ces six zones simultanément, vous créerez ce que vos scientifiques appellent un état de transe. Cet état est produit par la simultanéité de multiples foyers d'attention. Puisque votre cerveau et votre esprit sont comme les deux côtés d'une même médaille, vous pouvez procéder linéairement quand vous observez quelque chose. La plupart des humains peuvent observer deux ou trois zones, parfois quatre, tout en conservant une perception linéaire, mais quand il s'agit d'en observer six, le réflexe linéaire disparaît et la plupart des humains sont incapables de maintenir une perception linéaire.

Tout à coup, les choses ne sont plus tout à fait les mêmes. Elles deviennent « fluctuantes » et la perception est fluide.

Cet apport simultané de six zones visuelles est une forme primitive d'information holographique. Je vais décrire l'entraînement au complet pour que vous ayez un aperçu général de ce qui va se produire. Lorsque vous aurez maîtrisé le sens de la vue pour ces six zones, vous passerez au sens de l'ouïe. Votre capacité d'audition est de nature sphérique. Vous êtes capable de capter des sons de toute provenance. Votre cerveau/esprit les localise dans l'espace et crée une impression de l'endroit d'où ils proviennent. Vous pouvez ainsi entendre des sons sous un angle de 360 degrés et dans toutes les directions : devant vous, derrière vous, à votre droite, à votre gauche, au-dessus de vous et au-dessous de vous.

Après avoir maîtrisé le rappel des zones auditives, vous le combinerez à vos souvenirs visuels, de sorte qu'au moment où vous ouvrirez les yeux pour regarder les six zones, vous entendrez aussi les sons de l'environnement immédiat et même ceux qui sont loin de vous.

C'est ici que cela devient intéressant. Quand vous fermerez les yeux pour vous rappeler les zones visuelles et auditives, c'est-à-dire tout ce que vous aurez vu et entendu, vous entrerez dans ce que j'appelle, pour les besoins de la démonstration, une supertranse. En termes mathématiques, on pourrait dire qu'il s'agit d'une transe à la deuxième puissance.

Lorsque vous combinerez dans votre mémoire les six zones visuelles et auditives, vous entrerez dans une transe profonde. Vous aurez abandonné les progressions linéaires. Votre cerveau/esprit sera dépassé par la tâche qui consiste à traiter autant d'informations en même temps.

Ce sera comme si le réflexe de la perception linéaire devenait soudain inopérant. Vous serez dans un état altéré de conscience approchant l'holographie télépathique.

La première phase consiste donc à maîtriser le rappel simultané des six zones d'information visuelle, tel que je l'ai expliqué. Vous seul déciderez si vous avez atteint cette maîtrise. Je vous conseille d'y travailler plusieurs fois dans des environnements différents, ce qui accélérera le processus d'apprentissage.

Deuxième phase

La deuxième phase consiste à vous rappeler l'information auditive et à la combiner avec l'information visuelle. Dans le présent, regardez à votre gauche, à votre droite, devant vous, derrière vous, au-dessus de vous et au-dessous de vous en prenant conscience des sons que vous entendez ainsi que de leur provenance.

Unissez ensuite le souvenir de vos impressions visuelles à vos impressions auditives. Ce faisant, vous entrerez dans une supertranse. Je vous conseille de passer beaucoup de temps à développer cette aptitude à vous rappeler simultanément l'information visuelle et l'information auditive depuis plusieurs points de vue.

Après l'avoir maîtrisée, vous serez prêt pour la phase suivante.

Troisième phase

Vous ajouterez maintenant les sensations physiques afin d'obtenir une expérience sensorielle multidimensionnelle.

Dans le présent, regardez autour de vous et observez ce qui se trouve à votre gauche, notez les sons que vous entendez ainsi que leur provenance, et combinez ces perceptions à la conscience de vos sensations physiques. Que ressentez-vous physiquement? Faites de même pour ce qui se trouve à votre droite, en notant vos impressions visuelles, auditives et physiques. Faites-le ensuite pour toutes les autres zones afin d'en recueillir l'information visuelle, auditive et kinesthésique (sensations physiques). Enfin, rappelez-vous toutes ces perceptions simultanément.

C'est là la formation de base pour la perception des hologrammes télépathiques. Quand vous aurez maîtrisé ces trois aptitudes, vous serez en mesure de recevoir parfaitement nos transmissions d'information.

Ce que je viens d'expliquer ne constitue donc que le programme d'entraînement élémentaire. Il vous incombe de déterminer la fréquence et la durée de votre expérimentation. Plus vous vous livrerez souvent à cet entraînement, plus vous recevrez efficacement les impressions holographiques télépathiques.

Je vais maintenant vous décrire le potentiel, mais vous devrez avoir maîtrisé ce qui précède avant d'y accéder.

Quelques individus pourront passer tout de suite aux stades avancés, mais la plupart devront d'abord acquérir la perception non linéaire.

Les stades avancés de l'entraînement

Une fois que vous aurez maîtrisé le rappel de l'information visuelle, auditive et kinesthésique tel qu'il est expliqué plus haut, vous pourrez faire avec succès l'expérience des stades avancés.

La première phase consiste à vous remémorer un souvenir très intense. Vous procéderez ensuite exactement comme pour l'information sensorielle. Autrement dit, vous vous rappellerez un souvenir en prenant conscience de l'information visuelle se trouvant à votre gauche, à votre droite, devant vous et derrière vous, au-dessus de vous et au-dessous de vous. La seule différence, c'est que l'information visuelle de ces six zones sera issue de votre mémoire, non de votre sens physique de la vue.

Une fois cette phase complétée, faites la même chose pour l'information auditive et ensuite pour l'information kinesthésique, c'est-à-dire vos sensations physiques. Vous découvrirez sans doute un fait intéressant au sujet de la mémoire humaine : certaines zones pourront être vides. Il se peut que vous ne puissiez pas vous souvenir de ce qui se trouvait visuellement à votre gauche ou à votre droite ou dans toute autre direction. De même, votre mémoire pourra aussi vous faire défaut en ce qui concerne les sons ou les sensations physiques associées à l'événement.

Autre anomalie intéressante de la mémoire humaine : le remplissage des espaces vides. L'esprit humain est très créatif, au point qu'il est possible de vous rappeler quelque chose qui n'a jamais eu lieu. Je le mentionne afin que vous ne preniez pas pour une réalité absolue les impressions visuelles, auditives et kinesthésiques de votre passé. Ces souvenirs peuvent ne pas être exacts. Toutefois, l'objectif de cette phase n'est pas de différencier la vérité et l'erreur, mais de saisir la nature holographique de la mémoire.

Je vous encourage à explorer ainsi plusieurs souvenirs si vous désirez passer au stade avancé. C'est ainsi que vous en viendrez à comprendre l'architecture unique des impressions sensorielles maintenues holographiquement dans votre esprit.

La phase finale du stade avancé de l'entraînement concerne les possibilités futures. Votre futur n'est pas « gravé dans la pierre », comme vous dites. Il est malléable et modifiable. Il n'est jamais défini avant le tout dernier moment, celui où la probabilité devient certitude. À n'importe quel moment qui précède celui-là, vous pouvez changer d'idée et modifier le résultat.

Pour les besoins de cet entraînement, pensez à quelque chose que vous considérez comme une évolution probable dans votre vie présente. Ce que vous choisirez pour cette phase n'a aucune importance : ce peut être quelque chose de banal ou d'élevé. Si vous avez besoin d'un emploi, c'est ce que vous pourriez choisir comme résultat futur à obtenir. Si vous désirez ouvrir les microtunnels de communication avec un Arcturien, c'est aussi ce que vous pourriez choisir comme résultat futur, ou n'importe quoi d'autre.

Une fois que vous aurez choisi comme objet d'entraînement ce que vous voulez voir se manifester dans votre futur, faites l'expérience de cette probabilité dans les six zones qui vous sont accessibles visuellement, comme vous l'avez fait avec le présent et le passé : à votre gauche, à votre droite, devant vous et derrière vous, au-dessus de vous et au-dessous de vous. Évidemment, vous créerez cet apport visuel par l'imagination, non par la réalité ni par la mémoire. Ajoutez ensuite l'élément auditif, puis l'élément kinesthésique, comme vous l'avez fait pour le présent et le passé. Vous aurez alors une expérience sensorielle multidimensionnelle imaginaire d'une probabilité future.

La plupart des humains s'arrêteraient là. Or, les Arcturiens vont un peu plus loin. C'est que les paradoxes de la résistance nous intéressent. Si vous désirez penser comme un Arcturien, cet entraînement vous y conduira. N'oubliez pas que nous vous faisons traverser ce processus laborieux afin que vous puissiez recevoir des hologrammes télépathiques d'un Arcturien, puisque c'est là notre moyen de communication fondamental.

Voici ce que vous devez faire.

– Choisissez au moins deux futurs possibles. Le premier est vraisemblablement celui que vous désirez le plus, mais faites preuve d'audace et considérez d'autres possibilités. Choisissez deux résultats différents, puis créez-en les impressions visuelles, auditives et kinesthésiques.

Je vous suggère ceci : chaque fois que vous établirez une façon de créer un résultat, trouvez toujours deux autres manières de l'obtenir. Votre pensée prendra ainsi de l'expansion et vous deviendrez beaucoup plus créatif. Cela dit, je vais rassembler tous les éléments afin de vous donner une idée de ce qu'est un hologramme télépathique arcturien.

Imaginez que vous avez à l'esprit une situation présente dont vous détenez simultanément toute l'information visuelle, auditive et kinesthésique, et qu'en même temps vous vous rappelez tous les événements passés qui lui sont liés, par votre mémoire visuelle, auditive et kinesthésique. Ensuite, en les imaginant de la même façon, faites l'expérience des probabilités futures. Vous entrerez alors dans une sphère d'impressions simultanées issues du passé, du présent et des possibilités futures.

Inutile de dire que vous n'aurez plus de perception linéaire. Vous percevrez plutôt les relations entre des catégories d'expériences. Vous verrez les relations entre les événements passés et la situation présente, entre les possibilités futures rattachées au passé, et vous observerez tout cela depuis une conscience située hors du temps et de l'espace.

Ces hologrammes – ces blocs sphériques d'information sensorielle – seront comme des billes que vous tiendriez dans vos mains. Lorsque vous percevrez ainsi les événements de votre vie, le jeu de la création deviendra beaucoup plus intéressant.

Il s'agit là d'un stade très avancé. L'important, c'est de suivre d'abord l'entraînement de base. Dès que vous en accomplirez la première phase, vous commencerez à comprendre la nature de l'holographie télépathique arcturienne. C'est une simple aptitude à développer, comme pour l'apprentissage d'une langue étrangère : plus vous l'exercerez, plus vous y excellerez.

Deuxième partie

J'aimerais vous révéler maintenant une méthode de méditation que j'enseigne à mes congénères arcturiens. Il s'agit d'une très ancienne technique pour élever la conscience. Comme notre système de chakras ressemble beaucoup à celui des humains, cette méthode fonctionnera aussi pour vous.

Je traiterai d'abord d'une question métaphysique fondamentale, puis je vous exposerai la technique. Selon votre actuelle perception de la réalité, le monde physique vous semble concret. Vous pouvez toucher les objets et ceux-ci paraissent séparés les uns des autres. Dans un état de conscience supérieur, vous percevrez le monde physique très différemment. Vous vous rendrez compte par perception directe que l'aspect physique de votre monde est une illusion. Il y a davantage d'espace à l'intérieur des objets quand on les perçoit avec une conscience hautement dimensionnelle. C'est conforme aux théories de la physique quantique : la plus grande partie de la matière composant votre corps n'est qu'un infime pourcentage de votre volume total.

Chaque dimension comporte l'illusion de la solidité pour l'être qui y réside. Nous résidons surtout dans la cinquième et elle est bien réelle pour nous, même si des Arcturiens plus avancés résident dans des dimensions supérieures. Nous pouvons toucher les objets de notre monde aussi distinctement que vous touchez ceux du vôtre. Par contre, si vous faisiez l'expérience de notre réalité tout en restant à votre niveau vibratoire actuel, elle vous paraîtrait sans substance. En fait, vous ne pourriez pas en toucher les objets physiques à moins d'élever votre taux vibratoire au même niveau que le nôtre.

La technique que je vais vous expliquer est donc une ancienne méthode de méditation arcturienne pour développer la conscience. Elle vous permettra de monter et de descendre dans l'échelle dimensionnelle. Une fois que vous aurez maîtrisé cette technique, votre conscience pourra entrer dans toutes les dimensions. Votre corps physique demeurera dans votre continuum tridimensionnel, mais votre conscience sera libre de se rendre dans les autres dimensions.

Avant de vous faire expérimenter cette méthode, je dois vous informer de ses effets mystérieux sur la respiration. Quand la conscience est concentrée sur un point, comme c'est le cas pendant la méditation, l'activité cérébrale se modifie. Après une telle période de focalisation mentale, votre respiration deviendra de plus en plus superficielle et il y aura ensuite des moments où elle cessera complètement. Ces « pauses » du cycle respiratoire indiqueront que vous êtes entré dans un état de conscience profond et c'est alors que vous pourrez pénétrer dans d'autres dimensions.

Vous ne pouvez pas forcer votre respiration à faire ces pauses, qui doivent se produire naturellement au cours du cycle méditatif. Ma brève expérience des êtres humains m'indique que la plupart sont impatients et qu'ils ont souvent tendance à vouloir forcer un résultat. Vous ne pouvez pas agir ainsi dans ce cas-ci.

Dans cette technique de méditation, on pourrait comparer la respiration à un poney. Si vous tentez de la contrôler, elle n'obéira pas, mais si vous la laissez évoluer à son gré, elle sera attirée par votre concentration, se détendra et deviendra plus superficielle. Finalement, quand vous maîtriserez la technique, elle cessera. Ne vous en inquiétez surtout pas. Ce ne sera pas le signe que vous allez mourir, mais plutôt que vous êtes entré dans un état de passivité profonde. Votre conscience sera libérée des chaînes du monde physique et pourra se déplacer à volonté dans les diverses dimensions.

Quand votre corps physique aura besoin d'absorber davantage d'oxygène, vous inspirerez spontanément. Il s'agira alors de diriger votre concentration sur le point que j'évoquerai dans un instant.

Plus vous pratiquerez cette méditation, plus ces périodes de passivité s'allongeront. C'est un phénomène respiratoire normal dans un état de conscience profond, où le corps énergétique subtil reçoit un influx d'énergie qui est transféré au corps physique. Ainsi, il est possible de rester dans cet état de passivité durant plusieurs minutes à la fois ou même quelques heures en méditation avancée, ce que vous ne sauriez évidemment forcer.

Vous devez laisser votre respiration évoluer naturellement jusqu'à ce stade.

Une dernière considération avant de vous divulguer la méthode. C'est une simple question de protection. Spécifiquement, il s'agira de vous protéger lorsque vous entrerez dans d'autres dimensions de la conscience. C'est votre état vibratoire qui détermine votre expérience des autres dimensions, c'est-à-dire la vibration totale de votre être, y compris vos aspects élevés et vos aspects négatifs non résolus. Il s'agit donc d'un mélange très varié, selon votre expression.

Si vous suivez cette méthode pendant que vous êtes dans un état émotionnel conflictuel, il y a de fortes chances que vous rencontriez des êtres de bas niveau dans la dimension que vous explorerez. C'est pourquoi une protection est nécessaire. C'est une sorte de police d'assurance consistant à ajuster votre niveau vibratoire sans le changer.

Cette méthode implique l'emploi de la lumière et je trouve intéressant, en tant que maître de méditation arcturien, que les plus hauts niveaux vibratoires de la lumière soient également connus des bouddhistes tibétains de votre planète. Pour eux et pour nous, le plus haut niveau vibratoire est la *claire lumière.*

Je me rends compte que plusieurs méditants d'expérience qui lisent ce livre utilisent peut-être la lumière blanche sous diverses formes ou d'autres couleurs, comme la lumière violette. Toutes ces fréquences lumineuses ont leur fonction, mais la *claire lumière blanche*, c'est-à-dire sans couleur, est l'expression vibratoire naturelle de la plus haute conscience. Lorsque j'enseigne cette technique de méditation, je m'assure toujours que mes élèves maîtrisent la claire lumière avant de s'y livrer.

Cette technique est très simple et il existe deux façons de la suivre :

En percevant directement la claire lumière.

En vous imaginant entouré d'un diamant pur. Les diamants sont les gemmes de votre dimension qui sont les plus proches de l'expression de la claire lumière.

Pour la plupart des individus, il sera plus facile de s'imaginer à l'intérieur d'un diamant pur. Les individus plus avancés qui ont déjà pris contact par eux-mêmes avec leur claire lumière intérieure n'ont qu'à la percevoir autour d'eux en entrant en méditation.

Le Nakura

Cette forme de méditation s'appelle le *Nakura.*

Trouvez une position assise qui vous soit confortable pour une certaine période de temps. Plus vous vous livrerez souvent à cette pratique, plus votre période de méditation durera longtemps. Assurez-vous d'être vraiment assis confortablement. En général, il vaut mieux que votre colonne vertébrale soit relativement droite. Si vous vous étendez, il y a de fortes chances que vous vous endormiez. Même s'il est possible d'entrer dans d'autres dimensions durant le sommeil, vous aurez moins de chances de vous souvenir de l'expérience.

Donc, après avoir adopté la position désirée, suscitez la protection choisie, soit le diamant ou la claire lumière. Dirigez ensuite votre attention sur un point situé à une largeur de main au-dessus de votre tête. Placez temporairement les deux mains, paumes jointes, au-dessus de la tête, de façon que la base des paumes se trouve directement au-dessus de la couronne. Concentrez-vous sur le plus haut point atteint par les doigts. (Autrement dit, placez vos mains en position de prière au-dessus de la tête pour déterminer le bon emplacement.) Ramenez ensuite vos mains dans une position où elles seront à l'aise sans la moindre tension.

En dirigeant votre attention mentale sur ce point situé au-dessus du chakra couronne, vous entrerez dans un canal par lequel vous pourrez accéder aux autres dimensions. En vous familiarisant avec ces états transitoires, vous deviendrez de plus en plus à l'aise. Si jamais survient une migraine ou la moindre tension au cours du processus, elle sera sans doute due à un excès de concentration.

En fait, vous n'avez pas à vous concentrer sur ce point situé au-dessus du chakra couronne; placez-y simplement votre conscience, qu'elle y réside telle une plume dans le creux de votre main. Au cours des premiers stades de cette méditation, alors que vous apprendrez la méthode, je vous conseille de vous limiter à cinq minutes environ. Quand vous serez à l'aise avec cette période d'attention mentale dirigée au-dessus du chakra couronne, prolongez-la à votre gré.

Nous appelons ce point le *Kura*, qui signifie « porte sur l'éternité ». Le mot *Na* signifiant « méditation », le mot *Nakura* signifie donc « méditation sur la porte de l'éternité ».

Il faudra absolument réorienter votre système nerveux après la pratique du Nakura. Même nous, les Arcturiens, nous réorientons sur notre propre dimension après en avoir exploré d'autres au moyen du Nakura. C'est particulièrement important si vous avez fait intensément l'expérience d'une autre dimension. Il faut du temps au système nerveux pour se réorienter sur votre réalité physique après une telle expérience. N'escamotez pas cette période de réorientation car il peut en résulter des migraines, des douleurs, ainsi que l'impression de ne pas être dans votre assiette. Il vaut mieux y échapper.

La méthode que j'enseigne pour se réorienter dans sa réalité dimensionnelle implique la respiration et les cinq sens. Quand vous aurez jugé que vous avez médité suffisamment longtemps, cessez de porter votre attention sur le Kura, au-dessus de la couronne, pour la diriger sur votre souffle. Pendant un moment, observez votre respiration sans la modifier. Prenez ensuite conscience de vos sensations physiques. Les yeux toujours fermés, bougez vos doigts et vos orteils. Écoutez les sons ambiants. Remarquez si vous percevez des odeurs ou s'il y a un goût quelconque dans votre bouche, puis frottez vos bras. Une autre bonne méthode consiste à frotter les lobes de vos oreilles puisque les principaux méridiens de votre corps subtil passent par eux. Enfin, ouvrez les yeux et regardez autour de vous.

Si vous avez été dans un état particulièrement profond, vous serez peut-être un peu désorienté. Dans ce cas, frottez la plante de vos pieds avec les pouces, puis tous vos orteils. Revenez ensuite à vos lobes, puis frottez vigoureusement vos bras. Au bout de quelques minutes, votre système nerveux devrait se reconnecter à la réalité physique de votre dimension.

Il se peut aussi que vous vous sentiez fatigué après avoir pratiqué le Nakura. Si c'est le cas, étendez-vous pour vous reposer ou même faire une sieste. Le Nakura est un trésor arcturien qui fut légué à notre civilisation il y a des millions d'années.

C'est pour moi un plaisir et un honneur de présenter à la communauté humaine cette méthode pour pénétrer dans d'autres dimensions de la conscience. Puissiez-vous l'utiliser à bon escient afin de ramener dans votre existence et dans vos relations les trésors que vous y aurez découverts.

Enandra

Bibliothécaire de la civilisation arcturienne

Je me nomme Enandra et je suis, dans votre langage, la bibliothécaire ou l'archiviste akashique de la civilisation arcturienne. Je suis donc le dépositaire de toute l'histoire arcturienne et l'on m'a demandé de donner mon point de vue sur le dilemme qu'elle pose. Comme j'occupe mon poste depuis des millions d'années, j'ai eu connaissance des premiers contacts de Sanat Kumara avec votre planète.

J'aimerais tout d'abord expliquer comment nous consignons l'histoire arcturienne. Comme mes prédécesseurs vous l'ont dit avant moi dans ces messages, notre principal langage est l'holographie télépathique. Ce moyen de communication véhicule un champ d'information contenant simultanément tout événement lié aux possibilités du passé, du présent et du futur.

Les hologrammes télépathiques des Arcturiens sont surtout de forme sphérique, mais ils peuvent parfois revêtir une autre forme géométrique. La bibliothèque akashique de notre civilisation comporte tous les hologrammes télépathiques créés par les Arcturiens, ce qui représente une énorme quantité d'information.

Comme dans votre langage, la réponse à une question y est définie par la question elle-même. On doit poser la question correctement. La bibliothèque akashique arcturienne contient toute l'information relative aux interactions des Arcturiens entre eux et avec d'autres êtres. Cette information coïncide avec les vraisemblances passées, présentes et futures, et tout cela existe simultanément dans ce système de recherche holographique.

On pourrait le comparer à un superordinateur dont le processeur serait la lumière. Nous utilisons la lumière comme base fondamentale de la plupart de nos technologies. Ainsi, quand on m'a demandé mon point de vue sur le dilemme arcturien, j'ai dû me référer à d'énormes quantités d'information concernant les possibilités passées, présentes et futures.

Notre actuel dilemme relatif aux humains est le même que celui auquel nous avons fait face au cours de nos premières rencontres. Il est enraciné dans notre mission consistant à protéger la vie, l'intelligence et la liberté. Personnellement, j'aime bien ce qu'Ektara, le directeur scientifique, a ajouté à la définition de cette mission : protéger la vie *quand elle mérite de l'être.* De mon point de vue, je considère que toute vie ne mérite pas de se perpétuer, mais c'est là une position philosophique et non pas celle que l'on me demande officiellement de présenter ici.

Néanmoins, le dilemme arcturien existe à cause de notre intention. Nous qui sommes une race d'explorateurs intergalactiques, comment protégeons-nous la vie, l'intelligence et la liberté dans les dimensions inférieures, particulièrement dans celle où vivent les humains ?

Le premier problème rencontré est dû à la discordance entre les diverses dimensions. Notre civilisation réside dans la cinquième et nos technologies sont donc quinquadimensionnelles. Certains Arcturiens plus évolués ont ascensionné dans une dimension supérieure, mais notre collectivité perçoit la réalité à travers la lentille de la cinquième dimension. En tant qu'organismes biologiques, vous percevez la réalité par la lentille de votre système nerveux, qui est parfaitement adapté aux besoins uniques de la troisième dimension.

Le deuxième problème, c'est que vous êtes limités par la gravitation, ou du moins votre corps l'est. Nous ne sommes pas liés au puits gravitationnel de la Terre. De plus, vous communiquez au moyen d'une série de sons primitifs que vous appelez le langage. Nous nous servons des sons autrement, principalement pour marquer le début et la fin d'une transmission holographique. Les Annunakis ont encodé dans votre ADN une directive vous ordonnant d'être les esclaves d'un pouvoir supérieur. C'est un obstacle qui est intégré dans votre structure génétique. Votre espèce a tendance à considérer comme des dieux les êtres appartenant à d'autres dimensions.

Le dilemme auquel font face les Arcturiens en interaction avec vous est très complexe. En tant qu'explorateurs intergalactiques, nous sommes animés par notre mission de protéger la vie, l'intelligence et la liberté. Au cours de notre évolution technologique, qui nous a permis d'aller de plus en plus loin dans l'univers, nous avons toujours conservé cette mission première. Comme toutes les civilisations, du moins celles qui ont survécu assez longtemps pour se livrer à une autoréflexion, nous commençons à nous rendre compte de l'existence d'un défaut inhérent à notre activité et Sanat Kumara fut le premier à aborder la question ici. Le problème est lié au cœur et aux sentiments. Comme vous, nous sommes sujets aux faiblesses de notre nature, ce qui est le cas de toutes les entités, quelle que soit la dimension où elles résident.

En regardant vos possibilités passées et futures, je vois que vous êtes centrés sur l'avancement de la génétique. Votre science et votre technologie se sont développées à un tel point que vous pouvez maintenant manipuler les gènes. C'est là un progrès à la fois positif et négatif. Si je devais décrire la présente atmosphère psychologique de votre monde développé, je dirais qu'il existe une tension palpable chez ceux qui désirent rester fidèles aux manipulations effectuées par les Annunakis. Je parle ici des êtres qui ont besoin de servir des dieux. Les religieux fondamentalistes pressentent ce qui va se produire et le refusent. Ce qui se produira dans environ vingt-cinq ans, c'est la découverte de la manipulation opérée par les Annunakis dans les codons de votre ADN. Quand on aura cartographié complètement la double hélice et qu'on en aura compris toute la complexité, on découvrira une petite anomalie : la manipulation effectuée par les Annunakis.

Quel merveilleux moment ce sera lorsque l'origine de votre emprisonnement génétique sera découverte par la science! Il y aura alors une forte polarisation entre ceux et celles qui voudront rester fidèles à « la volonté de Dieu » (le programme annunaki) et les autres qui désireront s'en libérer afin de devenir des dieux créateurs et des déesses créatrices.

Il existe pourtant une autre possibilité dans cette période de temps et ce n'est rien de moins que l'annihilation de la vie, du moins en partie. Votre espèce vit donc un moment critique. Notre dilemme est celui-ci : comment vous aider à traverser ces temps tumultueux ?

À cause des différences existant entre les Arcturiens et les humains, la perception est handicapée des deux côtés, c'est-à-dire autant chez ceux qui regardent vers les dimensions supérieures que chez ceux qui regardent « *vers le bas* » depuis ces dimensions supérieures. Nous n'avons toujours pas résolu ce dilemme, qui se complique davantage par la montée de la présence du cœur dans la collectivité arcturienne.

De plus en plus d'Arcturiens reconnaissent que toute mission doit être tempérée par le cœur. Auparavant, nous faisions taire celui-ci afin d'être fidèles à la mission telle que nous la concevions. Je dois dire que cette conception de la mission, comme en toutes choses, est relative à l'individu. Comme les humains, nous avons des réalités consensuelles : un point de vue collectif sur la vraie nature de la réalité et sur le but de notre existence. Tout comme vous, quand une nouvelle réalité consensuelle émerge, elle commence par nous perturber, nous obligeant à une autoréflexion, à une révision de l'histoire et à une réorientation de l'avenir.

Tout comme vous, nous aimons créer des temporalités potentielles parmi la constellation des réalités quantiques entretenues par les membres de la collectivité. Quand un nombre suffisant d'individus changent d'idée, le cours de l'histoire est modifié. Il en est de même pour vous.

Azuron

Docteur/guérisseur arcturien tué au combat en protégeant la Terre

On me connaissait sous le nom de docteur Azuron, médecin et officier sur un vaisseau arcturien. J'ai été tué au cours d'une escarmouche qui tourna en combat pur et simple contre d'infâmes voyageurs interstellaires.

Je m'appelle désormais Azuron, tout simplement, car je suis dans la dixième dimension et mes attaches avec la réalité arcturienne sont peu nombreuses. C'est comme si je me trouvais en dehors du rêve arcturien : tout ce qui auparavant me semblait d'une réalité vitale m'apparaît maintenant comme un fantasme lointain.

Il m'est difficile de dire que je suis un être de lumière de la dixième dimension car il existe trop peu de références. Dans les neuf premières dimensions, nous faisons l'expérience de la forme, mais dans la dixième et les suivantes notre forme arcturienne humanoïde devient une figure géométrique lumineuse.

Mon passage à la réalité de la dixième dimension fut abrupt. Je soupçonne qu'il fut semblable à ce que ressent un être humain quand il meurt. L'apport sensoriel de mon corps s'est soudainement interrompu et j'ai eu l'impression de traverser un long corridor en montant des marches dont je savais qu'elles me conduisaient à un niveau d'existence d'une vibration supérieure.

J'eus alors à choisir de me réincarner comme Arcturien ou bien de continuer à m'élever vers une dimension supérieure. J'ai choisi cette dernière option car j'étais curieux. La curiosité a toujours été ma meilleure alliée. C'est elle qui m'a fait exceller en médecine arcturienne, mais maintenant que je ne suis plus un Arcturien, mais plutôt une sphère de lumière rotative possédant des dispositions arcturiennes, je suis libéré de la contrainte de ma mission antérieure et je suis en réflexion.

Je trouve très intéressant que Sanat Kumara repense certains de ses choix et fasse valoir les besoins du cœur plutôt que ceux de la mission. Comme vous avez pu le constater par les écrits précédents, les Arcturiens sont obsédés par leurs missions. C'est dans leur nature. Quand Sanat Kumara introduit son cœur dans l'équation, ce n'est donc pas anodin. Notre civilisation évolue comme toutes les autres : ou bien on progresse ou bien on régresse. On ne peut rester stationnaires très longtemps.

Sanat Kumara étant un Ancien, sa réflexion correspond à celle de plusieurs autres Arcturiens avancés. Je trouve intéressant d'être en dehors de ce dilemme. En tant qu'être de lumière de la dixième dimension, je n'ai plus du tout avec les autres les mêmes relations qu'avant.

Je ne traite plus l'information de la même façon. Je n'ai pas un cœur et un esprit séparés. Je suis une conscience lumineuse ayant un potentiel empathique.

Comme je l'ai mentionné plus haut, je suis un nouveau venu dans la dixième dimension et même si j'ignore pourquoi on m'a demandé de vous faire part de mes impressions, je continuerai à vous révéler la nature de la dixième dimension telle que je la connais.

Cette dichotomie entre le cœur et l'esprit existe aussi dans le cœur de plusieurs êtres humains. Quand j'étais un Arcturien et que je la ressentais, je vivais pleinement ma mission, quelle qu'elle fût. Si mon cœur m'interrogeait, je le soumettais à ma volonté afin de bien remplir ma mission. Pour un Arcturien, c'est presque un réflexe. C'est une attitude culturelle.

Voici que les plus vieux membres de notre civilisation, comme Sanat Kumara et quelques autres, remettent en question le bien-fondé de cette dichotomie. Pour mes congénères arcturiens, il s'agit d'une situation étrange que j'observe avec une conscience située hors du dilemme arcturien et du dilemme humain du cœur par opposition à l'esprit.

Une vague de tristesse collective émerge à l'heure actuelle dans l'esprit de notre civilisation. Même si nous ne vivons pas les émotions de la même manière que vous, nous en avons, et parfois elles nous dominent. Parallèlement à cette vague de tristesse due à la dichotomie entre le cœur et la mission, il y a notre engagement collectif à protéger votre secteur de l'espace contre d'infâmes voyageurs interstellaires.

Votre monde est déjà suffisamment infecté et manipulé par ce type d'interférences.

C'est très étrange pour moi, qui suis un être de lumière de la dixième dimension, de constater que j'ai toujours des attaches émotionnelles avec la civilisation arcturienne et les membres de l'équipage du vaisseau sur lequel j'ai servi. Grâce à mon potentiel empathique, je sens en eux un malaise plus ou moins grand, dû à la reconnaissance collective que quelque chose ne va pas. Si je devais résumer à ce stade-ci le dilemme arcturien, je dirais qu'il est fondé sur deux questions fondamentales : *comment être fidèle à la mission sans abandonner le cœur, et comment être fidèle au cœur sans abandonner la mission ?*

On m'a demandé également de livrer mes impressions. Je trouve à la fois amusant, curieux et réconfortant que mon penchant pour la pratique de la médecine m'ait suivi jusque dans la dixième dimension, mais je ne dispose ici d'aucun appareil. Je ne pourrais manipuler d'instruments car je n'ai ni mains ni corps. Je suis une sphère de lumière rotative.

Pourtant, peu de temps après ma mort, lorsque j'ai pris conscience de ma nouvelle réalité dans une certaine mesure, j'ai trouvé en moi un désir croissant d'effectuer des guérisons. J'ai alors découvert que je pouvais manipuler la lumière par l'union de mon intention et des filaments lumineux de mon corps. Comme j'étais profondément lié à mes collègues arcturiens sur le vaisseau où je travaillais, je fus de nouveau attiré vers eux. J'ai donc commencé à visiter mes anciens patients durant leur sommeil et à poursuivre mon travail de guérison sans aucun appareil, uniquement par ma volonté et par la lumière.

Je sais que les humains aussi ont des thérapeutes hautement dimensionnels qui les guérissent surtout pendant leur sommeil. Je le mentionne car vous pouvez faire appel à eux. Il suffit de réclamer leur assistance avant de vous endormir.

Vous devez le demander pour l'obtenir. Je vous en informe donc : *des guérisseurs hautement dimensionnels vous sont disponibles, mais vous devez en faire la demande.* Certains d'entre vous devront cesser de croire qu'ils ne méritent pas cette aide, mais c'est là tout un sujet en soi.

Lorsque vous réclamez l'assistance d'un guérisseur hautement dimensionnel avant de vous endormir, précisez bien l'aide que vous désirez recevoir. Votre appel leur confère la permission de travailler avec vous. Pour ceux d'entre vous qui sont d'une nature très sensible, le travail de ces guérisseurs sera évident. Ils sentiront leur présence énergétiquement ou dans le temps du rêve. Les autres remarqueront simplement une amélioration.

Le degré de cette amélioration dépendra de l'expertise du guérisseur hautement dimensionnel ainsi que de votre volonté d'accepter la guérison. Je dirais donc que si vous désirez faire l'expérience de ce genre de guérison, vous devriez demander la plus grande amélioration possible de la part d'un guérisseur possédant la meilleure expertise possible. De votre côté, vous devrez éliminer toute pensée ou impression de ne pas mériter ce type de traitement.

Si vous remplissez ces deux conditions, vous bénéficierez d'une parfaite guérison.

Marie Madeleine et Yeshua

Quelques lecteurs auront sûrement de la difficulté à croire à l'origine extraterrestre de certains personnages bibliques, mais je vous assure que plusieurs provenaient d'un autre monde. Même les dieux étaient des intelligences extraterrestres que l'on a prises pour des divinités.

De même, toute ma vie terrestre a fait l'objet d'une méprise, mais c'est une autre histoire… Je veux plutôt raconter ici comment j'ai découvert mon émanation arcturienne, comment j'ai reconnu celle de Yeshua, et comment nous avons créé ensemble une mission conjointe.

J'ai su dès ma naissance que j'étais différente et ma mère le savait aussi, Dieu merci, ou devrais-je plutôt dire : Déesse merci ! C'est parce qu'elle a reconnu ma différence qu'elle m'a amenée au temple d'Isis afin que j'y sois instruite des mystères de la Grande Déesse, la Mère cosmique. Cette instruction a consisté en de longues heures de méditation.

Ces séances étaient parfois accompagnées d'une musique de tambours, de harpes et d'autres instruments, au son desquels nous accomplissions des mouvements harmonieux produisant des états de conscience modifiés qui ouvraient des portes intérieures. Libérée des contraintes du monde physique, je voyageais alors dans le cosmos sur les ailes d'Isis et c'est durant cette période de formation que je me suis retrouvée souvent sur Arcturus. Transportée par Isis, j'y accédais en traversant un trou de ver formant un canal entre deux mondes très distants l'un de l'autre et pourtant très proches dans la conscience.

On m'a appris à harmoniser mon esprit de manière à pouvoir entrer dans ces autres mondes par ma seule volonté.

C'est durant ce cycle de formation et de service au temple que j'ai découvert mes racines arcturiennes. J'ai alors vécu un étrange paradoxe pendant un certain temps puisque j'étais une humaine en formation pour devenir une prêtresse tout en possédant une identité arcturienne. Il y avait en moi un décalage entre l'humain et l'émanation. Néanmoins, plus je comprenais le sens de cette émanation, plus j'en appréciais les dons... et les difficultés.

Je me manifeste dans ce livre afin d'aider ceux et celles qui possèdent une émanation arcturienne ou autre. Votre destin est unique : vous devez mener une existence humaine tout en sachant que vous êtes plus que cela et en utilisant vos dons spéciaux sans trop attirer l'attention sur vous. Les humains, n'en doutez pas, se méfient collectivement des émanations provenant des autres mondes.

Certains d'entre vous se savent porteurs d'un immense trésor que personne ne reconnaît. D'autres ont dévoilé leurs dons à des personnes qui les ont ensuite trahis par ignorance ou par simple méprise sur ces pouvoirs.

Tous ceux et celles qui portent une émanation font face à ce dilemme, et mon histoire ne diffère pas de la vôtre. J'espère néanmoins que mon récit vous aidera à mieux comprendre votre situation et à trouver en vous une voie par laquelle vous pourrez apprécier pleinement votre émanation.

Sous sa forme la plus simple, une émanation est une énergie possédant sa propre intelligence. Dans mon cas, il s'agissait d'une émanation arcturienne. Ma réaction énergétique aux situations était donc arcturienne et non humaine, tout comme l'était également l'intelligence que j'employais parfois pour résoudre des problèmes. Pour mes frères et sœurs humains, cela semblait un peu étrange, mais pour ceux qui possédaient des aptitudes psychiques il était évident que j'étais dotée d'une émanation. Les émanations confèrent aux individus des comportements extérieurs qui diffèrent de la nature humaine et qui lui sont même parfois contraires.

Revenons maintenant au temple d'Isis. J'étais heureuse que la grande prêtresse reconnaisse non seulement mon potentiel, mais aussi mon émanation. Elle était bien préparée pour faire face à un être comme moi. Ce n'était pas facile pour elle car j'étais une tête forte, ce qui résultait de mon émanation car les Arcturiens sont des êtres d'action, toujours prêts à affronter les conflits sans la moindre hésitation. Elle m'apprit donc la patience et me dévoila mon émanation par de profondes méditations que nous faisions ensemble dans le sanctuaire intérieur du temple.

Au bout d'un an, elle m'annonça que ma formation prendrait une nouvelle direction : je serais initiée à la magie sexuelle d'Isis et aux profonds mystères alchimiques d'Horus. J'ai les larmes aux yeux en relatant cette histoire car je me rappelle tout l'amour et tout le respect que j'avais pour cette instructrice en cette période d'insouciance qui précédait celle de mon travail dans le monde.

La magie sexuelle d'Isis était considérée comme une voie hautement sacrée. Elle impliquait l'utilisation de l'énergie sexuelle pour transformer la conscience personnelle, éveiller le serpent dormant à la base de la colonne vertébrale et lui faire ériger le Djed, la voie sacrée des chakras, dans les centres cérébraux supérieurs, ouvrant ainsi la porte sur d'autres mondes et unifiant la conscience personnelle par le mariage sacré dans le sanctuaire intérieur du cerveau.

Je ne savais pas à l'époque pourquoi mon instructrice avait modifié l'orientation de ma formation, mais je l'ai compris quand j'ai rencontré Yeshua. Je pensais que l'on m'entraînait pour devenir une grande prêtresse. Jamais je n'aurais pensé que je deviendrais une prêtresse de la haute sexualité ni que j'emploierais cette connaissance en union avec un mâle qui deviendrait mon époux. Je croyais avoir adopté le célibat. Les grandes prêtresses cultivaient leur énergie sexuelle jusqu'au paroxysme, jusqu'à ce que la tension les projette dans un autre monde. Je pensais que c'était là ma voie et je fus donc très étonnée quand on me dit que je serais initiée aux mystères de la magie sexuelle d'Isis.

Lorsque j'eus complété ma formation artistique et scientifique en sexualité et en alchimie d'Horus, mes instructrices jugèrent que j'étais bien préparée à la tâche. Après l'initiation finale faisant de moi une grande prêtresse de la magie sexuelle d'Isis, ma principale instructrice me conduisit au sanctuaire intérieur, où elle me donna un bracelet en forme de serpent, un symbole faisant de moi, pour ceux qui le connaissaient, une haute initiée et une maîtresse de la magie sexuelle d'Isis.

Le jour où j'ai rencontré Yeshua près d'un puits, je portais ce bracelet, et sa mère, Marie, également une initiée d'Isis, l'a reconnu. Quand je les ai regardés tous les deux dans les yeux, j'ai compris pourquoi mon instructrice du temple avait modifié le cours de ma destinée. L'émanation que je portais en moi et qui était dormante depuis toutes ces années entamait alors une mission planifiée longtemps avant mon incarnation de femme humaine et qui impliquait la sainte trinité formée par Yeshua, sa mère Marie, et moi-même. Ces mots me font d'ailleurs sourire.

La principale caractéristique dont je veux vous faire part au sujet des émanations est l'amnésie. Je savais que j'étais différente des autres, mais j'ignorais pourquoi exactement. Ma mère le savait également et, quand elle m'a amenée au temple d'Isis, la grande prêtresse aussi s'en était aperçue. En passant des soins de ma mère à ceux de la grande prêtresse, j'ai amorcé un nouveau chapitre de mon existence. À ce moment-là, je ne comprenais pas mon émanation et je ne la comprenais pas non plus lorsque j'ai traversé le portail d'Arcturus dans un état de conscience altéré.

Quand mon instructrice m'a prise sous son aile et m'a dévoilé progressivement mon émanation, j'ai commencé à en comprendre le sens, mais je trouve encore curieux à ce jour de ne pas l'avoir entièrement compris avant d'avoir regardé Yeshua dans les yeux. J'ai été stupéfaite par ce contact et mon cœur a chaviré d'amour pour lui. Bouleversée, j'ai regardé sa mère dans les yeux et elle m'a aussitôt reconnue. J'ai compris instantanément tout le sens de mon émanation ainsi que le but de ma mission. Quelle ironie du sort!

En nous découvrant mutuellement, il devint vite évident pour Yeshua et pour moi que nous avions une mission commune à remplir. Il le ferait publiquement tandis que je resterais dans l'ombre, ce qui ne me posait aucun problème et ne m'en pose toujours pas. La mission impliquait que je transfère à Yeshua les pouvoirs cosmiques qui m'avaient été conférés par les mystères d'Isis.

Dans nos relations intimes, nous entrions tous les deux en tantra supérieur et nous nous retrouvions plusieurs fois à deux endroits en même temps, nos corps extatiques entrelacés dans l'extase sexuelle tout en accomplissant aussi des rituels de puissance sur Arcturus. Nous entrions parfois dans une chambre de régénération, utilisant ainsi la technologie arcturienne pour nous renforcer sur le plan humain.

Lorsque deux personnes ayant une émanation semblable s'unissent, elles peuvent accéder à un grand pouvoir et à une intense créativité. Quand nous étions seuls ensemble, nous partagions des états extatiques que les mots ne sauraient décrire. Nous volions ensemble dans les plus hautes sphères. Lorsque j'étais seule avec Yeshua, loin du monde, je vivais les moments les plus satisfaisants de ma vie.

Nous étions toutefois en mission dans ce monde et je pourrais en parler longtemps, mais ce n'est pas le sujet de cet entretien. Un peu plus loin, Yeshua vous parlera brièvement du dilemme de sa mission et des besoins du cœur. Nous en discutons toujours entre nous dans notre sphère de conscience quand nous nous retrouvons ensemble dans la neuvième dimension.

En tant que femme humaine, je comprends les besoins du cœur et je suis contente que la civilisation arcturienne prête enfin attention à ce dilemme. J'ignore comment il sera résolu, mais j'ai confiance que la solution qui viendra de cette civilisation sera intelligente et éminemment créative.

Je reviens maintenant au sujet principal de mon intervention. Plusieurs lecteurs de ce livre sont porteurs d'une émanation d'un autre monde. Plusieurs êtres qui s'incarnent en humains à l'heure actuelle portent aussi une émanation d'un autre monde. C'est le plus souvent ainsi que l'humanité est influencée par des intelligences extraterrestres. La tension créée entre l'humain et l'émanation peut se révéler immense, mais elle est comparable à la pression qui change le charbon en diamant. Si vous pouvez la supporter, vous extrairez de votre vie quelque chose d'une grande valeur. Ayant vécu l'expérience d'une émanation arcturienne, je peux affirmer que cela en vaut la peine, et je n'ai pas l'intention de revenir en arrière.

À tous ceux et celles qui portent une émanation d'un autre monde, je souhaite à la fois la grâce et le bonheur sur cette planète des plus intéressantes, bien qu'encore primitive. Puisse votre émanation se révéler une bénédiction pour l'humanité et puisse votre expérience sur cette Terre se révéler une bénédiction pour vous.

Yeshua ben Joseph

Plusieurs lecteurs me connaissent sous le nom de Yeshua, ou Jésus de Nazareth, mais je suis aussi un Arcturien dont l'émanation sous forme humaine a vécu sur cette Terre. Je désire aujourd'hui dissiper quelques malentendus sur moi-même et mon message.

La Bible, un document extrêmement déformé, rapporte que je suis né d'une mère vierge, Marie, par l'opération du Saint-Esprit. La vérité, c'est que ma conception fut arcturienne. Je fus conçu par l'union d'une mère humaine et d'un père arcturien, et même si mon corps était humain, la moitié de mon héritage génétique était arcturienne. En vertu de ma nature intergalactique, je pouvais facilement entrer en contemplation pour prendre contact avec mon soi quinquadimensionnel car Jésus n'était qu'une infime partie de mon être résidant dans la cinquième dimension.

Pouvez-vous imaginer à quel point c'était étrange, il y a deux mille ans, d'être un humain dont la moitié de l'être était très évoluée et ne provenait pas de ce monde? En devenant adulte et en comprenant mieux ma nature, je me suis aperçu que mon aspect quinquadimensionnel possédait des aptitudes particulières. Plusieurs des miracles qui m'ont été attribués résultaient de l'utilisation de ces aptitudes.

Mon message était simple : aimez-vous les uns les autres.

La mission était toutefois plus compliquée que je ne l'avais cru au départ. Je n'avais pas prévu le contrecoup de la stupidité humaine, de la cupidité, de l'arrogance et du besoin inhérent de subordonner les autres. Au moment de ma résurrection telle qu'elle est rapportée par les Évangiles, mon corps a disparu du tombeau. Les esprits primitifs de l'époque n'ont pas compris que j'avais simplement transporté les composantes atomiques de mon corps physique dans la cinquième dimension au moyen d'une technologie de la lumière.

Peu de temps après ma mort et ma disparition de la surface de la Terre, les jalousies et les querelles se sont installées. Le disciple que j'aimais le plus, mon élève la plus évoluée et qui en vérité est devenue mon instructrice, c'était mon épouse Marie Madeleine. Or, paradoxalement, elle fut évincée par l'esprit étroit et mesquin des autres disciples.

Il est pathétique que j'aie été confronté au même dilemme que celui dont Sanat Kumara fait état. Pour un Arcturien, la mission prime toujours sur les besoins du cœur. J'ai laissé derrière moi Marie Madeleine et notre fille, un fait qui n'est pas rapporté dans les Évangiles.

Comme Sanat Kumara, je me demande si je recommencerais.

Je suis d'accord avec lui quand il affirme que les Arcturiens doivent introduire le cœur dans l'équation de l'engagement global de leurs missions.

Même si je suis maintenant avec ma bien-aimée Marie Madeleine, je suis découragé par ce qu'il est advenu de mon message. Au lieu d'atteindre pour eux-mêmes un état plus évolué, ceux qui prétendent me suivre me considèrent comme leur sauveur. Ce ne fut jamais là mon intention ni mon message. Il existe plusieurs traductions de mes paroles, dont la plupart sont inexactes, mais, en essence, ce que j'ai tenté de transmettre, c'est que ceux qui suivraient mes enseignements pourraient être « sauvés » et accéder à une vie meilleure empreinte d'intelligence et de liberté. Par « sauvés », j'entendais qu'ils échapperaient à une vie de basse fréquence, de moindre intelligence et d'emprisonnement de l'âme.

Je peux seulement dire que ceux qui attendent que je revienne pour les sauver de leur mauvais usage de la vie, de leur stupidité, de l'enfermement des autres et d'eux-mêmes dans des dogmes seront amèrement déçus.

Comment quelqu'un qui propage la haine au lieu de l'amour peut-il se dire représentant de mes enseignements ? En tant qu'Arcturien, je trouve inconcevable une telle distorsion de mon message, mais je la comprends en tant qu'humain ayant vécu sur cette Terre.

Chaque être humain doit répondre pour lui-même à la question que je viens d'énoncer.

Au nom de mon homonyme, je vous pose la question suivante : « Que serez-vous dans votre monde ? Une force bienveillante ou malveillante… ?

Ektara

Directeur scientifique

La mission arcturienne de protection de la planète Terre

Je désire vous entretenir de la mission arcturienne concernant votre planète.

Comme il fut précisé auparavant, la civilisation arcturienne se consacre principalement à la protection de la vie (quand celle-ci mérite d'être protégée), de l'intelligence et de la liberté. Chaque dimension a son potentiel particulier et ses limites inhérentes. En tant que civilisation de la cinquième dimension, nous avons un sens accru de la réalité et notre langage en est le reflet.

Ainsi, quand je pense à l'évolution de votre espèce, je vois mentalement une image holographique contenant toute votre histoire telle que nous l'avons perçue et consignée, et je peux la communiquer très rapidement à un autre Arcturien. Nous pouvons communiquer en une fraction de seconde tout le contexte d'une décision quelconque.

Toute cette masse d'information holographique se communique par télépathie entre les Arcturiens. C'est comme si vous transfériez instantanément dans l'esprit d'un autre individu le savoir contenu dans tous vos logiciels de récupération sans avoir besoin d'aucun matériel ni d'aucune interface informatique.

Comme certains lecteurs peuvent accéder à la banque d'information télépathique arcturienne, je vais d'abord aborder ce sujet.

Si c'est votre cas, vous recevrez des images holographiques ou vous éprouverez des sensations physiques tridimensionnelles en lisant mes propos. Ces impressions holographiques subtiles constituent en soi la communication, dont les mots ne peuvent pas transmettre le sens profond. Si vous ne recevez pas un influx d'impressions holographiques en lisant ces lignes, il ne faut pas vous en inquiéter. Quand vous serez prêt à accéder à ce potentiel humain, la porte s'ouvrira d'elle-même.

Que ceux d'entre vous qui sont prédisposés à l'holographie télépathique arcturienne dirigent une partie de leur attention sur leur glande pinéale en lisant mes propos. C'est le lieu principal de réception humaine de l'information arcturienne par les microtunnels dont il fut question dans un autre message.

Avec une concentration détendue – et j'insiste : *une concentration détendue* –, vous commencerez à recevoir des impressions holographiques (si vous avez cette prédisposition arcturienne).

Ayant expliqué les fondements de l'holographie télépathique arcturienne, je reviens à notre sujet principal.

Notre mission envers votre planète

Comme je l'ai mentionné au début de ce message, chaque dimension possède son potentiel et ses limites propres. Le potentiel d'une civilisation de la cinquième dimension, telle la civilisation arcturienne, est de posséder un sens accru de la réalité.

Les limites inhérentes à la réalité quinquadimensionnelle sont toutefois difficiles à saisir. Elles concernent la relativité de la perception. Les Arcturiens ne peuvent qu'*imaginer* ce que c'est que d'être un humain enclavé dans le temps et dans l'espace, et soumis à la pesanteur.

C'est également vrai dans la cinquième dimension. Nous sommes aussi handicapés que vous par la réalité dimensionnelle dans laquelle nous résidons.

Cela crée une difficulté en ce qui concerne notre mission, qui consiste à protéger la vie (quand elle mérite une protection), l'intelligence et la liberté. Cette mission spécifique fut établie par Sanat Kumara. Tous ceux qui travaillent dans ce secteur sont sous son commandement et partagent sa vision du service envers la vie, l'intelligence et la liberté dans votre galaxie, dans votre système solaire et sur votre planète. Mais… nous ne savons pas ce que c'est que d'être un humain et nous ignorons les contraintes liées à votre réalité biologique. Notre corps vibre à un taux beaucoup plus élevé que le vôtre, tout comme notre monde et nos technologies.

Quand nous avons vu les conséquences de l'expédition minière des Annunakis, nous avons été confrontés à un problème perceptuel qui remonte à l'harmonique fondamentale de notre civilisation. Les valeurs d'une civilisation – qu'elle soit terrestre ou céleste, planétaire ou intergalactique – lui dictent ses actions, et il lui serait néfaste de les violer : elle se détruirait. Ce serait comme de tirer un fil dans un vêtement.

Pour répondre à la question de quelques lecteurs : oui, nous avons un ADN, mais il est entièrement composé de lumière et il vibre à un taux plus élevé que le vôtre. Vous avez deux brins et nous en avons vingt-quatre. Ce n'est pas mieux, mais simplement différent.

Les valeurs de notre civilisation sont donc encodées dans notre ADN. Il ne s'agit pas d'un simple concept mental comme le sont vos valeurs humaines. Elles font physiquement partie de nous, elles sont inscrites dans la matrice de notre être.

Les humains possèdent deux brins d'ADN, lesquels contiennent plusieurs codons qui n'ont pas encore été activés. Comme il fut mentionné auparavant, plusieurs de ces codons seront activés par des déclencheurs cosmiques, des forces cosmiques qui échappent à votre contrôle.

Parce que votre ADN fut manipulé par les Annunakis afin de vous réduire en esclavage, il contient le schème du service et de la soumission à un pouvoir supérieur.

Les Annunakis ont procédé par ingénierie génétique de pointe. Il s'agit simplement d'une technologie plus poussée que la vôtre, mais les principes sont les mêmes. Une fois que vous saurez comment l'appliquer, vous pourrez modifier la structure génétique d'un être physique, que ce soit un humain, une vache, un cheval, un cochon, une pomme ou une carotte.

Quand on sait comment manipuler l'information génétique d'un organisme, on peut programmer des comportements.

Les Annunakis ont donc manipulé votre ADN ancestral pour créer une race d'esclaves au service d'un pouvoir qui leur est supérieur. D'un point de vue génétique, ce fut un brillant travail, et je dois dire, en tant que scientifique, que je suis impressionné par l'efficacité de leur génie génétique. En même temps, toutefois, cela nous mène au paradoxe et à la difficulté auxquels nous devons faire face pour vous aider.

Dans notre réalité quinquadimensionnelle, il nous faut trouver comment affecter le mieux possible une réalité d'une vibration inférieure sans causer de conséquences négatives.

Pour le meilleur et pour le pire, nous avons décidé, en patrouillant dans ce secteur – puisque nous sommes responsables de la sécurité de votre planète –, d'ouvrir davantage de microtunnels de communication avec les humains.

Notre mission comporte deux volets, deux stratégies parallèles. Je traiterai d'abord de la tâche technologique accomplie par nos vaisseaux et je parlerai ensuite des microtunnels.

Nos vaisseaux patrouillent dans ce secteur de l'espace pour vous protéger de toute interférence par des intrus malveillants qui, d'une façon ou d'une autre, poursuivent le programme des Annunakis. Je veux dire par là qu'ils vous emprisonneraient comme esclaves et qu'ils vous soumettraient à leur volonté. Il n'est pas utile de décrire ici nos rencontres avec ces tyrans intergalactiques car ce ne serait pour vous que de la science-fiction.

La stratégie de nos vaisseaux consiste donc à protéger l'espace de votre système solaire, et spécifiquement votre planète, contre l'intervention de technologies extraterrestres hostiles. Cela occasionne des escarmouches et parfois de véritables combats, mais, heureusement, nous possédons les meilleures technologies qui soient, du moins à notre connaissance.

La seconde stratégie consiste à activer davantage de microtunnels de communication avec les humains afin d'ouvrir les esprits pour qu'ils perçoivent de nouvelles possibilités au-delà du voile de servitude, de stupidité et d'emprisonnement entourant votre planète.

Je ne parle évidemment pas d'un voile physique, mais plutôt d'une tonalité planétaire produite par vos religions et par d'autres institutions qui, dirions-nous, perpétuent le programme des Annunakis.

Je veux vous faire comprendre ici quelque chose d'important. Je m'adresse à ceux d'entre vous qui ont la prédisposition arcturienne et qui ont lu ces lignes en dirigeant une partie de leur attention sur leur glande pinéale.

Quand je dis « programme des Annunakis », je vois l'image holographique du premier moment de votre manipulation par eux dans un laboratoire génétique, jusqu'à l'histoire tordue de votre espèce, en passant par les combats entre les forces d'éveil et celles qui désirent les étouffer.

En même temps, je vois l'image holographique de votre présent. Je vois comment ces gens dits « modernes », qui continuent à vous asservir, à vous emprisonner, à vous abrutir, et qui n'ont aucun respect pour votre vie, poursuivent le programme des Annunakis. De ce point de vue, ceux-ci sont donc toujours parmi vous, même s'ils sont partis depuis longtemps. Leur brillant encodage de votre ADN est un signal pour ceux qui poursuivent leur programme. En même temps, de plus en plus d'humains se réveillent. Plusieurs voient à travers les mensonges, mais ils ne sont pas encore assez nombreux.

Lorsque suffisamment d'êtres humains s'éveilleront à leur grand potentiel, l'histoire humaine changera radicalement. C'est pourquoi nous avons décidé de stimuler davantage d'humains en ouvrant des microtunnels de communication pour vous donner accès à notre sens accru de la réalité.

Comme je l'ai dit, la décision est prise et, pour le meilleur et pour le pire, ce sont là nos deux principales stratégies.

Sanat Kumara

Épilogue

Chers amis terriens, toutes les civilisations doivent s'adapter à de nouvelles conditions pour survivre.

Mes congénères arcturiens vous ont fait part de leur approche du Grand Mystère. On ne saurait l'appeler *réalité* sans le diminuer, puisque toutes les réalités sont fonction de l'individu qui les perçoit. L'expression « Grand Mystère » désigne donc toutes les réalités en même temps.

Comme il est intéressant de considérer simultanément tous les points de vue, même ceux qui sont contradictoires ! Je me livre régulièrement à cet exercice mental qui m'a fait percevoir des possibilités que je n'aurais jamais perçues autrement à cause de mes limites et de mes idées préconçues.

Il est à l'évidence impossible d'embrasser simultanément toutes les réalités, mais les Arcturiens aiment les défis et je trouve celui-là particulièrement bénéfique puisqu'il a élargi ma perspective. Je vous invite à relever ce défi mental.

J'ai affirmé que toutes les civilisations devaient s'adapter aux changements de conditions pour survivre. Pour nous, Arcturiens, le dilemme entre la « mission » et le « cœur », c'est-à-dire nos sentiments les plus profonds, est la grande difficulté à laquelle notre civilisation fait face à l'heure actuelle. Même si ce problème ne *semble* pas menacer notre survie à brève échéance, il la menace à long terme et c'est ce que j'ai déclaré devant le Grand Conseil arcturien.

Reste à voir ce qui se passera dans notre civilisation, mais je suis absolument d'accord avec ma chère amie Marie Madeleine quand elle dit que la solution doit être intelligente et très créative. Je n'attends rien de moins de mes congénères.

À la collectivité

D'une certaine façon, votre propre civilisation fait face à un dilemme du même ordre, mais je désire plutôt attirer votre attention sur un problème planétaire menaçant : *la détérioration de votre écosystème.* Par la dangereuse diminution du taux d'oxygène, par la destruction de vos forêts vierges, par la pollution de vos océans et de votre atmosphère, vous condamnez les prochaines générations à un avenir difficile, quel que soit le contexte politique ou social.

Vous vous trouvez présentement au stade le plus critique de votre évolution planétaire. Vos sociétés et vos cultures sont fragmentées, très différentes les unes des autres, et souvent en conflit. Le vieux pouvoir mondial fondé sur l'utilisation des carburants fossiles et sur les guerres fomentées secrètement par vos banquiers et vos chefs religieux continue d'empoisonner à la fois l'environnement émotionnel de votre planète et son environnement physique.

Cette situation m'attriste, mais surtout elle me fâche, parce que vos religions vous ont induits en erreur et manipulés, particulièrement celles qui prêchent que vous êtes les maîtres de la nature. J'observe votre planète depuis des millions d'années et je peux vous affirmer que ce n'est pas du tout le cas. Au contraire, la nature vous détruira si vous n'entretenez pas une relation consciente avec sa réalité changeante.

Votre civilisation actuelle, j'entends par là votre civilisation planétaire, est comme une courtepointe comportant plusieurs couleurs incompatibles. Ce qui vous échappe parce que vous ne savez rien de l'histoire intergalactique, c'est que votre existence collective est transitoire. Non seulement êtes-vous sujets individuellement à la détérioration physique, c'est-à-dire à la mort, mais votre civilisation est sujette à la dégradation et à la destruction par les forces de la nature.

Comme je l'ai dit plus haut, j'observe votre planète depuis très longtemps et j'ai vu de glorieuses civilisations se faire détruire par les forces de la nature. Votre société planétaire semble paralysée, incapable de composer avec l'effondrement de votre écosystème. À vrai dire, cette attitude provient d'une illusion biblique. Vous croyez avoir le droit divin de détruire la nature au gré de vos besoins ou de vos désirs.

Je me rends compte que je semble m'adresser ici autant à l'individu qui lit ces lignes qu'à la collectivité. En fait, je ne m'adresse pas à l'individu, mais je le ferai très bientôt. Pour l'instant, je parle de votre histoire collective et de l'illusion de vous croire invincibles et au-dessus des forces de la nature.

Il peut sembler étrange de sauter directement du sujet du désastre écologique qui vous menace à celui du cœur, mais ces deux sujets sont étroitement liés. C'est par le cœur que vous éprouvez des émotions et que vous vous sentez liés à toute vie. Je parle ici de votre cœur physique et de votre cœur subtil, que vous appelez le chakra du cœur. Vous êtes connectés à toute vie. C'est l'*intelligence empathique*, et ceux qui en sont dépourvus sont dangereux pour votre survie.

En observant le développement accéléré de votre technologie, je ressens une inquiétude pour votre bien-être futur. Je ne parle pas de l'*usage* de la technologie comme tel. Les Arcturiens en usent sans cesse. C'est plutôt l'*utilisation* que vous en faites qui m'inquiète. Une partie de votre technologie sert à des programmes secrets.

La technologie, spécialement celle des télécommunications et de l'informatique, sert de plus en plus au contrôle mental. Plus vous irez loin dans votre mental sans vous connecter au cœur, plus vous entrerez profondément dans un territoire dangereux, comme ce fut le cas en Atlantide. Votre technologie est différente de la technologie atlante, mais elle lui ressemble assez pour inquiéter quelqu'un qui a pour mission de protéger ce secteur de l'espace.

Si vos principales religions, particulièrement celles qui sont d'origine judaïque/chrétienne/islamique, sont incapables de se dépasser pour adopter une nouvelle vision de l'humanité, elles devraient tout au moins se vouer à la gestion planétaire plutôt qu'à la domination. Encore là, c'est une question d'intelligence.

À l'individu

Je m'adresse maintenant à vous qui lisez ce livre. Je sais que vous vous sentez parfois impuissant devant les forces de la nature et devant l'ignorance humaine. Je dois donc préciser clairement que je ne vous condamne pas, mais que je vous exhorte plutôt à mieux regarder dans votre cœur, en prenant conscience que vous êtes lié à toute vie. Le règne végétal est riche d'une intelligence qui peut vous enseigner plusieurs choses. Il existe depuis plus longtemps que les humains et j'ajoute qu'il est beaucoup plus intelligent qu'eux en ce qui concerne la survie.

La difficulté à laquelle vous êtes individuellement confronté est celle-ci : vous vous trouvez à la fois dans votre réalité personnelle et dans la réalité culturelle et historique de votre civilisation. À ce stade de l'évolution humaine, le crescendo est atteint. Les pouvoirs de l'esprit se séparent de plus en plus de ceux du cœur.

Quiconque possède l'intelligence empathique sait fort bien que le fait de polluer l'écosystème dans lequel vous vivez relève de la plus grande stupidité. Voilà la ligne de démarcation. C'est là le premier signe de l'intelligence empathique. Quiconque refuse de le reconnaître est un pur idiot sur le plan de l'évolution. Une forme supérieure d'intelligence empathique consiste à considérer les autres formes de vie comme des compagnons de voyage dans le Grand Mystère.

En tant qu'individu, vous affectez la collectivité par vos pensées, vos sentiments et votre comportement. N'en doutez pas : chaque humain vivant sur cette planète affecte la perception collective de la réalité ainsi que les potentialités de la destinée commune. Cela se passe au niveau micro-quantique. Si les personnages politiques ou religieux semblent pouvoir influencer le monde plus directement et plus puissamment que tout individu ou groupe d'individus, c'est une illusion. Votre technologie procure aux individus un pouvoir que ses créateurs n'auraient jamais pu imaginer.

Suivez donc mon conseil ici en regardant au plus profond de votre coeur et en établissant une certaine forme de relation avec d'autres espèces vivantes de votre planète. Ce pourrait être tout simplement avec une plante, une forêt ou un animal. Laissez votre cœur vous guider tout naturellement. Je propose ce que je crois être non seulement simple mais efficace pour la plupart d'entre vous.

Faites-le dans la solitude, à l'écart des autres humains, puisque vous avez toujours tendance à montrer une façade quand vous êtes avec d'autres. Vous faites semblant d'être ce que vous n'êtes pas afin de vous adapter à une image que vous croyez réelle, mais qui très souvent ne l'est pas. Ce travail au niveau du cœur s'accomplit donc mieux à l'écart des autres êtres humains.

Pour établir cette connexion avec une plante, une forêt ou un animal, commencez par placer votre conscience dans le cœur. Si elle retourne ensuite dans votre esprit pour y tourner comme une bille, ramenez-la dans le cœur. Certains d'entre vous y mettront du temps, mais d'autres y parviendront rapidement. Vous sentirez une vague d'émotion se diriger vers votre environnement, la plante, ou l'animal, et vous finirez par percevoir une connexion avec cette autre forme de vie. Votre intelligence empathique s'accroîtra.

Si une partie de votre civilisation se dirige vers l'autodestruction en se déconnectant du cœur collectif, rien ne vous oblige à lui appartenir. Si vous développez votre intelligence empathique au sein de la folie qui règne en ce moment sur cette planète, vous affecterez par une voie mystérieuse le destin de la collectivité. Il s'agit d'un effet microquantique. C'est de la simple physique, non un rêve «confus». Le plus infime changement se produisant dans un atome peut affecter une molécule, laquelle peut affecter ensuite toute la structure.

Me voici donc dans une situation aussi intéressante que déchirante. Je suis honoré d'avoir accès aussi directement à votre langue pour communiquer avec vous. Mon but premier a toujours été de remplir ma mission, mais mon contact avec Esura m'a touché au plus profond de mon être. J'ai toujours choisi la mission parce que c'est là mon devoir en tant que commandant interstellaire, mais comment concilier mon cœur avec cette mission, je ne savais trop.

Devant le Grand Conseil, j'ai exprimé ce dilemme à mes congénères arcturiens. Dès que j'eus ouvert la porte à ce problème, d'autres Arcturiens ont formulé le même dilemme. Je trouve cette situation non seulement très révélatrice du point de vue évolutionnaire, mais également une leçon d'humilité pour nous, la grande civilisation arcturienne, de réaliser que nous possédons la même faiblesse que vous, une espèce émergente d'origine intergalactique.

Même si notre technologie éclipse la vôtre, nous devons autant que vous résoudre le dilemme de l'esprit et du cœur. Quelle ironie du sort!

Je vous laisse là-dessus.

Il nous incombe, à nous, Arcturiens, de trouver *notre* propre solution à ce problème. Notre survie en dépend, même si cette menace n'est pas immédiate.

Quant à vous, la menace à votre survie collective est plus immédiate. Vous *devez* trouver votre propre solution au problème. Il vous faut découvrir un moyen d'unir l'esprit et le cœur. Je salue tous les lecteurs qui ont le courage de vivre dans l'intelligence empathique.

Si j'étais dans un état méditatif à ce moment même, je m'inclinerais devant vous, mais ce n'est pas l'espace dans lequel je dicte ces dernières paroles. Je vous parle en tant que commandant interstellaire affecté à la protection de votre galaxie longtemps avant le début de votre histoire consignée.

Ce fut un honneur de vous servir et de servir le Grand Conseil arcturien. Je ne crois pas qu'il s'agisse d'une coïncidence si nos civilisations respectives sont aux prises avec ce même dilemme de l'esprit et du cœur.

Je me rassure en me rappelant que les Arcturiens aiment les défis. Plus ceux-ci sont difficiles à relever, plus nous sommes déterminés à le faire. J'ai confiance qu'un nombre croissant d'êtres humains s'éveilleront des miasmes de votre civilisation et qu'ils trouveront courageusement une façon de vivre en harmonie avec la nature et avec la communauté intergalactique.

Parfois, avant de nous livrer à un combat ou d'entreprendre une tâche difficile, nous nous disons une certaine phrase, que nous nous communiquons évidemment par holographie télépathique. Si je devais la dire en langage humain, elle se traduirait comme suit : « Que toutes les possibilités vous soient offertes. » Cette attitude rend probable une solution.

Je vous dis donc ceci en vous quittant : « Que toutes les possibilités vous soient offertes. » L'humanité est elle-même la genèse de son avenir.

Une autre page d'histoire

Sanat Kumara

Un autre chapitre de votre histoire complexe

J'ai mentionné déjà mon interaction avec un être nommé Esura, une femme d'un talent et d'une intelligence extraordinaires. C'était il y a environ dix millions d'années terrestres, avant l'apparition de l'*Homo sapiens.* Esura était un être éthéré de la cinquième dimension faisant l'expérience de la troisième.

À cette époque, et depuis plusieurs dizaines de millions d'années, des êtres de la cinquième dimension et des dimensions supérieures se trouvaient sur la Terre. D'une nature éthérée, ils n'étaient nullement affectés par les bouleversements géologiques. Ils expérimentaient les attributs de la matière, et les plus aventureux, les plus curieux et les plus courageux adoptaient temporairement une forme tridimensionnelle.

Ils conservaient cette forme pendant très peu de temps, après quoi ils retournaient à leur forme originelle. Il y avait entre eux d'intenses débats sur les effets positifs d'un long stage sous la forme tridimensionnelle, en raison des dangers et des limites qu'elle comportait pour eux.

Nous arrivons ici à un épisode fascinant concernant l'origine inconnue de votre existence biologique. Nous parlons d'une époque remontant à des millions d'années, avant l'apparition de l'*Homo sapiens* et des néandertaliens. Les êtres éthérés pouvaient demeurer pendant un certain temps dans l'espace tridimensionnel en tant qu'entités biologiques et retourner ensuite dans une dimension supérieure. Toutefois, s'ils dépassaient le temps permis, ils se trouvaient piégés dans l'organisme de l'entité.

Au début, quand ces êtres éthérés ont commencé à passer de la cinquième dimension à la troisième, ils ont tenu compte de ce créneau temporel. Plus tard, toutefois, certains d'entre eux sont devenus moins prudents.

À cette époque prénéandertalienne, ils ont découvert qu'ils pouvaient entrer dans le corps des animaux et percevoir ainsi le monde par leur système nerveux. Le créneau temporel était toutefois le même. Au cours de ces séjours dans un corps de mammifère, ces êtres éthérés ont découvert le phénomène biologique extraordinaire de l'orgasme sexuel et ils en furent fascinés. Certains le furent tellement qu'ils perdirent de vue le créneau temporel, préférant conserver leur forme biologique. D'autres y ont été piégés, incapables de retourner dans la cinquième dimension.

Durant toute cette période de dix millions d'années terrestres jusqu'à environ un million d'années dans votre passé, plusieurs civilisations intergalactiques ont visité votre monde, et c'est ici que l'histoire devient très complexe. Tout d'abord, il existait une race de mammifères très différente des autres. Il faut aussi préciser où cette espèce préhumaine s'est développée. Une partie de la généalogie de l'humanité est liée aux océans. Des humains ont développé une grande affinité avec l'océan et ont évolué jusqu'à devenir des créatures respirant de l'air, mais possédant des caractéristiques humanoïdes. Ils ont évolué parallèlement aux cétacés, les dauphins et les baleines. La plupart de ces êtres ont maintenant disparu, mais il en reste quelques groupes aujourd'hui. Vous les appelez les sirènes et les tritons! Ce n'est pas un mythe. Ils sont bien réels, même s'ils vont bientôt disparaître.

Parmi les préhumains – nous parlons des prénéandertaliens –, il existait une division entre deux aspects de la conscience. Un groupe était purement mammifère, tandis qu'un groupe plus restreint était formé des êtres éthérés piégés dans des corps de mammifères. Ce furent les premiers primates.

Pour clarifier : au début, c'est-à-dire entre vingt-sept millions et dix millions d'années dans votre passé, des êtres de la cinquième dimension ont commencé à descendre dans la troisième pour faire l'expérience de la réalité terrestre. C'étaient des explorateurs de la conscience. Ensuite, vers le dernier million d'années, plusieurs civilisations intergalactiques ont été fascinées par votre planète puisque s'y était développée l'intelligence primate (résultant de l'évolution biologique normale et, dans certains cas, de la présence d'êtres éthérés dans des organismes terrestres). Dans la Grèce antique, on les appelait des nymphes.

Comme vous l'avez lu plus tôt, les Annunakis étaient en mission d'exploration minière afin de trouver de l'or pour leur atmosphère qui s'était détériorée. Leurs scientifiques avaient découvert que les propriétés de l'or pouvaient stabiliser leur environnement et que votre planète en contenait beaucoup, en raison des bouleversements géologiques. Ils ont donc envoyé des équipes de mineurs formées d'Annunakis et de robots. Au bout de plusieurs siècles, ils ont découvert, à leur plus grand déplaisir, que l'atmosphère terrestre ainsi que la position de la planète par rapport au Soleil leur nuisaient beaucoup. Ils cherchèrent une solution. Comme ils étaient très perspicaces, ils remarquèrent que certains primates possédaient une plus grande intelligence que les autres. Les êtres éthérés avaient une lueur dans les yeux qui attestait leur intelligence supérieure. Il était possible de les soumettre à un entraînement. Les Annunakis ne se rendaient pas compte que ces primates qu'ils avaient choisis étaient des êtres éthérés piégés dans ces corps.

Leurs scientifiques ont alors décidé de créer des êtres hybrides en mélangeant certains attributs de leur ADN avec celui des primates choisis, afin de créer une autre race d'êtres, les humains. Ceux-ci étaient plus intelligents, plus autonomes, mais faciles à contrôler. Cette aventure est ensuite devenue encore plus complexe.

L'extraction d'or terminée, les Annunakis ont décidé de détruire les hybrides. Contrevenant au diktat de la majorité, quelques renégats ont voulu conserver leurs préférés. Aux yeux de ces primates, les Annunakis étaient des dieux. Voilà l'origine de plusieurs religions!

Après le départ des Annunakis, de très nombreuses civilisations intergalactiques ont été en interaction avec ces hybrides humains et c'est ainsi que leur ADN fut intégré à votre bassin génétique. Voilà pourquoi j'affirme que l'humanité est une royauté intergalactique. Les humains modernes possèdent donc deux importants courants de savoir dans les strates de leur mémoire inconsciente.

Le premier est celui de l'être éthéré qui fut piégé. C'est pourquoi vous avez la forte impression d'être prisonniers de la matière et que vous éprouvez le désir de rentrer chez vous, mais sans pouvoir le faire. [À propos, cet emprisonnement fut le résultat de la force gravitationnelle. Quand les êtres éthérés sont passés de la cinquième dimension à la troisième, leur corps de lumière a acquis de la masse. Tout ce qui possède une masse est affecté automatiquement par la gravité. Il existe donc dans votre inconscient collectif un sentiment d'être tombé dans la matière, un désir de rentrer au foyer, et l'absence de moyen pour le faire.]

Le second courant est celui qui fut créé par les manipulations génétiques effectuées par les Annunakis pour faire de vous une race d'esclaves. Par conséquent, il existe dans votre inconscient le désir d'entretenir une relation adéquate avec les dieux, ainsi que la tendance à servir et à vénérer, parce que vous ne connaissez pas la véritable nature des êtres que vous avez considérés comme supérieurs.

Après les manipulations opérées par les Annunakis, d'autres civilisations intergalactiques ont donc été en contact avec vous. Certaines désiraient vous transmettre leurs qualités et leurs aptitudes, en déterminant ce qui servirait votre meilleur intérêt. Or, une intention positive ne conduit pas toujours à un résultat positif.

Néanmoins, plusieurs de vos qualités proviennent de ces *dons* génétiques. J'ajouterai que certains de vos conflits sont aggravés non seulement par l'histoire, mais par l'influence de la lignée génétique extraterrestre prédominante qui s'exprime dans diverses régions du monde.

Finalement, je dirais que la difficulté est celle-ci : *chacune des deux lignées ira dans une direction différente à partir de maintenant.* Certains voient l'humanité comme un tout. En fait, non seulement des factions conflictuelles existent sur le plan de la culture, de la religion et de la politique, mais vous êtes tous porteurs de positions génétiques opposées.

Les auteurs

À propos de Tom Kenyon et Judi Sion

Enseignant – scientifique – guérisseur par le son – psychothérapeute – musicien – écrivain – chanteur – shaman – auteur

On ne peut expliquer ni la voix ni l'homme dans un seul paragraphe. Nous vous invitons donc à faire vous-même l'expérience de son travail par le son au moyen de multiples CD et des mots qu'il diffuse dans ses écrits.

Tom Kenyon donne des ateliers partout dans le monde en compagnie de Judi Sion, sa conjointe et partenaire dans son travail. En raison de son champ impressionnant de connaissances – de la science à la spiritualité –, ses séminaires comportent une gamme importante de sujets et de sons sacrés qu'il crée spécialement pour chacune de ses rencontres avec le public. Chaque événement est unique et combine à la fois de l'information pertinente à notre évolution ainsi que diverses tonalités et des mantras sacrés en vue d'élever votre conscience et de faire en sorte que vous profitiez au maximum de ses enseignements.

Pour plus de détails, sur ses produits et séminaires, nous vous invitons à explorer son site Internet à l'adresse suivante : www.tomkenyon.com.

À propos de Wendy Kennedy

Wendy Kennedy canalise depuis plus de quinze ans et travaille avec des êtres de différents systèmes galactiques, dont les Pléiadiens de la neuvième dimension. Elle a également participé à trois productions videos intitulées *Illumination Matrix,* volumes I et II ainsi que *Tuning In*, dont participait Lee Carroll.

Madame Kennedy est reconnue comme étant une des meilleures *channel* aux États-Unis et actuellement, elle dessert une clientèle internationale par des canalisations privées ou de groupes et donne également des conférences aux États-Unis et en Europe.

Vous pouvez la joindre au courriel suivant :
info@higherfrequencies.net

ou consulter son site internet :
www.higherfrequencies.net

À propos de Martine Vallée

L'intérêt de Martine pour le domaine spirituel et tout ce qui s'y rattache a toujours été très grand, et ce, depuis son adolescence. Deux ouvrages l'ont beaucoup marquée vers l'âge de 17 ans : *La vie des maîtres*, de Baird Thomas Spalding, et *La vie après la vie*, de Raymond Moody. Elle a toujours cru au pouvoir des mots et à leur capacité de transformer ceux qui les lisent.

Depuis plusieurs années, elle s'est engagée envers l'humanité à connaître et à explorer la voie de la connaissance pour ensuite la partager. Sa grande passion demeure l'humanité et, surtout, ses lecteurs, qu'elle considère comme sa famille spirituelle. L'année 2010 a marqué sa seizième année au cœur du monde de l'édition.

Plusieurs projets humanitaires lui tiennent à cœur. En ce sens, elle a de créé un mouvement d'envergure qui mettra de l'avant plusieurs projets ayant une incidence directe sur la vie de milliers de personnes. Par ailleurs, Martine croit fermement que le retour du divin féminin, présent en chaque femme et chaque homme, est la réponse à la transformation planétaire.

De son point de vue, la plus grande force qui existe actuellement est celle de l'amour, de la compassion et de l'intention pure réunis. Ensemble, ces éléments créent inévitablement une quatrième force tout à fait unique qui a le potentiel d'apporter rapidement les changements nécessaires à la transformation planétaire. Le rôle de chaque humain ne peut être sous-estimé, car chacun possède cette quatrième force et a donc la capacité et la responsabilité de la mettre de l'avant.

Vous pouvez lui écrire à :
info@passioncompassion.org
martine@passioncompassion.org

Nouveaux titres en préparation

et conférences
des Éditions Ariane 2013

L'Effet Gaia

L'extraordinaire système de collaboration entre Gaia et l'humanité

De Monika Muranyi et Kryeon

Livre UN

Une grande trilogie de la part de l'un de nos plus formidables duos spirituels, Kryeon et Lee Carroll, voit le jour. Après 23 ans de messages qui ont changé la vie spirituelle de milliers de personnes dans le monde et plus de 300 000 exemplaires vendus de leurs enseignements dans les pays francophones, voici le premier volume de cette trilogie : L'Effet Gaia.

Ce premier livre de la série regroupe non seulement une grande quantité de messages jamais publiés en provenance des archives de Lee Carroll et d'autres messages canalisés spécifiquement par Kryeon pour ce livre mais également, certains des plus importants enseignements de Kryeon à propos de Gaia.

En collaboration avec Lee Carroll, Monika Muranyi a voulu ici rendre hommage au lecteur qui suit les enseignements de Kryeon depuis le début et, surtout, lui apporter une plus grande compréhension de son rôle dans l'univers qui est le nôtre.

« Gaia existe pour l'être humain en cheminement que vous êtes. Partout où vous marchez, Gaia vous reconnaît. N'est-ce pas un système remarquable ? Vous faites partie d'un plan maître et vous êtes une part importante du futur de l'Univers. Comment pourrait-il en être autrement ? »

Les deux prochains tomes : *L'Akash* et *l'Évolution spirituelle*

Parution : octobre 2013.

Le Design humain : la science de la différenciation
De RA URU HU et Lynda Burnell

Un outil de transformation de haute fréquence vibratoire

Le Design humain est un système unique de connaissance de soi qui, à l'heure actuelle, est en train de révolutionner la vie de milliers de personnes de partout dans le monde. Utilisant la date, l'heure et l'endroit de votre naissance, non seulement ce système vous révèle la personne que vous êtes réellement, mais il vous indique en outre votre plan directeur, lequel est aussi unique que vos empreintes digitales.

Le Design humain est une synthèse de sciences traditionnelles et modernes. Les sciences traditionnelles – l'astrologie occidentale et orientale, le système de chakras, la kabbale, et le I'Ching – sont combinées avec les sciences modernes de la mécanique quantique, l'astronomie, le code génétique et la biochimie.

Ce système n'est basé ni sur des croyances ni sur une religion, mais bien plutôt sur un système logique et empirique qui nous offre des outils pratiques. C'est le passage de l'humain à sept centres, conformiste et dirigé par le mental, vers des formes transitoires à neuf centres, individualistes et plus raffinées.

Préparez-vous à accueillir votre être authentique. Cela transformera votre vie.

Parution : janvier 2014

Conférences Ariane Éditions

Émergence d'un nouveau monde : l'engagement s'intensifie

Nos conférenciers présenteront la vision, les étapes et les défis d'une société appelée à transformer complètement ses institutions, sa relation avec la nature, sa compréhension de la spiritualité et de la vie au-delà de cette planète.

Dates des conférences

Chili/Argentine
janvier 2013, 2014 et 2015

Toulouse
les 4 et 5 mai 2013 (mai 2014)

Montréal
les 5 et 6 octobre 2013

Pour informations et l'achat des billets

En Europe : contacter Nathalie Thery
05.61.02.68.27 / 06.81.39.04.67
assodanslavie@gmail.com

Au Canada : contacter les Éditions Ariane
Tel. : 514-276-2949
info@editions-ariane.com
www.editions-ariane.com